파생상품투자권유 2025 자문인력

2

자격시험 안내

1. 파생상품투자권유자문인력의 정의

투자자를 상대로 파생상품, 파생결합증권, 고난도금융투자상품 등에 대하여 투자권유 또는 투자자문 업무를 수행하거나 파생상품 등에 투자하는 특정금전신탁 계약 등의 체결을 권유하는 업무를 수행하는 인력

2. 응시자격

금융회사 종사자 등(파생상품투자권유자문인력 투자자보호교육 이수)

3. 시험과목 및 문항수

시험과목		세부 교과목	문항수
제1과목	**파생상품 Ⅰ**	선물	13
		옵션	12
소 계			25
제2과목	**파생상품 Ⅱ**	스왑	8
		기타 파생상품 · 파생결합증권	17
소 계			25
제3과목	**리스크관리 및 직무윤리**	리스크관리	8
		영업실무	5
		직무윤리 · 투자자분쟁예방	12
소 계			25
제4과목	**파생상품법규**	자본시장 관련 법규 (금융소비자보호법 포함)	17
		한국금융투자협회규정	4
		한국거래소규정	4
소 계			25
시험시간	120분		100 문항

4. 시험 합격기준

70% 이상(과목별 50점 미만 과락)

- 한국금융투자협회는 금융투자전문인력의 자격시험을 관리·운영하고 있습니다. 금융투자전문인력 자격은 「자본시장과 금융투자업에 관한 법률」 등에 근거하고 있으며, 「자격기본법」에 따른 민간자격입니다.

- 자격시험 안내, 자격시험접수, 응시료 및 환불 규정 등에 관한 자세한 사항은 한국금융투자협회 자격시험접수센터 홈페이지(https://license.kofia.or.kr)를 참조해 주시기 바랍니다.
(자격시험 관련 고객만족센터: 02-1644-9427, 한국금융투자협회: 02-2003-9000)

contents

part 01

스왑

part 02

기타 파생상품

part 03

파생결합증권

part 01

스왑

chapter 01 스왑

certified derivatives investment advisor

chapter 01

스왑

section 01 스왑의 기초

1 파생상품의 구분

파생금융상품이란 익히 알려져 있듯이 전통적인 금융상품에서 파생되어 나온 새로운 형태의 금융상품을 통칭하는 개념이다. 예를 들어 '삼성전자 선물'이라는 파생상품은 전통적인 금융상품인 '삼성전자 현물주식'을 지금 당장 매매하는 것이 아니라, '삼성전자 현물주식'을 나중에 매매하기로 계약하는 하나의 새로운 거래이다. '삼성전자 콜옵션'이라는 파생상품도 '삼성전자 현물주식'을 지금 당장 매매하는 것이 아니라, 향후에 매수할 수 있는 권리를 매매하는 거래이다.

파생상품은 다양한 기초(underlying)자산과 이를 바탕으로 여러 종류의 상품이 발전되어 왔으므로, 파생상품을 일목요연하게 나누는 일은 쉽지 않을 것이다. 그럼에도 불구하고 파생상품은 그 상품이 기초로 하는 기초자산에 따라, 이자율(채권 포함)연계 파생상품, 통화연계 파생상품, 주식(개별 주식 및 지수)연계 파생상품, 상품(금 · 원유 등의 commodity)연계 파생상품, 신용파생상품으로 나눌 수 있다. 그리고 파생상품의 거래 유형에 따라 선도거래(선물거래 포함), 스왑거래, 옵션거래로 크게 나눌 수 있다.

전통적인 금융상품은 통상 현물(spot)거래를 의미한다고 할 수 있는데, 현물거래란 '오늘 거래(혹은 계약)를 체결하고, 이 거래의 수도결제(settlement)가 바로(통상 2영업일 이내) 일어나는 거래'를 말한다. 선도(forward)거래는 '오늘 거래를 체결하고, 이 거래의 수도결제가 바로 일어나지 않고 미래의 특정일에 일어나는 거래'이다. 일반인이 익숙한 대표적인 선도거래의 형태가 선물(futures) 거래인데, 이는 '미래의 특정일에 일어날 상품의 인수도(결제)를 거래하기 용이하도록 표준화하여 거래소(exchange)에 주식처럼 상장된 거래'이다.

스왑(swap)거래는 '현물거래와 선도거래 혹은 일련의 선도거래가 여러 개 모여진 하나의 거래'이다. 옵션(option)거래는 '미래의 특정일에 미리 제시한 거래조건을 만족하는 경우에 수도결제가 발생할 수도 있고 그렇지 않을 수도 있는 거래'이다.

따라서 파생상품을 기초자산과 거래유형에 따라 구분해 보면 〈표 1-1〉과 같이 나눌 수 있다.

표 1-1 파생상품의 구분

구분	선도거래(선물거래)	스왑거래	옵션거래
이자율	FRA, 이자율선물 (국고채선물)	이자율스왑	이자율옵션
통화	선물환, 통화선물	외환스왑, 통화스왑	통화옵션
주식(주가지수)	주식선도, 주가지수선도, 주식선물, 주가지수선물	주식스왑, 주식지수스왑	주식옵션, 주가지수옵션
원자재 (상품 : commodity)	상품선도	상품스왑	상품옵션
신용(credit)	신용선도	신용(지수)스왑	신용(지수)옵션

2 스왑의 개요

스왑을 앞에서 '현물거래와 선도거래 혹은 일련의 선도거래가 여러 개 모여진 하나의 거래'라고 정의한 바 있다. 이를 다시 〈그림 1-1〉과 같이 일련의 지급하는 현금흐름과 일련의 수취하는 현금흐름으로 표시할 수 있다. 즉 일련의 현금흐름을 교환하는 계약으로 해석할 수 있다. 스왑이 경제적으로 의미있기 위해서는 들어오는 현금흐름의 현재가치와 나가는 현금흐름의 현재가치가 원칙적으로 서로 같아야 한다.

그림 1-1 스왑의 구조

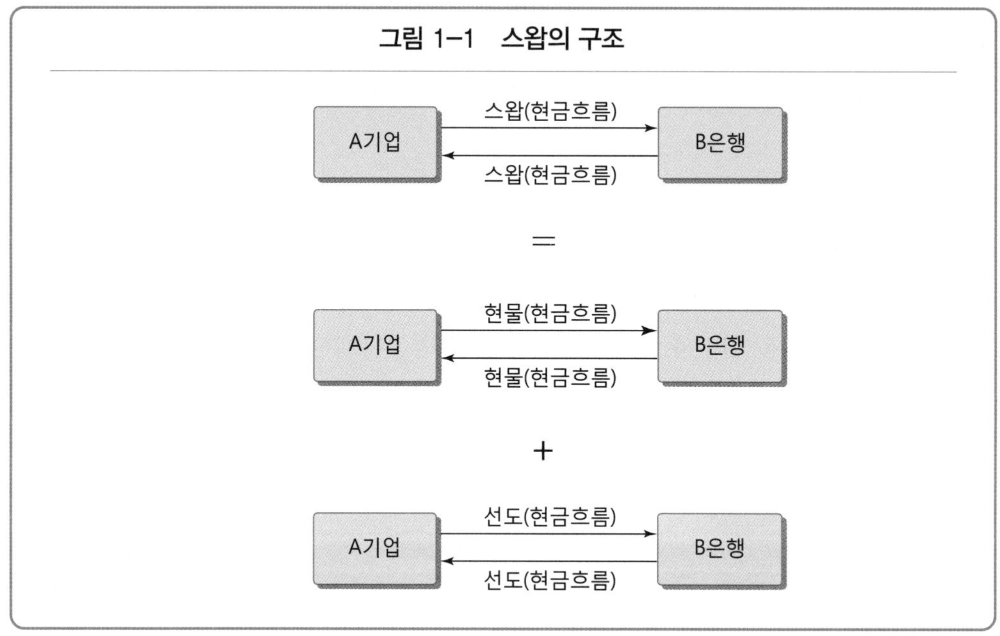

그림 1-2 스왑에서의 현금흐름의 교환

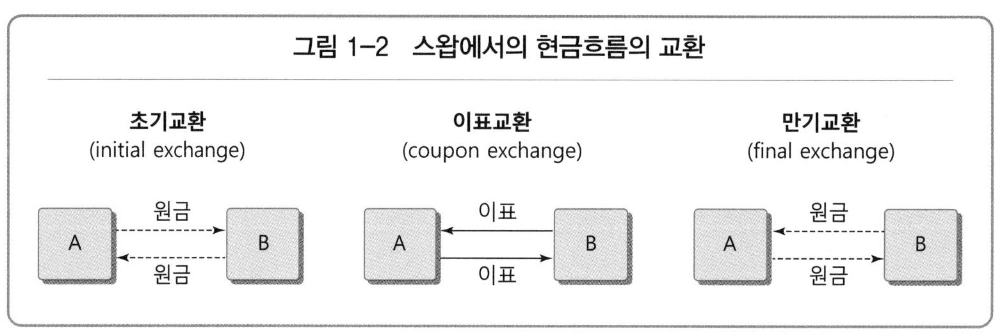

스왑거래에서 발생하는 현금흐름의 교환을 크게 초기교환(initial exchange), 쿠폰교환(coupon exchange), 만기교환(final exchange)으로 나눈다. 〈그림 1-2〉는 스왑에서의 현금교환의 종류를 보여준다. 초기교환에서는 원금교환이 이루어지기도 하고 이루어지지 않기도 한다. 일반적으로 이자율스왑에서는 원금교환이 없으나, 통화스왑의 경우 원금교환이 이루어지는 경우도 많다.

원금교환은 정해진 액수의 교환이므로 스왑의 가격을 계산하는데 있어서 손쉽게 취급될 수 있는 부분이지만, 중간에 이루어지는 쿠폰의 교환에 대한 가치를 평가하는 일은 중요하다. 일반적으로 스왑의 쿠폰교환에는 고정금리쿠폰(=명목원금×고정금리×day count fraction)과 변동금리쿠폰(=명목원금×변동금리×day count fraction)이 있다. day count fraction은 이자계산 일수를 정하는 규칙으로 각 통화마다 각각의 계산 관행이 있다. 예를 들어, 달러화의 변동금리 계산에는 'act/360'이, 원화의 변동금리는 'act/365'가 사용된다(act는 'actual number of days'의 줄인 말로 이자계산 기간의 실제 경과일수를 의미하며, 실제 경과일수를 곱하고 360일 또는 365일로 나누라는 의미).

스왑거래에서 현금흐름이 어떤 식으로 발생하는지 살펴보자. 예를 들어, 어떤 은행이 명목원금 $1,000,000에 대하여 연율 6.00%의 고정금리를 지불하고 6개월 Libor를 받는 2년 만기 스왑계약을 체결했다면 그 현금흐름은 아래와 같다.

기 간	현금유출	현금유입
6개월 후		$1,000,000×Libor×act/360
1년 후	$1,000,000×6.00%×360/360	$1,000,000×Libor×act/360
1.5년 후		$1.000,000×Libor×act/360
2년 후	$1,000,000×6.00%×360/360	$1.000,000×Libor×act/360

6개월 Libor 변동금리를 수취하고 고정금리를 지급하는 스왑이다. 6개월 후에는 명목원금 $1,000,000에 대한 6개월 Libor 금리를 받고(6개월 Libor금리를 적용하면 지급주기 또한 6개월), 1년 후에는 원금 $1,000,000에 대한 6.00% 이자만큼의 현금유출이 발생함(고정금리 지급주기를 연 단위 지급으로 가정)과 동시에 $1,000,000에 대한 Libor 금리를 수취하게 되는데, 지급과 수취에 대한 차액만큼의 현금흐름이 발생한다(순 지급). 이후 1년 6개월 후와 2년 후도 같은 방식의 현금흐름이 발생한다.

3 스왑거래의 생성과 발전과정

스왑거래는 금융시장에서 장기금융거래 수요를 충족시키기 위해 탄생되었다. 이것은 크게 다음의 세 가지 경로를 따라서 발전되어 왔다. 첫째는 외환시장에서 장기적 환위험을 관리하기 위해 외환스왑(foreign exchange swap)형태로 거래되었다. 둘째는 선물환 거래의 만기를 장기화하려는 시도에서 통화스왑(currency swap)이 거래되었다. 이러한 이종통화표시 스왑은 parallel loan과 back-to-back loan의 형태에서 비롯되었다. 셋째는 유로채(euro-bond)시장에서 장기금리 리스크관리를 위해 발행채권의 금리구조를 고정금리와 변동금리 간에 전환이 가능하도록 하는 상품을 개발하는 과정에서 이자율스왑(IRS : interest rate swap)거래가 발전되었다.

또한 스왑 계약의 기초가 되는 기초상품이 금리 외에 주가, 원자재(상품) 가격, 신용도 등으로 다양화된 상품들이 쏟아져 나왔으며, 스왑거래의 현금흐름과 결제조건에 복잡한 구조(exotic structure)를 가미시킨 형태도 등장하였다.

그러면 스왑의 근간이 되는 몇 가지 구조를 잠시 살펴보도록 하자.

(1) 외환스왑거래(FX Swap : Foreign exchange swap)

외환시장에서의 외환스왑거래는 특정 통화에 대한 거래금액은 동일하나 거래방향이 서로 반대인 현물환(spot)과 선물환(forward)을 동시에 체결하는 거래를 말한다. 〈그림 1-3〉은 외환스왑의 구조를 보여주고 있다.

이 그림에서 보면 A기업은 거래일에 백만 달러를 매입하고 만기일에 백만 달러를 매도하는 계약을 동시에 체결하고 있다. 이 결과 A기업은 만기일까지 백만 달러의 금융

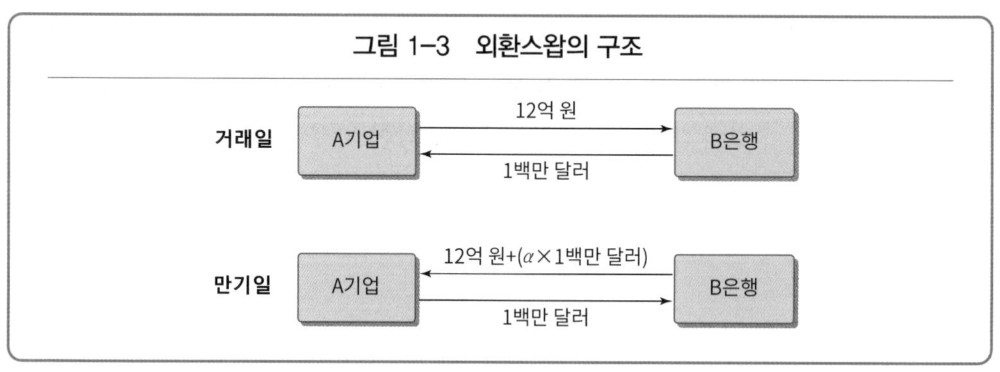

을 얻는 대신에 12억 원의 금융을 B은행에게 제공하게 된다. 즉, 달러와 원화 금융을 상호교환하는 거래를 하는 것이다. 외환시장 용어로는 A기업이 'US$ buy &sell swap against KRW'거래를 했다고 하며, B은행은 'US$ sell &buy swap against KRW'거래를 했다고 한다.

이 거래에서 현물환율과 선물환율의 차이인 'α'를 swap rate(swap point) 또는 forward margin(forward point)이라고 한다. 달러금리가 원화금리보다 높으면 A기업이 고금리 금융을 쓴 대가를 지불해야 하므로 '$\alpha < 0$'이 된다(즉 A기업이 만기일에 수취하는 원화금액이 12억 원보다 적게 되어 고금리 금융을 쓴 비용을 지불하는 효과). 반대의 경우 즉 원화금리가 달러금리보다 높으면 B은행이 고금리 금융을 쓴 대가를 지불해야 하므로 '$\alpha > 0$'가 된다(즉 A기업이 만기일에 수취하는 원화금액이 12억 원보다 많게 되어 고금리 금융을 제공한 비용을 수취하는 효과). 즉 α는 만기에 대한 달러금리와 원화금리 차이에 의해 결정된다. 두 통화의 금리차이가 커질수록, 또한 스왑기간이 길어질수록 현물환율과 선물환율의 차이는 커진다.

(2) parallel loan과 back-to-back loan

역사적으로 통화스왑의 원초적 형태로 볼 수 있는 것이 parallel loan과 back-to-back loan이다. parallel loan은 영국에서 해외투자에 관련된 외환규제를 회피하기 위하여 1960년대에 고안되어 1973년에 이 규제가 철폐되기까지 널리 이용되었다. 당시 영국은 경상수지의 대폭 적자와 파운드 약세의 어려움을 겪고 있었는데, 자본유출을 억제하기 위하여 해외투자용 달러의 구입에 대해 프리미엄을 부과하고 있었다.

이 때문에 외국에 있는 영국기업의 현지법인은 모회사로부터 직접 대출받는 것이 어려웠다. 이에 따라 영국에 있는 외국기업의 자회사에게 영국 모기업이 파운드 대출을 하는 대신에 이 파운드 금액에 상당하는 달러를 외국 모기업이 영국의 해외 현지법인에게 대출하는 방법이 사용되었다. 〈그림 1-4〉는 영국기업과 미국기업 간의 parallel loan구조를 보여주고 있다. 각 통화표시 대출원금은 대출시 환율에 의해 정해지고 금리는 각 시장의 대출금리(rate)가 적용된다. A, B 두 자회사는 각 금융기관으로부터 대출을 받는 경우보다 전체 비용을 절감할 수 있는 장점 외에 외환거래에 부과되는 수수료 비용을 회피할 수 있다는 매력이 있다. 또한 달러는 부족하나 파운드 조달능력이 뛰어난 영국기업과 파운드는 부족하나 달러 조달능력이 뛰어난 미국 기업이 서로 강점을 살려 부족한 부분을 보충하는 효과가 있다.

그림 1-4 parallel loan의 구조

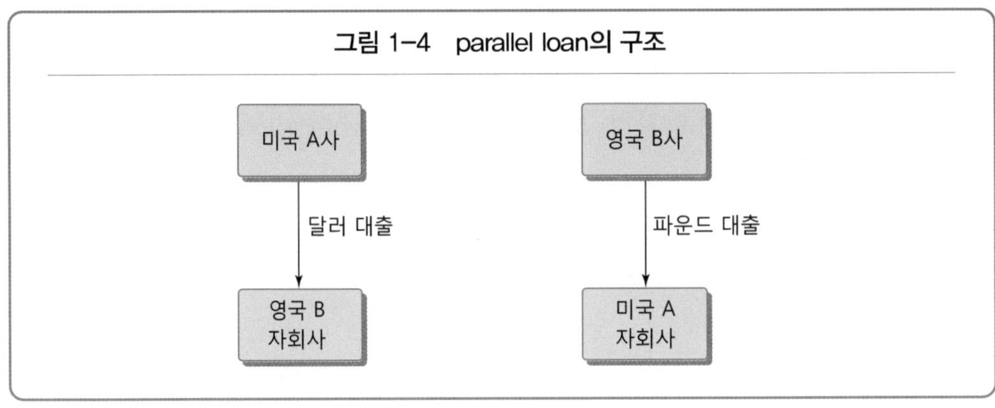

그러나 여기에도 문제점이 있었다. 첫째로 이 거래가 성립되기 위해서는 국적이 다른 두 기업이 동일 기간, 동일 금액의 자금수요가 있어야 하는데, 이 정보를 얻기가 쉽지 않다는 것이다. 둘째로는 parallel loan계약은 두 개의 대출계약이 별개로 실행되는 것이어서 만약 한쪽의 채무불이행 사태가 발생했을 때 상대방과 채무상계(set-off)가 가능하느냐 하는 문제가 생긴다. 또한 중도에 환율이 크게 변동하였을 때 대응문제도 있다.

세 번째 문제는 A사, B사 모두 자금조달 순효과가 없음에도 불구하고 대출계약이 두 건 발생하므로 여기에 대한 이자소득세 원천징수의무가 각각 발생한다는 것이다.

이 중 두 번째 문제를 해소하는 방법으로서 back-to-back loan이 고안되었다.

〈그림 1-5〉와 같이 모회사가 직접 필요한 파운드와 달러 대출을 조달받아서 각 회사에 본·지사 간 대출(inter office loan)을 하는 것이다. 두 모기업이 직접 대출당사자

그림 1-5 back-to-back loan의 구조

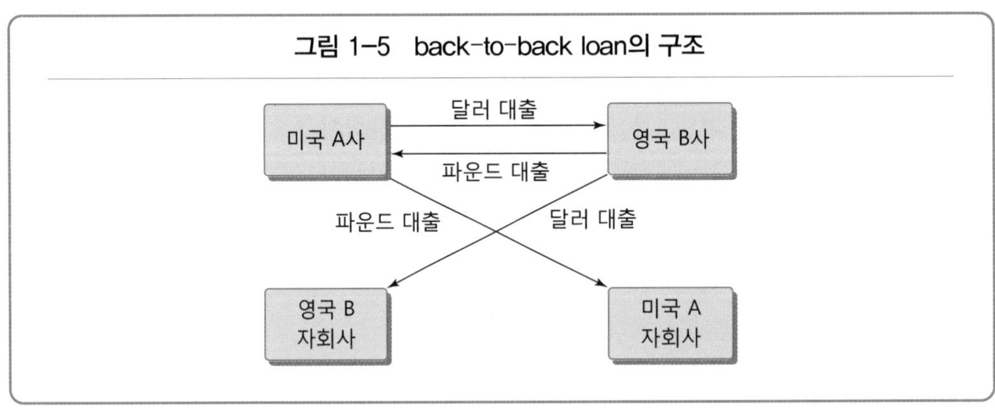

가 되므로 신용위험이 상당히 개선되는 효과가 있다. 그러나 여전히 소득세 원천징수 문제는 남는다.

parallel loan과 back-to-back loan 계약은 실제 대출계약서가 작성되어 실행되는 대출거래이므로 통화스왑 등의 파생금융상품과는 달리 부외(off balance sheet)거래가 아니다.

(3) 장기자본시장(capital market) 스왑거래

장기자본시장에서의 대표적인 스왑거래는 이자율스왑과 통화스왑거래이다. 이자율스왑거래는 동일 표시통화의 고정금리와 변동금리 간의 교환계약을 말한다. 통화스왑거래는 표시통화가 다른 이종통화 간의 원리금과 이자의 교환계약이며, 외환스왑 거래와는 달리 만기가 1년 이상인 장기거래를 일컫는다.

따라서 일정기간(3개월, 6개월, 1년 등)마다 정기적으로 이자교환이 발생하게 되는데, 이는 외환스왑과 다른 특징이다. 또한 외환스왑에서는 거래가격이 만기 선물환율에 의해 조정되지만, 통화스왑 거래에서는 적용되는 환율은 동일하나 교환되는 이자에 의해 가격이 조정된다. 일반적으로 스왑시장이라고 하면 장기자본시장 스왑거래를 말한다.

4 스왑시장에서의 주요 용어

(1) 스왑시장의 참여자

스왑시장에서 거래하는 상대방을 counter-party라고 부른다. 스왑시장에서의 거래상대방, 즉 시장참여자를 다음과 같이 나눌 수 있다.

❶ warehouse bank : 투자은행이나 대형 상업은행으로 스왑시장의 시장조성자(market maker) 역할을 수행하며, 자체 포지션(스왑 book)의 운용을 통해 스왑시장을 이끌어 가는 금융기관을 말한다.

❷ 중개기관(broker company) : warehouse bank와 user 또는 user들을 연결해 주는 기관으로서 자체 포지션 없이 고객 간 거래의 중개를 통하여 시장 활성화에 기여하고 있는 기관을 말한다.

❸ 최종 이용자(users) : 스왑시장의 최종 이용자(market user 또는 market follower)로서, 자체 포지션의 관리를 목적으로 상호 직접적인 거래와 중개기관과의 중개거래를 통하여 시장에 참여하는 기관을 말한다. 자금공여자(lender), 차입자(borrower), 자산/부채관리자(asset & liability manager) 등이 주요 수요자이다.

(2) long swap, short swap 포지션

스왑거래에서는 교환되는 이자(쿠폰교환)의 성격에 따라 스왑포지션을 구분하게 된다. 통상 변동금리를 수취(receive floating rate)하고 반대급부로 고정금리를 지급(pay fixed rate)하는 포지션을 long swap이라고 한다. 반면에 고정금리를 수취(receive fixed rate)하고 반대급부로 변동금리를 지급(pay floating)하는 포지션을 short swap이라고 한다.

한편 변동금리를 수취(receive floating)하고, 고정금리를 지급(pay fixed)하는 스왑을 고정금리 지급 여부에 따라 payer스왑이라 하기도 하고, 고정금리 수취(receive fixed)하고, 변동금리를 지급(pay floating)하는 포지션을 receiver스왑이라 한다. 보통의 경우 long swap 또는 short swap이라는 용어보다는 payer스왑 또는 receiver스왑을 주로 사용한다.

(3) 명목원금(notional principal)

이자율스왑 거래에서 원금은 상호 교환되는 것이 아니고 단지 이자계산에만 사용된다. 따라서 명목원금이라고 한다. 그러나 통화스왑에서는 원금이 상호 간에 교환되기 때문에 중요한 요소가 된다.

(4) 변동금리(floating index)

달러화 스왑계약에서 사용되는 변동금리는 주로 6개월 또는 3개월 만기 Libor가 많이 사용되나 BA(은행 인수 어음)금리, CD금리, CP(상업어음)금리 등도 사용된다. 6개월 Libor가 사용될 경우 변동금리 지급은 매 6개월마다 이루어지며, 3개월 Libor가 사용되면 이자지급은 매 3개월마다 이루어진다. 원화 스왑계약에서는 3개월 CD금리가 사용된다. 이론적으로 변동금리 지급기간은 스왑 고정금리 결정에 영향을 미치지 않는다. 현실적으로 고정금리와 변동금리의 지급기간과 주기가 달라지므로 자금결제의 미스매치가 발행하게 되고, 거래상대방으로부터 수취할 채권이 생기므로 신용위험에 영향을 미치게 된다.

또한 변동금리(floating index)별로 이자계산 방법이 달라지는데, 일반적으로 변동금리 이자계산은 money market basis방식이 가장 많이 쓰인다. 예를 들면, 미달러화는 act/360, 일본 엔화와 영국 파운드는 act/365를 사용하며, 원화 CD는 act/365를 사용한다(자세한 이자계산 방법은 '금리표시 및 이자계산 방법' 참고).

(5) 고정금리(fixed rate)

스왑계약상 가장 중요한 변수는 고정금리이며, 이를 보통 스왑 가격 혹은 스왑금리(swap rate)라고 한다. 예를 들어, 스왑거래에서 매 6개월마다 8%의 고정금리를 지급하는 계약이라면 8%의 절반인 4%(=8%×1/2, '30/360'기준)를 지급하거나, 8%×act/360, 또는 8%×act/365 등 다양한 관행에 따라 지급이자가 계산된다.

고정금리를 반년마다 지급하는 방법(통상 semi-annual basis라 한다) 외에 일 년에 한 번 지급하는 방법(annual basis), 분기마다 지급하는 방법(quarterly basis)들이 사용된다.

고정금리 이자지급조건은 통상 해당 통화의 국내 채권시장 관행을 따르지만, 수요자의 요구에 의해 결정되므로 매우 복잡하고 다양한 방법들이 사용될 수 있다.

금리 표시 및 이자계산 방법

금리는 숫자로 표시되지만 그 표시방법에 따라 경제적인 의미가 달라진다. 이는 은행에 정기예금을 가입할 때도 동일하게 적용된다. 예를 들어 연 10%인 1년 만기 정기예금일 때, 이자지급이 월이자 지급이냐, 만기일시(1년 후) 지급이냐에 따라 경제적 의미가 확연히 다르기 때문이다. 만약 1억 원을 월이자 지급 연 10% 이율인 정기예금에 가입할 경우 매월 833,333원의 이자를 수취하고, 만기일시 지급 연 10% 정기예금에 가입할 경우 만기에 10,000,000원의 이자를 수취한다. 수취하는 절대적인 이자의 금액의 단순 합은 동일하나 수취하는 이자의 시간가치를 감안할 경우, 당연히 월이자를 지급하는 정기예금이 훨씬 유리하다.

예를 들어 스왑시장에서 스왑금리를 다음과 같이 표시하였다고 하자.

① 고정금리 : 10.0%, s.a., 30/360, Unadj.

② 10.0% : 스왑 가격인 고정금리를 표시함

③ s.a. : 이자의 지급 주기(frequency)를 표시함, s.a.는 semi-annual의 약어로 이자를 1년에 2번, 즉 매 6개월마다 지급한다는 것을 의미함. p.a.는 per annum의 약어로 1년에 1번 지급함을 의미함(우리말로 '연리'라 함). q.a.는 quarterly의 약어로 1년에 4번, 즉 3개월마다 이자를 지급한다는 것을 의미함

④ 30/360 : 이자계산 방법을 표시함. 예를 들어, 2××4년 2월 10일에 연 10%의 금리로 만기일

시 지급하는 6개월 만기(2××4년 8월 10일) 정기예금의 이자계산을 생각해 보자.

이자계산을 100,000,000×10%/2=5,000,000원으로 할 것인가?

아니면 100,000,000×10%×181/365=4,958,904원으로 할 것인가?

스왑시장에서는 이자계산 방법에 따라 동일한 금리의 표시에도 경제적 가치가 달라지므로 이를 명확히 하고 있다. 스왑시장에서 주로 사용되는 이자계산 방법은 다음과 같다.

- act/365 : 이자계산 시작일과 종료일 기간의 실제 날짜수를 이자계산에 감안하고 1년을 윤년에 관계없이 365일로 고정하여 계산한다. 원화 이자율스왑금리와 CD금리 계산은 이 방법이 사용된다(예 : 2××4년 2월 10일~2××4년 8월 10일 기간의 이자를 이 방법에 의해 계산하면, 이자계산=원금×10%×181/365가 된다).
- act/act : 이자계산 시작일과 종료일 기간의 실제 날짜수를 이자계산에 감안하고 1년을 윤년인 경우에는 366일로, 그렇지 않은 경우에는 365일로 감안하여 계산한다(예 : 2××2년 2월 10일~2××2년 8월 10일 기간의 이자를 이 방법에 의해 계산하면, 이자계산=원금×10%×182/366이 된다. 2××2년은 윤년인 경우).
- act/360 : 이자계산 시작일과 종료일 기간의 실제 날짜수를 이자계산에 감안하고 1년을 윤년에 관계없이 360일로 고정하여 계산한다. 달러화 등 주요 외국 통화의 Libor 금리계산에 이 방법이 사용되며 주로 단기자금시장(money market)에서 사용되는 이자계산 방법이므로 'money market basis'라고 부른다. (예 : 2××4년 2월 10일~2××4년 8월 10일 기간의 이자를 이 방법에 의해 계산하면, 이자계산=원금×10%×181/360이 된다).
- 30/360 : 이자계산 시작일과 종료일 기간의 1달을 무조건 30일로 가정하고, 1년을 무조건 360일로 고정하여 계산한다. 달러화 채권이나 대부분의 고정금리 유로본드 채권의 쿠폰계산에 이 방법이 사용되어 이를 'bond basis' 라고 부른다(예 : 2××4년 2월 10일~2××4년 9월 20일 기간의 이자를 이 방법에 의해 계산하면, 이자계산=원금×10%×220/360이 된다. 이는 2월 10일부터 9월 10일은 7개월로 210일이 되고 9월 10일~20일까지의 10일을 감안하여 220일로 계산하는 것이다).

⑤ Unadj . : 이자계산 종료일이 휴일인 경우에는 이자지급이 발생할 수 없고, 다음에 설명하는 business day convention에 따라 이자지급일이 재결정되게 된다. 만약 이자지급이 다음 영업일로 하루 늦춰질 경우, 하루에 대한 이자를 감안하여 이자가 재계산되어야 한다고 주장할 수 있다. 이러한 재계산을 정하는 규칙이다. 'Unadj.'는 'unadjusted'의 약자로 비록 이자지급은 하루가 늦춰지더라도 이자를 재계산하지는 않는다는 것이다. 이자를 재계산한다고 정할 경우에는 'Adj.'(adjusted)를 사용한다. 위의 30/360 예제에서 2××4년 9월 20일이 공휴일이고 실제 이자지급일이 9월 21일이라고 한다면, 'Unadj.'의 경우 위와 동일하게 계산하고 'Adj.'의 경우 이자계산=원금×10%×221/360이 된다.

- 일반적으로 30/360은 'Unadj.'방법을 암묵적으로 사용하고 있고, act/365나 act/360의 경우 'Adj.'를 이용하여 이자를 계산하고 있다. 이는 30/360의 방법이 유로본드 등 채권에 주로 적용되는데, 채권의 경우 지금 비록 하루치 쿠폰을 받지 못한다 하더라도, 다음 쿠폰지급에는 하루가 감안되어 지급받을 수 있기 때문이다. 반면 act/365나 act/360은 자금시장(money market)에서 주로 사용되기 때문에, 자금에 대한 하루치 이자를 감안하여 계산하는 것이 일반적이다.

(6) 스왑거래에 사용되는 날짜 표현

❶ trade date : 스왑계약을 체결하는 날이다.

❷ effective date : 스왑거래의 이자계산이 시작되는 날로서 국제금융시장에서는 통상 trade date 이후 2영업일 후(spot date)가 되지만 따로 정할 수 있다. spot date를 초과하여 effective date가 있는 스왑을 통상 forward starting swap이라고 한다(선물환 거래와 동일한 개념으로 선도스왑 거래가 된다). 원화 이자율스왑의 경우 trade date 이후 1영업일 후부터 계산이 시작된다.

❸ payment date : 스왑거래에서 자금결제가 발생하는 날로 이자지급일 혹은 원금교환일이다. 만약 결제일이 공휴일이면 전일(preceding day) 또는 다음날(following day)로 할 것인지를 정해야 한다. 통상 modified following day방식을 사용하는데, 이는 payment date가 공휴일이면 다음 영업일로 하지만 다음 달로 넘어갈 경우 직전 영업일로 앞당겨진다.

공휴일은 또한 각국마다 각기 다르기 때문에 스왑계약 시 공휴일이 적용되는 국가의 도시를 명시하여야 한다. 예를 들어 달러화 이자율스왑계약은 Libor가 사용되므로 London과 달러화 결제로 인해 New York의 공휴일을 적용하게 된다. 이 경우 한 도시만이라도 공휴일이면 payment date가 조정된다.

payment date 결정과 영업일 관행(business day convention)

자금 결제일이 해당 통화 국가가 공휴일인 경우에 자금 결제일을 정하는 규칙은 크게 다음과 같이 3가지가 있으나, 스왑시장에서는 'modified following'의 영업일 관행(businsess day convention)을 많이 사용하고 있다.

① modified following : 자금 결제일을 다음 영업일로 미루는데, 연(year)과 월(month)을 넘길 수 없으며, 이 경우 앞으로 넘긴다. 예를 들어 3월 30일이 자금 결제 예정일이지만, 토요일이고 3월 31일 또한 일요일이라 4월 1일로 미뤄야 하지만, 이 경우 3월 30일 하루 전인 3월 29일에 자금을 결제하게 된다. 만약 3월 29일 또한 공휴일이라면 하루 전인 3월 28일이 자금 결제일이 된다.

② following : 자금 결제 예정일이 휴일이면 무조건 다음 영업일로 넘어간다(연과 월을 넘길 수 있다).

③ preceding : 자금 결제 예정일이 휴일이면 무조건 이전 영업일로 넘어간다(연과 월을 넘길 수 있다).

④ 변동금리 재설정일(reset date) : 변동금리 이자계산에 사용되는 변동금리를 선택하는 날이다. 앞서 Libor의 결정과 이자의 지급일에서 살펴보았듯이, 며칠 자의 변동금리를 적용할 것인지를 정하는 조건이다. 달러화 Libor의 경우 '런던 기준 제2영업일' 전일이 되고(Libor set in advance), 원화 CD금리의 경우 '서울 기준 제1영업일'전이 된다.

그러나 일부 스왑의 경우에는 이자계산 종료일, 즉 이자지급일 '제2영업일 전일'의 Libor를 적용하여' 이자계산을 하는 경우도 있다. 이를 Libor in-arrear 스왑이라고 한다(Libor set in arrear, payment in arrear).

section 02 이자율스왑(IRS : Interest Rate Swap) 거래

1 이자율스왑의 개요

이자율스왑이란 두 거래상대방이 일정기간 동안(만기) 동일 통화에 대한 고정금리와 변동금리를 주기적으로 교환하는 계약을 말한다. 즉 일정한 원금에 대한 고정금리 이자와 변동금리 이자를 서로 교환하는 계약이다.

앞서 설명했듯이 고정금리는 스왑계약의 만기까지 일정하게 적용되는 금리이다. 이를 스왑금리(swap rate) 또는 스왑 가격(swap price)이라고 하며, 이는 고정금리 채권의 수익률처럼 만기까지 적용되는 장기금리라고 생각하면 된다. 앞으로 설명하겠지만, 스왑금리는 스왑딜러의 해당 만기의 장기채권 금리와 이론적으로 동일하다.

변동금리는 스왑거래 만기까지 주기적으로 변동하여 결정되는 금리로 각 통화의 단기 자금시장(money market)에서 거래되는 대표적인 변동금리 지표를 이용하게 된다. 대부분의 경우에 변동금리 지표의 주기와 이자의 지급주기는 동일하게 적용된다. 예를 들어 달러화 이자율스왑의 경우, 3개월 Libor 금리가 변동금리 지표가 되면 변동금리 이자 지급주기 또한 3개월이 된다.

이자율스왑에서 동일 통화의 원금을 서로 교환하는 것은 의미가 없고, 오히려 교환에 대한 결제위험만 존재하기 때문에 이자율스왑에서는 원금교환이 발생하지 않는다. 따라서 이자율스왑에서 원금은 단순히 이자를 계산하는 데만 사용되므로 명목원금(nominal amount 또는 notional amount)이라고도 한다.

이자율스왑의 고정금리 이자와 변동금리 이자의 교환이 같은 날에 발생하면 차액결제(payment netting) 방법을 따른다. 차액결제를 통해 거래상대방에 대한 결제위험을 줄일 수 있기 때문이다. 만약 고정금리 이자와 변동금리 이자의 지급주기가 다를 경우에도 같은 날에 발행하는 현금흐름에 대해서는 차액결제가 적용된다. 예를 들어 3개월 달러 Libor 금리를 지급하고 1년에 한 번 고정금리를 수취하는 스왑의 경우, 처음 3번에 걸친 이자를 우선 지급하고 1년 시점에는 차액을 수취하게 된다.

2 이자율스왑의 예제

이자율스왑 거래의 실제 예를 통해, 이자율스왑 거래의 현금흐름 등 구체적인 내용을 살펴보도록 하자.

다음은 3년 만기 달러화 이자율스왑의 거래내용이다.

❶ trade date : Feb. 10, 2××1

❷ effective date : Feb. 12, 2××1

❸ termination date : Feb. 12, 2××4, subject to business days convention

❹ notional amount : US$10,000,000

❺ fixed rate payer : A은행

❻ floating rate payer : B은행

❼ fixed rate : 3.20%. s.a. 30/360, Unadj.

❽ floating rate : US$ 6M Libor+1.0%, act/360

❾ business days : London(for Libor fixing) & New York(for payment)

❿ business days convention : modified following

⓫ documentation : ISDA standard

거래일인 2××1년 2월 10일 계약을 체결하였으며, 이자계산의 기산은 제2영업일 후인 2월 12일부터 시작하고, 스왑의 만기는 effective date으로부터 3년 후인 2××4년 2월 12일이다. 만약 만기일이 공휴일인 경우 business days convention인 modified following 규칙에 따라 만기일이 결정된다(참고로 이번 예제에는 실제 토·일요일 및 각 도시의 공휴일을 감안하지는 않았다).

A은행은 고정금리 이자를 지급하는데, 3년 동안 매 6개월(s.a.)마다 총 6번 지급하게 된다. 이자계산 방법이 30/360, Unadj.이므로, 이자계산 기간의 실제 날짜수와 상관없이 고정금리 3.2%의 절반인 명목원금의 1.6%를 지급하게 된다.

대신 A은행(B은행의 입장에서는 지급)은 매 6개월마다 총 6번, 변동금리 지표인 달러화 6개월 Libor 금리에 연 1%의 가산금리를 더한 변동금리 이자를 수취하게 된다. 이자계산 방법이 act/360이므로 이자계산 기간의 실제 날짜수를 감안하여 이자가 계산된다.

영업일과 관련하여 Libor 결정에는 런던 공휴일을 감안하고, 이자지급은 뉴욕의 공휴일을 감안하는 조건이다. 이를 달리하는 이유는 다음과 같은 경우가 발생할 수 있기 때문이다. 예를 들어, 두 번째 변동금리 이자지급일인 2××2년 2월 12일에 적용되는 이자계산 기간은 2××1년 8월 12일~2××2년 2월 12일이고, Libor는 이자계산 시작일인 2××1년 8월 12일에서 런던기준 제2영업일 전인 8월 10일의 고시금리를 사용한다. 비록 8월 10일이 뉴욕의 공휴일이더라도 런던이 공휴일이 아니면, 이전 영업일의 것을 사용하지 않는다. 같은 논리로 이자지급일인 2××2년 2월 12일이 런던 공휴일이고 뉴욕이 영업을 한다면 정상적으로 2월 12일에 결제가 일어난다.

documentation은 스왑거래를 체결한 후 사후전담부서(back office) 간에 계약서를 서로 교환하게 되는데, 이 때 ISDA 표준 계약서를 이용하고 만약 사후에 스왑거래와 관련하여 문제가 발생할 경우에는 ISDA의 master agreement나 기타 표준계약서 조건을 따른다는 것이다.

〈표 1-2〉는 위 조건의 구체적인 현금흐름을 나타낸 것이다.

주의하여야 할 것은 Libor 금리는 거래일 시점에서는 단순 가정이며, 향후 Libor 결정일에 가서야 정확한 변동금리 이자를 계산할 수 있다. 그러나 첫 번째 Libor의 결정은 거래일인 2××1년 2월 10일에 결정되므로, 거래일 이후 6개월 후(2××1년 8월 12일)에 지급되는 첫 번째 변동금리 이자는 알 수 있다. 이 때 결제차액(net payment)이 '－'인 경우 A은행의 지급금액이 수취금액보다 크므로 A은행이 결제차액을 지급해야 하고, '＋'인 경우 A은행의 수취금액이 지급금액보다 크므로 A은행이 결제차액을 수취하게 된다.

표 1-2 3년 만기 달러화 이자율스왑의 현금흐름

시점	일자	날짜수	A은행 지급(B은행 수취)	A은행 수취(B은행 지급)
trade date	10-Feb-2××1			
Eff. Date	12-Feb-2××1			
6m	12-Aug-2××1	181	-US$10,000,000×3.2%×180/360	US$10,000,000×(Libor+1%)×181/360
1y	12-Feb-2××2	184	-US$10,000,000×3.2%×180/360	US$10,000,000×(Libor+1%)×184/360
1y6m	12-Aug-2××2	181	-US$10,000,000×3.2%×180/360	US$10,000,000×(Libor+1%)×181/360
2y	12-Feb-2××3	184	-US$10,000,000×3.2%×180/360	US$10,000,000×(Libor+1%)×184/360
2y6m	12-Aug-2××3	181	-US$10,000,000×3.2%×180/360	US$10,000,000×(Libor+1%)×181/360
3y	12-Feb-2××4	184	-US$10,000,000×3.2%×180/360	US$10,000,000×(Libor+1%)×184/360

시점	A은행 지급금액(B은행 수취)	A은행 수취(B은행 지급)	Net Payment	Libor	Libor결정일
trade date					
Eff. Date					
6m	-US$160,000	US$125,694	-US$34,306	1.50%	10-Feb-2××1
1y	-US$160,000	US$143,111	-US$16,889	1.80%	10-Aug-2××1
1y6m	-US$160,000	US$150,833	-US$9,167	2.00%	10-Feb-2××2
2y	-US$160,000	US$158,444	-US$1,556	2.10%	10-Aug-2××2
2y6m	-US$160,000	US$196,083	US$36,083	2.90%	10-Feb-2××3
3y	-US$160,000	US$204,444	US$44,444	3.00%	10-Aug-2××3

3 이자율스왑과 기타 금리거래와의 비교

(1) 이자율스왑과 채권의 비교

이자율스왑 거래를 좀 더 쉽게 이해하기 위해서 다른 금융상품과의 비교를 통해 분석해 보도록 하자.

위의 예제에서 A은행이 이자율스왑 거래 대신 아래와 같은 두 개의 채권거래를 했다고 가정해 보자.

❶ 3년 만기 달러화 고정금리 채권 발행 : 3.2%, s.a., 30/360, Unadj.

❷ 3년 만기 달러화 FRN 채권 투자 : 6month Libor + 1.0%

채권을 발행하게 되면, 발행일에 채권 원금을 수취하게 되고 쿠폰 조건에 따라 향후 이자를 지급하게 된다. 반면 채권투자에서는 투자일에 원금을 지급하고 향후 쿠폰 조건에 따라 이자를 수취하게 된다. 만기일에는 반대방향의 원금의 흐름이 발생한다.

만약 앞서 두 개의 채권거래를 동시에 체결할 경우 동일한 원금은 서로 상쇄되고, 상이한 조건의 쿠폰흐름만 남게 된다. 이러한 쿠폰흐름은 위의 이자율스왑과 동일한 현금흐름을 갖는다. 즉 A은행의 입장에서 고정금리를 지급하고 변동금리를 수취하는 이자율스왑을 거래했다는 것은, 고정금리 채권을 발행하고 동일만기의 변동금리 채권(FRN)에 투자한 것과 동일한 것이다.

물론 A은행의 입장에서 두 거래가 무차별적인 것은 아니다. 채권 발행 · 채권투자와 이자율스왑 거래가 회계처리 방법이 다르고 상대방에 대한 신용리스크 등을 감안할 경우에 은행에 미치는 영향은 확연히 다르다. 그러나 현금흐름과 같이 시장(금리)리스크 측면에서는 동일하다.

우선 고정금리 채권(투자, 보유 혹은 long포지션)과 시장금리는 역의 관계에 있다. 예를 들어 시장금리가 상승하면 채권가치는 하락하고 시장금리가 하락하면 채권가치는 상승한다. 고정금리 채권을 발행했다는 것은 투자의 반대(차입, 매도 혹은 short포지션)이므로 시장리스크도 반대이다. 즉 시장금리가 상승하면 발행자의 입장에서는 이익이 발생하고, 금리가 하락하면 손실이 발생한다.

반면 변동금리 채권은 시장금리 변화에 따른 채권가치 변화가 거의 없다.

따라서 고정금리를 지급하는 이자율스왑은 시장금리가 상승하면 이익이 발생하고, 시장금리가 하락하면 손실이 발생한다.

요약하면 〈표 1-3〉과 같다.

요약하면, receiver이자율스왑과 채권투자(long 포지션)는 금리리스크 면에서 동일하

표 1-3 시장금리 변화에 따른 채권과 이자율스왑의 손익 변화

	채권투자	채권 발행	고정금리 지급 이자율스왑 (payer swap)	고정금리 수취 이자율스왑 (receiver swap)
시장금리 상승	손실(−)	이익(+)	이익(+)	손실(−)
시장금리 하락	이익(+)	손실(−)	손실(−)	이익(+)

고, 같은 기준으로 payer이자율스왑과 채권 발행(short포지션)은 서로 동일하다.

(2) 이자율스왑과 FRA의 비교

이제 이자율스왑과 대표적인 이자율 선도거래인 FRA(Forward Rate Agreement)의 상관성을 서로 비교해 보자.

다음과 같은 단기 이자율스왑과 FRA거래가 있다고 할 때,

❶ 1년 만기 이자율스왑

ㄱ. trade date : Feb. 10, 2××1

ㄴ. effective date : Feb. 12, 2××1

ㄷ. termination date : Feb. 12, 2××2, subject to business days convention

ㄹ. notional amount : US$10,000,000

ㅁ. fixed rate payer : C은행

ㅂ. floating rate payer : D은행

ㅅ. fixed rate : 2.00%. quarterly, act/360

ㅇ. floating rate : US$ 3M Libor, act/360

* 현금흐름의 비교를 쉽게 하기 위해 고정금리와 변동금리의 금리 지급주기(3개월 주기 고정금리와 3개월 Libor)와 계산방법을 동일하게 가정함

❷ 3×6 FRA 거래

ㄱ. trade date : Feb. 10, 2××1

ㄴ. fixing date : May 10, 2××1

ㄷ. effective date : May 12, 2××1

ㄹ. maturity : Aug. 12, 2××1

ㅁ. notional amount : US$10,000,000

ㅂ. FRA buyer : C은행

ㅅ. FRA seller : D은행

ㅇ. FRA rate : 1.80%

현금흐름은 〈표 1-4〉와 같다.

표 1-4 1년 만기 달러화 이자율스왑과 FRA 현금흐름 비교

시점	일자	날짜수	C은행 이자율스왑의 순 현금흐름	C은행의 3×6 FRA 현금흐름	Libor결정일
trade date	10-Feb-2xx1				
Eff. Date	12-Feb-2xx1				10-Feb-2xx1
3m	12-May-2xx1	89	명목원금×(Libor-2.0%)×89/360		10-May-2xx1
6m	12-Aug-2xx1	92	명목원금×(Libor-2.0%)×92/360	명목원금×(Libor-1.80%)×92/360	10-Aug-2xx1
9m	12-Nov-2xx1	92	명목원금×(Libor-2.0%)×92/360		10-Nov-2xx1
1y	12-Feb-2xx2	92	명목원금×(Libor-2.0%)×92/360		

결국 C은행의 입장에서 보면, 고정금리를 지급하고 변동금리를 수취하는 이자율스왑의 2번째 현금흐름과 3×6 FRA의 현금흐름은 금리조건만 동일하다면 같은 성질의 것임을 알 수 있다(FRA 매입자인 C은행은 3M Libor가 3%로 상승하면, FRA rate인 1.80%와의 차액인 1.2%를 수취하게 되는 반면, 이자율스왑 거래의 C은행은 2.00%를 지급하고, 3M Libor가 3%로 상승하면 차액인 1.0%를 수취한다). 만약 C은행이 0×3 FRA, 3×6 FRA, 6×9 FRA, 9×12 FRA를 동시에 매입하였고, 각 FRA의 금리의 평균이 1년 만기 이자율스왑의 고정금리인 2.00%와 동일하다면, 4개의 FRA 매입과 1년 만기 payer 이자율스왑은 동일한 현금흐름이 발생한다.

1년 이자율스왑 금리
=4개 FRA 평균금리(0×3 FRA + 3×6 FRA + 6×9 FRA + 9×12 FRA)

결국 이자율스왑은 연속 4개의 FRA거래(이를 FRA strip거래라고 함)와 동일함을 알 수 있다. 즉, 시리즈의 FRA매입은 고정금리 지급(변동금리 수취)하는 이자율스왑 거래와 동일하다. 그리고 시장금리 변화에 따른 FRA의 손익과 이자율스왑 거래의 손익을 살펴보면 〈표 1-5〉와 같다.

표 1-5 시장금리 변화에 따른 FRA와 이자율스왑의 손익 변화

	FRA매입	FRA매도	고정금리 지급 이자율스왑 (payer swap)	고정금리 수취 이자율스왑 (receiver swap)
시장금리 상승	이익(+)	손실(−)	이익(+)	손실(−)
시장금리 하락	손실(−)	이익(+)	손실(−)	이익(+)

4 스왑금리(swap rate)와 스왑금리의 결정

(1) 스왑금리

이자율스왑은 쿠폰의 교환, 즉 변동금리와 고정금리를 서로 교환하는 거래이다. 변동금리는 시장 상황에 따라 변동하는 것이므로 스왑거래 시점에서 중요하게 판단되는 것은 스왑기간 중에 일정하게 적용될 고정금리 수준이다. 바로 이 고정금리를 스왑금리(swap rate) 또는 스왑 가격(swap price)이라고 하며 스왑시장에서 스왑딜러들은 두 개의 스왑금리를 고시하는 데 이를 'two-way quotation'이라고 한다. 이 중 한쪽은 스왑딜러가 변동금리를 받는 대신에 지불하고자 하는 고정금리이고 다른 한쪽은 스왑딜러가 변동금리를 주는 대신에 받고자 하는 고정금리이다. 전자를 스왑의 pay rate 또는 bid rate라 하고, 후자를 스왑의 receive rate 또는 offer rate라고 한다.

〈표 1-6〉은 스왑딜러들이 고시하는 스왑금리의 예이다(bid rate와 offer rate는 주식시장의

표 1-6 스왑금리 고시 예

기간	swap spread (act/365 s.a.)	US$/AMM act/360	EUR/p.a. 30/360	YEN/s.a. act/365	KRW/ quarter act/365	US$/KRW (act/365 s.a.)
1년	–	–	–	–	4.17/4.14	3.18/3.13
2년	T+35/32	1.99/1.96	2.53/2.51	0.16/0.13	4.44/4.40	3.27/3.21
3년	T+40/37	2.57/2.54	2.88/2.86	0.27/0.24	4.60/4.57	3.45/3.39
4년	C+44/41	3.01/2.98	3.20/3.16	0.40/0.37	4.73/4.69	3.64/3.58
5년	T+40/37	3.39/3.36	3.45/3.43	0.56/0.53	4.92/4.88	3.83/3.77
7년	T+51/48	3.94/3.91	3.86/3.84	0.87/0.83	5.17/5.11	4.30/4.22
10년	T+39/36	4.42/4.39	4.27/4.25	1.22/1.18	5.44/5.38	4.69/4.61

사자호가와 팔자호가로 이해하면 된다. 주식시장에서는 해당 주식의 주가로 표시되지만, 스왑시장에서는 금리로 표시된다).

여기에 고시된 스왑금리는 바로 스왑거래의 고정금리이며, 변동금리는 자동적으로 각 통화의 기준 변동금리지표를 전제하고 있다. 즉 달러화, 엔화, 유로화는 Libor 금리가, 원화는 CD금리가 된다.

주식시장이나 외환시장에서도 거래 가격이 '사자(bid)/팔자(offer)'의 two-way quotation으로 호가되듯이 스왑시장에서도 two-way가격이 고시되는데, 다만 스왑시장에서는 시장관행상 'offer/bid'로 순서를 바꾸어 고시하는 것이 일반적이다. 스왑 offer rate는 스왑딜러가 고객에게 고정금리 수취(receiver swap) vs. 변동금리 지급하는 스왑을 할 때 적용하며(고객의 입장에서는 payer swap으로 주식시장에서의 팔자호가에 해당한다. 즉 주식을 사고자 하는 사람(고객)이 당장 거래하고자 한다면 팔자호가에 거래하는 것과 동일), 스왑 bid rate는 스왑딜러가 고객에게 고정금리 지급(payer swap) vs. 변동금리 수취하는 스왑을 할 때 적용하는 금리이다(고객의 입장에서는 receiver swap으로 주식시장에서의 사자호가에 해당한다). Two-way quotation의 원리상 딜러(은행)입장에서 외환이나 주식거래의 경우에는 'Buy low/Sell High'의 원칙이 적용되어 싸게 사고 비싸게 팔아야 스프레드만큼 이익이 되며, 스왑거래의 경우에는 'Receive more/Pay less'의 원칙으로 고정금리를 많이 받고 작게 지급해야 스프레드만큼 이익이 되는 것이다. 때문에 스왑시장에서는 'offer/bid'란 용어 대신 'receive/pay'라고 부르기도 한다. 예를 들어 〈표 1-6〉의 호가에서 3년만기 미달러화 이자율스왑의 가격은 '2.57%/2.54%'인데 스왑딜러가 2.57%의 고정금리를 수취하고 대신 변동금리를 지급(고객은 당장 고정금리를 지급하고 변동금리를 수취하는 스왑거래가 가능)하는 조건의 가격(offer)이고, 스왑딜러가 2.54%를 지급하고 대신 변동금리를 수취(고객은 당장 고정금리를 수취하고 변동금리를 지급하는 스왑거래가 가능)하는 조건의 가격(bid)을 의미한다.

스왑거래는 최소 1년 이상의 장기거래이고 스왑금리는 장기 고정금리이기 때문에 스왑금리는 만기가 동일한 채권의 수익률을 기준으로 결정된다. 이는 스왑딜러들이 스왑거래로 인한 금리리스크를 동일 만기의 채권매매를 통해 관리한다고 할 수 있는데 채권보유로 인한 신용위험을 최소화하기 위해 통상 신용위험이 없는 각 통화별 국채의 매매를 통해 관리하게 된다. 주요 통화의 경우 스왑금리는 통상 두 가지 방식으로 고시되는데 미달러화의 경우 스왑금리는 '재무부 채권수익률＋스왑 spread'로 표시(이를 'T＋spread' 방식이라 함)하기도 하고 절대금리로 직접 표시하기도 한다.

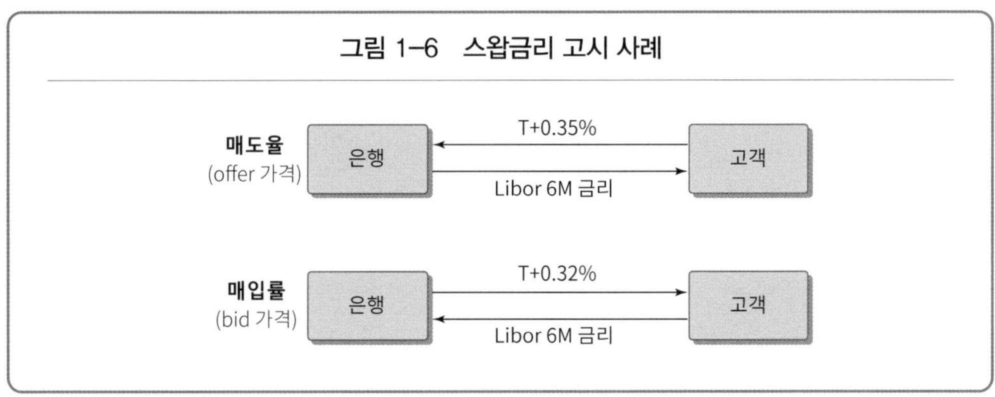

그림 1-6 스왑금리 고시 사례

〈표 1-6〉에서 미달러화의 경우 스왑금리의 기준이 되는 금리는 미국 재무부 채권수익률(treasury yield)이다. 즉 재무부 채권수익률(act/365, s.a.)에 기간별 스프레드를 가산하는 방식이다. 예를 들어 2년짜리 스왑의 금리가 T+35/32로 고시되어 있는바, 이것은 스왑 offer rate는 잔존만기 2년짜리 재무부 채권수익률에 0.35%를 더한 것이며, 스왑 bid rate는 같은 기간 재무부 채권수익률에 0.32%를 더한 것이라는 것이다. 여기서 0.35%를 스왑 offer spread, 0.32%는 스왑 bid spread라고 한다.

미 재무부 채권은 6개월마다 이자를 지급하므로 스왑 고정이자 지급은 6개월마다 이루어지며, 변동금리도 함께 6개월마다 이루어진다. 여기서 한 가지 고려할 점은 채권시장에서 bid 가격과 offer 가격이 있는데, 어느 가격의 수익률을 스왑 고정금리에 사용할 것인가 하는 점인데, 통상 채권 가격의 bid 가격이 offer 가격보다 적으므로 수익률은 반대로 bid 수익률이 offer 수익률보다 크다.

따라서 스왑금리는 아래와 같이 결정된다.

스왑 offer rate＝미 재무부 채권 bid 수익률＋스왑 offer spread
스왑 bid rate＝미 재무부 채권 offer 수익률＋스왑 bid spread

다음 〈그림 1-7〉은 각 스왑금리의 수준을 비교한 것이다.

이러한 방식에서 문제점은 스왑거래에 참여하는 고객이 스왑시장 스프레드뿐만 아니라 채권시장 스프레드까지 부담해야 한다는 것이다. 따라서 은행 간 시장의 스왑거래에서는 채권시장 수익률의 중간 가격을 사용한다.

미달러화 이자율스왑의 고시에는 변동금리인 Libor의 이자계산 방식이 고정금리 표시에 그대로 사용되기도 한다. 즉 US$/AMM(act/360) 방식이 그것인데, 〈표 1-6〉에서

그림 1-7 스왑금리의 비교

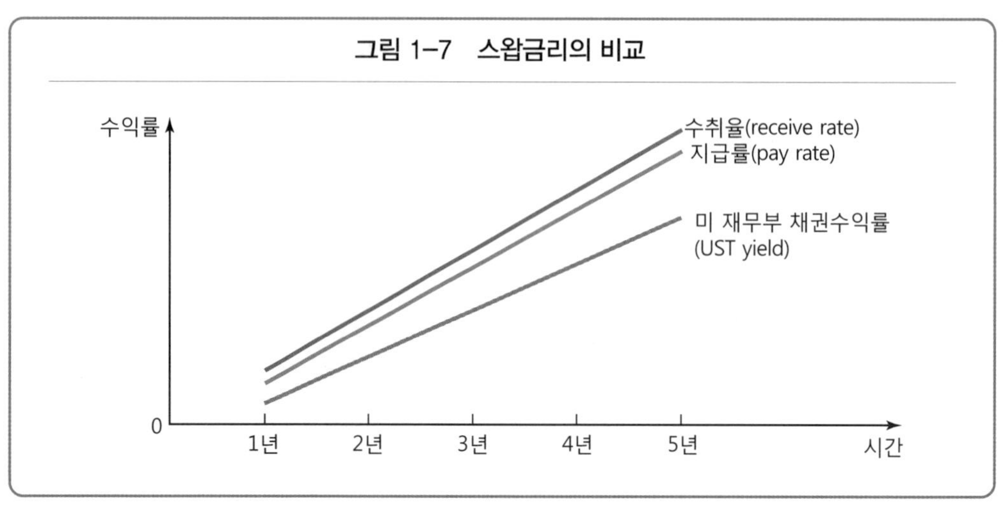

2년 만기 미달러화 스왑금리가 1.99/1.96로 표시된 것이다. AMM은 annual money market의 약자로 1년을 360일로 하고 실제 경과일 수를 감안하여 이자금액을 계산한다. 여기서 주의할 것은 US$/AMM(act/360) 방식의 고정금리인 1.99%와 1.96%는 1년에 한 번 이자지급이 발생하고, 변동금리는 1년에 두 번 이자지급이 발생한다.

1.99%는 스왑 offer rate로 재무부 채권수익률 방식의 T+35와 같고, 1.96%는 스왑 bid rate로 재무부 채권수익률 방식의 T+32와 같다. 두 방식을 비교하기 위해 우선 AMM방식 1.99%를 act/365방식으로 환산하면 2.02%(=1.99%×365/360)가 되고, 이를 반년 복리(semi-annual compounding)로 고치면 2.01%$[=(\sqrt{1.02018}-1)\times 2]$가 된다. 스왑 offer spread가 0.35%이므로 이날 적용된 2년 만기 재무부 국채수익률은 1.66%(=2.01−0.35)임을 알 수 있다.

〈표 1-6〉에서 유로화 스왑은 30/360방식(euro bond basis)으로 고정금리를 정하고 있다. 30/360방식은 이자를 계산할 때 무조건 1년은 360일, 한 달은 30일로 해서 계산하는 방식이다. 이 방식에 의하면 6개월 이자는 무조건 1년 이자의 절반이다. 여기서도 변동금리는 모두 Libor를 적용한다. 원화 이자율스왑의 경우 고정금리 이자를 1년에 네 번 지급하는 quarterly basis를 사용하며 이자계산은 act/365방식을 사용한다. 가장 오른쪽 열에 있는 US$/KRW는 달러화 대 원화의 통화스왑을 나타낸 것으로 3년 만기 가격이 '3.95%/3.89%'인데 이는 스왑딜러가 offer 가격인 원화 고정금리 3.95%(act/365)를 6개월마다 수취하는 대신 미달러화 6개월 Libor(act/360)를 지급한다는 것을 의미하고, bid 가격인 원화 고정금리 3.89%를 지급하는 대신 미달러화 6개월 Libor를 수취한

다는 조건을 말한다(자세한 내용은 다음 절의 통화스왑에서 설명함).

(2) 스왑금리의 결정과 스왑 스프레드의 변동

앞서 설명했듯이 스왑거래는 최소 1년 이상의 장기간 거래이고 스왑금리는 장기 고정금리이기 때문에 스왑금리는 만기가 동일한 채권의 수익률을 기준으로 결정된다. 스왑딜러들이 스왑거래로 인한 금리리스크 관리를 위해 통상 신용위험이 거의 없는 각 통화별 국채를 매매한다고 하였는데 국채매매 시의 수익률과 스왑금리와는 차이가 있다. 국채수익률보다는 통상 스왑금리가 높은 것이 일반적인데 국채는 '국가 신용위험(sovereign risk)'이고, 스왑거래는 은행과 은행 간의 신용위험(inter-bank risk)이거나 은행과 기업고객 간의 신용위험(corporate risk)이기 때문이다. 따라서 이론적으로 스왑금리는 국채수익률보다 높아야 하고 국채수익률과 스왑금리의 차이가 '스왑 spread'이다.

스왑금리는 재무부 채권수익률＋스왑 spread로 표시된다고 하였다. 스왑금리의 변동은 무위험수익률인 재무부 채권수익률의 변동과 스왑 spread의 변동이다. 스왑 spread는 재무부 채권수익률에 비해 시시각각으로 변하지는 않는다. 그러나 스왑 spread 또한 금융시장의 변화에 따라 조금씩 변한다. 스왑 spread의 변동요인은 다음의 네 가지로 살펴볼 수 있다.

첫째, 신용위험(credit risk)으로 스왑 spread는 일종의 TED(treasury vs. Euro dollar)스프레드로 볼 수 있다. 즉 유로시장(은행 간의 자금시장)에서 신용위험이 증가하면 유로달러 금리와 Treasury 금리 간의 차이가 확대되고 이에 따라 스왑 spread가 확대된다. 반대로 신용위험이 줄어들면 두 금리 간의 차이가 축소되고 이에 따라 스왑 spread가 축소된다.

둘째, 금리변동에 대한 예상에 따라 스왑 spread가 변동한다. 장래 금리 상승이 예상될 때는 차입자의 금리 고정화 수요가 증가하고 이에 따라 스왑 spread가 확대되는 경향이 있다. 반대로 장래 금리 하락이 예상될 때는 투자기관의 금리 고정화 수요가 증가하며 따라서 스왑 spread가 축소되는 경향이 있다.

셋째, 미국 재무부 채권금리 수준이다. 역사적으로 미국 재무부 채권금리가 높은 상태에 있을 때에는 자금운용기관의 자산스왑이 증가하고 이에 따라 스왑 spread가 축소된다. 반대로 저금리 상태일 때는 장기 차입자의 금리 고정화 수요가 증가함으로써 스왑 spread가 확대된다.

마지막으로 major 스왑딜러의 포지션 상태에도 영향을 받는다. 스왑딜러의 고정금리

지급 스왑포지션이 많은 경우 딜러들이 헤지를 위해 고정금리 수취 스왑을 해야 하므로 스왑 spread가 축소될 수밖에 없다. 반대로 스왑딜러의 고정금리 수취 포지션이 많을 경우에는 딜러들이 헤지를 위해 고정금리 지급 스왑을 해야 하므로 스왑 spread가 확대된다.

5 스왑거래의 발생원인 및 이자율스왑의 이용사례

(1) 유리한 차입조건 달성

첫 번째 사례로 D사는 해외에서 자금을 조달하고자 하는데, 다음과 같은 두 개의 대안을 가지고 있다.(조달 기간은 생략하고 금리만을 비교하자)

❶ 이자율 5.625%의 고정금리채 발행

❷ Libor+1.5%의 변동금리

고정금리로 조달하는 것보다는 변동금리로 조달하는 것이 더 저렴한 것으로 보이지만, D사는 그럼에도 불구하고 금리리스크가 없는 고정금리로 조달하는 것을 선호한다. D사에 대하여 스왑딜러가 국채(당시 3.15%)+80bps(0.8%)의 고정금리를 수취하고 Libor를 지불하겠다는 스왑을 제시하였다. 따라서 D사는 ❶안을 선호하지만, ❷안을 택하고 동시에 스왑을 체결하였다. 그 결과 D사의 금리리스크가 어떻게 제거되었는지를 〈그림 1-8〉은 보여준다.

D사는 Libor+1.5%로 차입하므로 변동금리 리스크에 노출되지만, 스왑딜러로부터 Libor 금리를 받아 투자자에게 지불하므로 Libor 변동금리리스크는 상쇄된다. D사의 금리비용은 투자자에게 지불할 고정금리 스프레드 1.5%와 스왑딜러에게 지불할 고정금리 3.95%만 남는다. 즉, 전체 금리비용은 5.45%의 고정금리이다.

결과적으로 D사는 변동금리로 차입하였음에도, 고정금리만 지불하면 될 뿐 아니라,

그림 1-8 이자율스왑의 사례 1

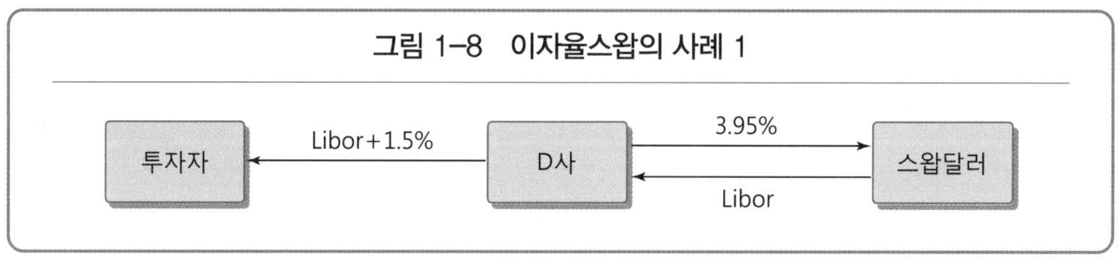

직접 고정금리로 자금을 차입할 때보다도 0.175% 저렴한 비용으로 자금조달이 가능하다. 한편, 스왑딜러는 고정금리를 받고 변동금리를 지불하므로 금리리스크에 노출되는데, 스왑딜러는 스왑시장에서 다시 변동금리를 수취하고 고정금리를 지불하는 스왑을 체결하여 금리리스크를 헤지하면 된다.

두 번째 사례로 스왑거래를 하게 되면 거래참여자 모두가 이익을 보게 되는데, 그 이유는 비교우위 때문이다. 스왑을 통해 참여자 모두 이익을 보게 되므로 이 때문에 스왑거래는 지난 30여 년간 파생상품 중에서도 가장 빠른 속도로 확대되었다. 지금부터 스왑거래의 이점을 비교우위론에 의해 설명해 보자.

한국계 P사와 일본계 S사 간의 이자율스왑 사례를 소개한다. 10년간의 장기차입을 원하는 P사는 변동금리채시장에서는 Libor+50bps에 차입할 수 있고, 고정금리채를 발행할 경우 5.5%에 자본을 조달할 수 있다. S사는 변동금리채 시장에서 Libor에 조달할 수 있고 고정금리채를 발행할 경우 4.5%에 조달할 수 있다. P사는 고정금리채 차입을 선호하고, 금리가 하락할 것으로 예상하는 S사는 변동금리채로 차입할 것을 선호하고 있다.

차입여건을 보면, S사는 변동금리와 고정금리 양쪽에서 절대우위를 가진다. 그러나 변동금리에서는 0.5% 유리한 반면 고정금리채에서는 1.0%가 유리하므로, S사는 고정금리채에 비교우위를 가지고 P사는 상대적으로 변동금리채에 비교우위를 가진다. 따라서 S사가 고정금리로 조달하고 P사가 변동금리로 조달한 후 스왑거래를 하면 비교우위의 이득을 나누어 가질 수 있다.

스왑딜러가 이자율스왑의 매수·매도호가를 각각 4.7%와 4.75%를 제시하였다고 하자. 즉, 스왑딜러가 고정금리를 받고 변동금리를 지불하는 스왑을 할 경우 Libor를 주고 4.75%의 고정금리를 받으며, 반대로 고정금리를 주고 변동금리를 받는 스왑을 할 경우에는 Libor를 받고 4.7%의 고정금리를 지불할 용의가 있음을 나타내는 것이다.

P사와 S사 그리고 스왑딜러 3자가 스왑에 합의하여 이자율스왑을 할 경우의 현금흐름의 구조를 보면 〈그림 1-9〉와 같다. 즉, P사는 변동금리로 차입한 후 스왑딜러로부터 변동금리를 받고 고정금리를 지불하는 스왑을 체결하고, S사는 고정금리로 차입한 후 스왑딜러로부터 고정금리를 받고 변동금리를 지불하는 스왑을 체결한다. 결국, 변동금리로 차입한 P사는 변동금리 리스크를 스왑에 의해 제거한 후 고정금리비용만 남게 되고, S사는 고정금리로 차입하지만 스왑을 통하여 고정금리비용은 제거되고 변동금리비용만 남게 된다.

그림 1-9 이자율스왑의 사례 2

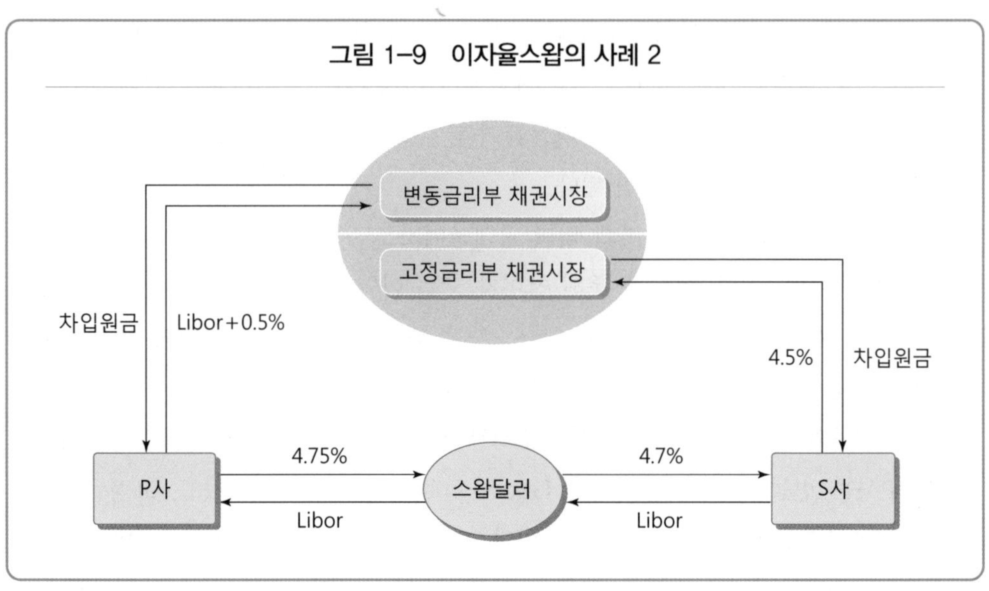

그러면 이 스왑을 통하여 P사와 S사, 그리고 스왑딜러는 각기 어떠한 손익을 보게 되는지 〈표 1-7〉을 통하여 살펴보자.

P사와 S사 간의 금리차이는 고정금리에서 1.0%, 변동금리에서 0.5% 차이가 나며, 양 차입 시장에서의 금리차 간의 순차이는 0.5%이다. 비교우위에 의해 각기 변동금리와 고정금리로 차입한 후 스왑을 통해 리스크를 헤지하면 전체적으로 0.5%만큼의 이익이 발생하며, 이 0.5%의 금리 절약 혜택을 P사(0.25%), S사(0.2%), 스왑딜러(0.05%) 3자가 나누어 가지게 된다. 이 0.50%의 이익은 어디에서 오는 것일까? 이것은 P사와 S사 간의 비교우위에 입각한 특화로 인해 발생한 비용절감(순차이 0.50%)에 의한 것이다.

표 1-7 비교우위에 의한 스왑의 이익

구 분	고정금리시장	변동금리시장	스 왑		비용절감
			지급	수취	
P사 S사	(5.5%) 4.5%	Libor+0.5% (Libor)	4.75% Libor	Libor 4.7%	0.25% 0.2%
차이	1.0%	0.5%			
순차이	0.5%				

그림 1-10 변동금리 차입과 고정금리 지급 스왑의 사례

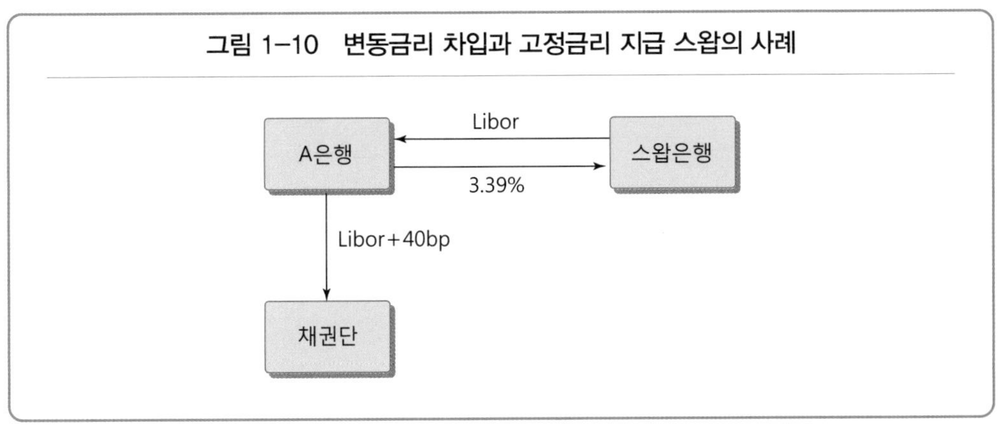

(2) 변동금리 이자지급 고정(금리상승 리스크 관리)

A은행은 5년 만기 은행차입을 계획하고 있다. 차관단과 가격 협상을 한 결과 차입금리를 Libor+40bp로 결정하였다. 만약 A은행이 향후 Libor 상승을 예상한다면 5년 만기 스왑거래를 통하여 5년간의 차입비용을 확정시킬 수 있다.

〈표 1-6〉의 스왑금리를 이용하여 스왑거래를 체결하였다면, A은행의 변동금리 차입과 스왑거래의 현금흐름은 〈그림 1-10〉과 같다.

〈표 1-6〉의 5년 만기 스왑금리는 3.39%/3.36%(AMM)이므로 스왑거래는 offer rate인 3.39%가 적용된다. A은행은 향후 Libor 변동에 관계없이 3.79%의 고정금리 차입을 실현한 셈이다. 이 때 유의할 점은 변동금리 차입 후 무조건 스왑을 하는 것이 항상 유리한 것은 아니라는 것이다. 예를 들어 Libor가 예상과 달리 상당 기간 안정적으로 지속될 경우나, 수익률 곡선의 우상향 기울기가 매우 급할 때(단기금리에 비해 장기금리가 매우 높을 때)에는 단기금리(Libor)가 상대적으로 많이 상승해야 기회이익이 발생하므로 변동금리 차입 상태를 그대로 유지하는 것이 유리할 수도 있다.

(3) 고정금리 차입을 변동금리로 전환

B기업은 7년 만기 채권을 2년 전에 발행하였다. 향후 금리 하락을 예상하고 있어 이를 이용하려면 5년 만기 스왑거래를 할 수 있다. 당초 채권 발행금리가 5%(AMM)였다. 〈표 1-6〉에서 고정금리 수취 스왑에 적용할 금리는 bid rate인 3.36%이므로 〈그림 1-11〉과 같은 스왑거래를 통해 고정금리 차입을 변동금리 차입으로 전환시킬 수 있다.

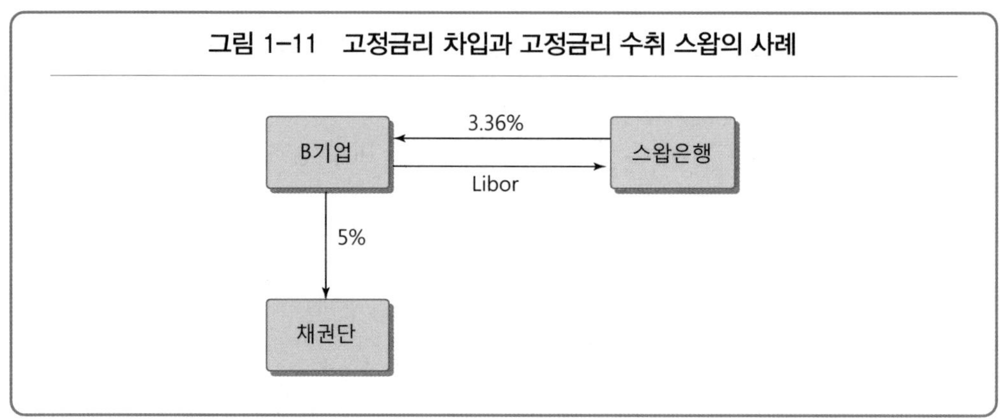

향후 금리가 예상대로 하락하면 그만큼 차입비용을 절감하게 된다.

스왑거래 후 B기업의 순차입비용은 고정금리 5%에서 변동금리 Libor+1.64%로 바뀌게 된다. 만약 B기업의 현재의 변동금리 직접 차입비용이 Libor+1.30% 수준이라면 스왑을 하기보다는 변동금리로 신규차입을 통해 기존 고정금리채를 조기상환하는 방법을 생각할 수 있다. 그러나 채권에 조기상환권(callable 조항)이 없을 경우 높은 penalty를 물어야 하는 것을 감안하면 변동금리 차입으로 전환하여 순차입비용을 절감하는 방법이 차선의 선택일 것이다.

(4) 자산스왑(asset swap)

지금까지는 부채의 교환을 통하여 유리한 차입조건을 달성하거나 금리리스크 관리에 이용된 사례를 살펴보았으나 자산스왑을 통해 투자자산의 수익률을 제고시키거나, 기존 투자자산에서 얻을 수 없는 투자자가 원하는 현금흐름을 얻을 수 있다.

투자자 A는 잔존만기 5년의 유로채권(coupon 4%)을 par(100%)에 US$5백만 달러를 매입하였다. 구입자금은 B은행으로부터 Libor+100bp에 조달하였다.

현재 6개월 Libor는 1.5%로 향후 금리가 동일하게 유지된다면 매년 1.5%의 금리차익을 기대할 수 있다. 그러나 만약 유로달러 금리가 급격하게 상승할 경우 조달 비용의 증가로 손실을 감수해야 한다. 따라서 투자자 A는 이러한 금리 상승 위험을 헤지하기 위해 C은행과 고정금리 4% 지급, 변동금리 Libor+2.0% 수취조건의 스왑거래를 체결하였다.

채권이자와 스왑의 현금흐름은 〈그림 1-12〉와 같다. 이 거래에서 투자자 A는 5년간

그림 1-12 유로채 투자자의 자산스왑 구조

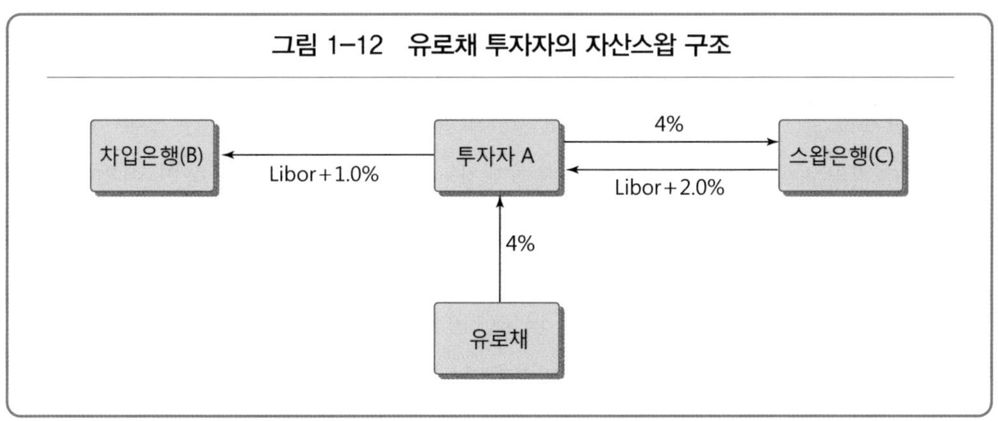

100bp[=Libor+2.0%−(Libor+1.0%)]의 스프레드가 확정된다. 즉 투자자 A는 고정금리 채권을 매입하고 자산스왑을 함으로써 Libor+2.0%의 FRN을 매입한 것과 동일한 경제적 효과를 얻는다. 이러한 상품을 합성 FRN(synthetic FRN)이라 부른다.

동일한 원리로 고정금리로 장기 차입하여 FRN을 투자할 경우 금리 하락 위험에 노출될 것이고, 변동금리 지급과 고정금리를 수취하는 이자율스왑을 통해 투자 스프레드를 확정시킬 수 있을 것이다.

section 03 스왑의 가격산정(pricing)과 헤징(hedging)

1 스왑 가격산정을 위한 금리 기초개념

스왑을 앞서 '현물거래와 선도거래 혹은 일련의 선도거래가 여러 개 모여진 하나의 거래'라고 하였다. 혹은 '일련의 현금흐름을 다른 현금흐름과 교환'하는 것으로 정의하였다.

따라서 스왑을 가격산정(pricing)한다는 것은 미래의 일련의 현금흐름을 현재가치화하여 서로 평가한다고 할 수 있다. 즉 지급하는 현금흐름의 가치와 수취하는 현금흐름의 가치를 비교하여 공정한 가격에 거래가 될 수 있게 하는 것이 가격산정(pricing)이다.

따라서 스왑의 가격산정(pricing) 과정은 첫째 현금흐름(cash flow)을 구하고, 둘째 현금흐름이 발생하는 시점의 할인율(discount rate)을 구한 후, 셋째 그 현금흐름을 현재가치화하고, 마지막으로 지급과 수취의 순현재가치(net present value)를 구하면 이것이 현재의 스왑의 가치가 되는 것이다.

위의 첫 번째 과정에서 이자율스왑 거래의 고정금리 이자와 같이 현금흐름이 확정되어 있는 경우에는 문제가 되지 않지만, 변동금리 이자와 같이 미확정 현금흐름의 경우, 미래에 확정될 금리를 추정하는 것이 필요하다. 즉 향후 Libor 금리는 3개월 혹은 6개월 시간이 지나야 결정될 것이고, 이를 현재 시점에 어떻게 추정하느냐가 중요하다. 실무적으로 미래에 확정될 금리는 다음에 설명할 선도금리(forward rate)로 추정하며, 이는 할인율 즉 시장 수익률 곡선에서 계산해 낼 수 있으므로, 기간별 수익률을 먼저 알아야만 현금흐름을 추정할 수 있다(할인율과 수익률은 동일한 개념으로 현재가치가 얼마의 미래가치를 가지느냐를 나타내는 것이 수익률이고, 미래가치가 얼마의 현재가치를 갖느냐를 나타내는 것이 할인율이다).

할인율을 구하는 것 또한 어떤 할인율을 사용할지를 결정하여야 할 것이다. 특정 시점의 할인율 예를 들어 1년, 2년, 3년, 5년 등의 할인율을 알고 있다 하더라도, 불특정 시점의 할인율 예를 들면 1년 5개월, 4년 1개월 시점에 발생하는 현금흐름이 있을 때, 이를 어떻게 할인할 것인지를 결정해야 한다.

미래의 모든 현금흐름과 모든 시점의 할인율을 구하였다면, 이를 현재가치화하고 순현재가치를 구하는 절차는 비교적 간단하다.

스왑 가격산정을 알아보기에 앞서 pricing과 관련된 기본적인 지식이라 할 수 있는, 수익률 곡선(yield curve), 순할인채 수익률(zero coupon bond yield 혹은 zero coupon rate), 할인계수(discount factor) 및 보간법(interpolation)에 대해 살펴보도록 하자.

(1) 수익률 곡선(yield curve)

수익률(yield)이란 현재가치와 미래가치의 관계를 성장률의 개념으로 수량화시킨 것이다. 수익률은 화폐가치가 일정기간 후에 몇 퍼센트 더 커졌는가를 나타내는 일종의 성장률의 개념이다. 수익률에는 여러 종류가 있는데, 흔히 말하는 수익률에는 투자의 효과로 나타나는 투자비용으로서의 현재가치와 투자수익으로서의 현금유입의 현재가치를 일치시켜 주는 할인율로서의 투자수익률 혹은 내부수익률(IRR : internal rate of

그림 1-13 수익률 곡선의 예

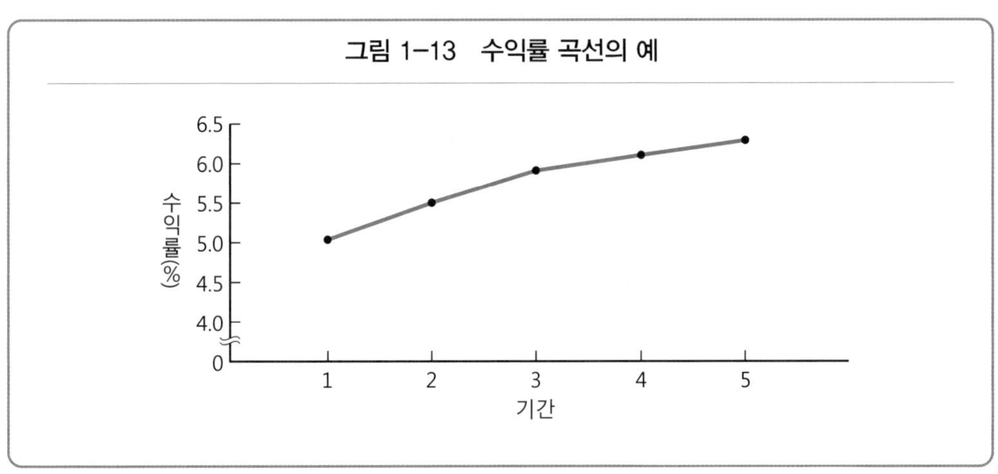

return) 등이 있다.

채권투자에 있어서 수익률의 표시방법은 모든 현금흐름을 동일한 이자율로 할인하는 내부수익률법에 의한 것으로 일반적으로 고시되는 채권수익률을 만기수익률(YTM : yield to maturity)이다. 채권의 만기가 길어짐에 따라 더 높은 수익률이 요구되는 것이 일반적인데, 이처럼 투자기간에 따라 기대되는 수익률이 다르다. 이를 수익률의 기간구조(term structure of yield)라고 한다. 〈그림 1-13〉과 같이 각 기간별 수익률을 각 만기에 대응하여 그린 그래프를 수익률 곡선이라고 한다.

이표(coupon)가 있는 채권의 만기수익률(yield to maturity)법은 만기 이전에 실현되는 현금흐름을 모두 동일한 수익률로 재투자된다는 비현실적인 가정을 근거로 한다. 또한 모든 현금흐름을 하나의 할인율로 할인하는 개념이므로 위에서 언급한 수익률 곡선에 따라 각 기간별 금리로 할인되거나 재투자로 계산하지 않고 있다. 예를 들어 원금(100)을 투자하여 매년 6(6%)의 이표를 지급하고 만기 원금상환하는 채권이 있다고 하자.

아래 수식과 같이 이 채권의 미래 현금흐름을 할인하여 현재가치(투자원금 100)와 동일하게 만드는 할인율(y)을 구할 수 있을 것이다. 이 할인율이 채권의 만기수익률이 되는 것이다.

$$\text{원금투자}(100) = \frac{6}{(1+y)^1} + \frac{6}{(1+y)^2} + \frac{106}{(1+y)^3}$$

$$y = 6.0\%$$

그림 1-14 이표가 있는 채권의 현금흐름

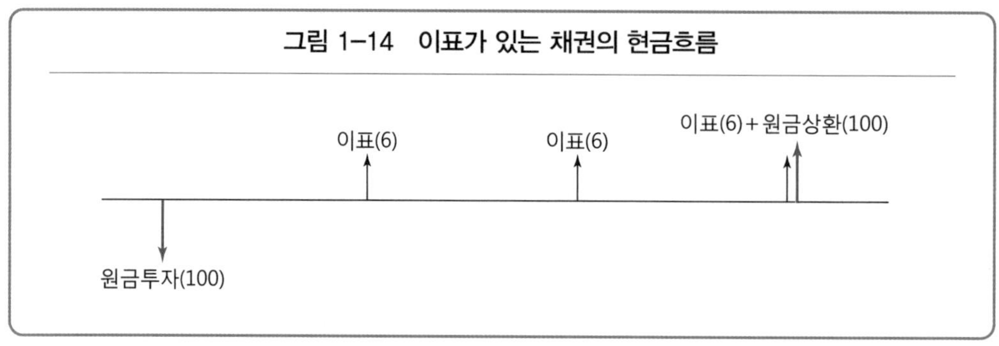

앞의 만기수익률을 계산할 때, 1년, 2년과 3년에 발생하는 현금흐름을 모두 동일한 수익률인 6%로 할인하여 현재가치를 동일하게 적용한 것이다.

그러나 〈그림 1-13〉의 수익률 곡선에서 보는 바와 같이 1년과 2년의 기간별 시장수익률이 다르다면, 1년에 발생하는 현금흐름은 1년의 시장수익률인 5%, 2년에 발생하는 현금흐름은 2년의 시장수익률인 5.5%로 할인하는 것이 보다 합리적이다.

(2) 순할인채 수익률(zero coupon bond yield)

순할인채 수익률은 만기까지 이자지급이 전혀 없는 현금흐름에 대한 수익률이다. 그러나 시장에서 고시되는 수익률은 대부분 중간에 이자가 발생되는 이표채에 대한 수익률로 앞서 설명한 만기수익률(yield-to-maturity)이다. 즉, 시장에서는 순할인채 수익률이 따로 고시되지 않으므로, 시장에서 고시되는 채권의 만기수익률로부터 순할인채 수익률을 환산할 수 있을 것이다.

시장에서 아래와 같은 만기수익률로 채권이 거래되고 있다고 하자. 단, 이자는 연 1회 지급되는 것으로 가정한다.

기간	연이자율(YTM, p.a.)
1년	5.00%
2년	6.00%

1년 만기 이표채의 이자율이 연 5.00%이고 이자는 1년에 한 번 지급된다고 가정하였으므로, 1년 만기 순할인채 수익률도 5.00%이다. 문제는 2년 만기 순할인채 수익률을 구하는 것이다. 2년 만기 순할인채 수익률을 구하기 위해 100만 원을 2년간 투자한다고 가정한다. 이표채에 투자하는 경우와 순할인채에 투자하는 경우로 나누어 생각해 보자.

❶ 이표채의 경우 1년 후에 6만 원의 이자를 수취하고 2년 후 만기가 되면 106만 원을 수취한다.

❷ 순할인채의 경우 중간에 지급되는 이자가 없고 만기 때에 원금과 이자를 한꺼번에 수취한다(단, 계산을 단순하게 하기 위해 만기 때에는 원금 100만 원과 2년차에 해당되는 이자 6만 원을 받는 대신에, 1년차에 발생하는 이자 6만 원의 현재가치를 100만 원에서 차감한 금액을 초기투자액으로 설정한다).

위와 같은 두 개의 투자안의 가치는 투자자에게 동일하다. 즉, 초기에 100만 원을 투자하여 1년차에 6만 원의 이자를 받고 2년차에 원금 100만 원 및 이자 6만 원을 받는 첫 번째 안과 1년 뒤의 6만 원을 받지 않는 대신에 1년 뒤의 6만 원의 현재가치만큼을 적게 투자하여 2년 뒤에 106만 원을 받는 두 번째 안은 투자자에게 동일한 만족을 가져다주는 것으로 볼 수 있다. 따라서 중간에 이자발생이 없는 것으로 가정한 순할인채 수익률은 ❷의 투자방식에서 초기 투자금액과 만기 때의 현금유입액 106만 원 간의 성장률을 계산하여 구할 수 있다.

먼저 1년 후에 받을 6만 원의 현재가치를 구하려면, 1년 만기 순할인채 수익률로 할인해야 한다. 1년 만기 순할인채 수익률이 5.00%이므로

$$\text{1년 후의 이자 6만 원의 현재가치} = \frac{\text{6만 원}}{(1+0.05)^1} = \text{5.71만 원}$$

$$\text{초기 투자금액} = \text{100만 원} - \text{5.71만 원} = \text{94.29만 원}$$

즉, 2년 만기 순할인채 수익률을 구한다는 것은 94.29만 원을 투자해서 2년 뒤에 106만 원의 수익이 되는 수익률을 구하는 것이며, $FV = PV \times (1+r)^t$의 관계를 이용하면,

그림 1-15 2년 만기 순할인채 수익률

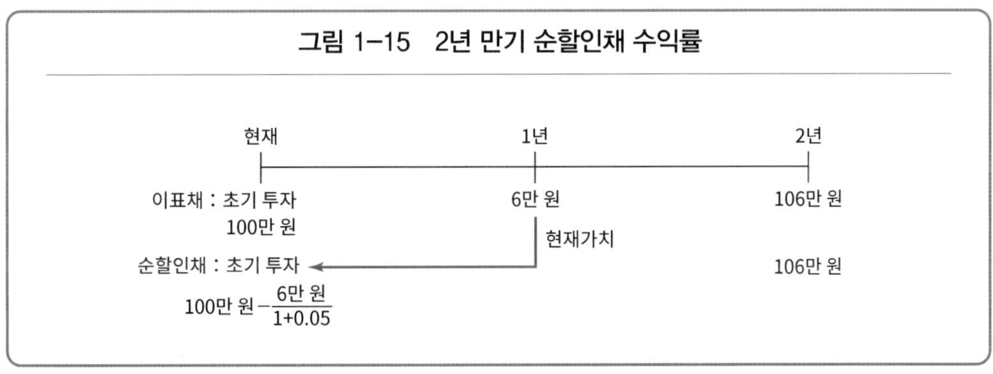

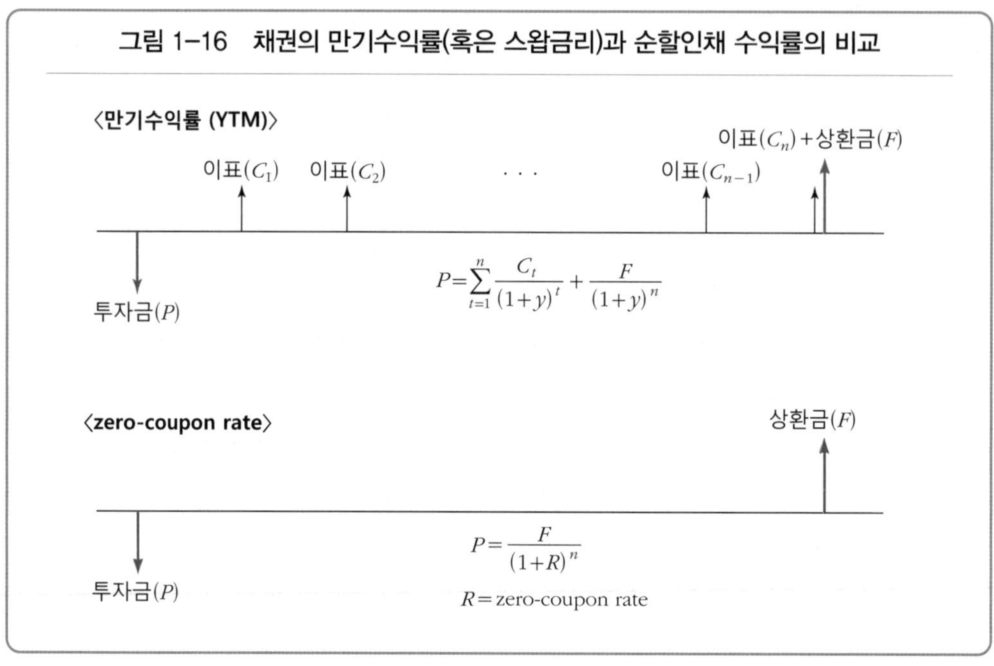

$$r=\left(\frac{FV}{PV}\right)^{\frac{1}{t}}-1=\left(\frac{106}{94.29}\right)^{\frac{1}{2}}-1=6.03\%$$

이므로, 2년 만기 순할인채 수익률은 6.03%가 된다.

이와 같이 순할인채 수익률은 주어진 이표채 수익률로부터 순차적으로 구할 수 있다.

이렇게 단기 순할인채 수익률을 이용하여 장기 이표채 만기수익률로부터 장기 순할인채 수익률을 순차적으로 구하는 것을 bootstrapping이라고 한다.

(3) 할인계수(discount factor)

$FV=PV\times(1+r)^t$의 관계에서 $PV=\frac{FV}{(1+r)^t}$가 성립한다. 여기서 r은 순할인채 수익률이다. 따라서 미래 현금흐름(FV : future value)의 현재가치(PV : present value)를 구하기 위해서는 미래 현금흐름에 $\frac{1}{(1+r)^t}$을 곱하여 줄 경우 간단히 현재가치가 계산된다. 여기서 $\frac{1}{(1+r)^t}$을 할인계수(DF : discount factor)라고 하며 미래 특정 시점에 발생하는 현금흐름 1의 현재가치가 된다. 즉 $PV=\frac{FV}{(1+r)^t}=FV\times DF_t$ 의 관계가 성립한다.

할인계수는 순할인채 수익률(r)과는 역의 관계로 쉽게 전환이 될 수 있으며, 소수형태의 숫자로 표시된다. 스왑과 같이 주기적으로 발생하는 현금흐름에 대한 현재가치의 합을 구하는 데 매우 편리하게 사용된다.

(4) 수익률의 보간법(interpolation)

장래의 현금흐름에 대한 현재가치를 계산하기 위해서는 주어진 기간에 해당되는 적정 수익률을 이용하여 할인해야 한다. 그런데 현실적으로 시장에서는 특정 만기의 상품만이 거래되고, 특정 만기의 수익률만이 고시된다. 1개월, 3개월, 6개월, 1년, 3년, 5년, 10년, 20년, 30년의 만기에 해당되는 수익률은 금융시장에 고시되므로 쉽게 얻을 수 있으나, 그 사이사이의 기간에 해당되는 수익률은 얻을 수 없다. 예를 들어 4개월, 4년, 7년, 11년 등의 기간에 해당되는 수익률은 고시된 수익률로부터 추정할 수 밖에 없다. 이를 보간법(interpolation)이라고 한다.

보간법에는 선형(linear), 3차스플라인(cubic spline), 로그선형(log linear)의 여러 방법이 있다. 어떤 방법을 사용하느냐에 따라 순할인채 수익률(zero-coupon rate)이 달라질 수 있고 할인계수 값 또한 달라지게 된다. 그러나 보간법으로 할인률 혹은 할인계수를 구한다는 것은 시장에 존재하지 않는 이자율을 추정하는 작업이기 때문에 어느 정도의 이론적인 정확성이 있다고는 말할 수 있겠지만, 꼭 특정 보간법이 사용되어야 한다고는 말할 수 없을 것이다.

(5) 선도금리의 개념과 계산

지금까지 논의한 수익률(만기수익률 혹은 순할인채 수익률)은 현재 시점부터 특정 만기(term)까지의 투자에 대한 성장률을 나타낸 것이다. 이는 금리에 대한 현물금리(spot rate)의 개념이다. 반면 선도금리(forward rate)는 미래의 특정 시점에서 시작하여 일정기간(term) 동안의 수익률 혹은 금리를 나타낸다. 예를 들어, 다음과 같이 순할인채 수익률이 주어졌다고 가정하고, 3개월 후에 시작하여 만기가 3개월인 선도금리를 계산해 보자.

기간	순할인채 수익률
3개월	4.00%
6개월	4.40%

현재 100만 원을 3개월간 투자했을 때, 3개월 후의 미래가치는

$$FV_{3m} = 100 \times (1 + 4\% \times 3/12) = 101\text{만 원}$$

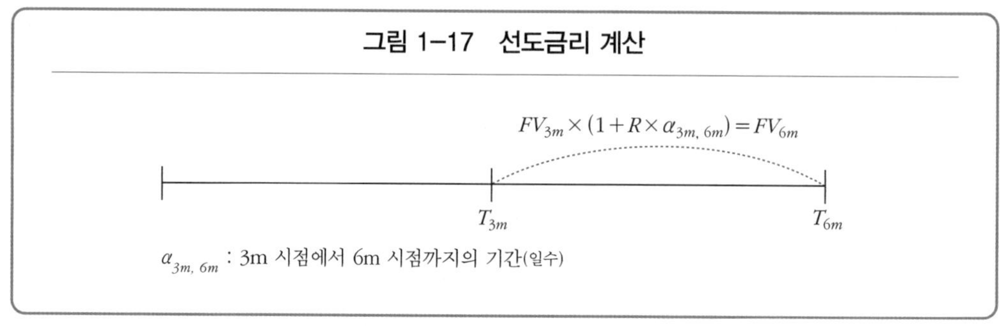

그림 1-17 선도금리 계산

이고, 현재 100만 원을 6개월간 투자했을 때, 6개월 후의 미래가치는

$$FV_{6m} = 100 \times (1 + 4.4\% \times 6/12) = 102.2\text{만 원}$$

이다. 여기서 3개월, 6개월간의 이자계산에서 3/12, 6/12로 단순화하여 계산하였으나 실무에서는 순할인채 수익률의 표시방법에 따라 정확한 이자계산 방법을 사용해야 한다. 〈그림 1-17〉은 3개월부터 6개월 간의 선도금리 이자계산이다.

3개월 후 시점에서 3개월간의 선도금리는, 3개월 시점의 101만 원을 투자하여 6개월 시점에 102.2만 원이 되게 하는 수익률 혹은 성장률이다. 혹은 현재 시점에서 100만 원을 6개월간 투자하는 것과 3개월 동안 투자한 원금과 수익을 향후 3개월간 선도금리로 투자한 수익은 동일하여야 재정거래의 기회가 존재하지 않는다.

이를 수식으로 나타내면,

$$FV_{6m} = FV_{3m} \times (1 + R \times \alpha_{3m,\,6m})$$
$$102.2 = 101 \times (1 + R \times 3/12)$$

가 되고, 선도금리 $R = 4.7525\%$가 된다. 여기서 주의할 점은 적용된 3개월, 6개월의 금리는 이표가 있는 채권의 만기수익률(yield-to-maturity)이 아닌 순할인채 수익률이다.

위의 예에서도 보았듯이 3개월 후의 3개월 만기 선도금리는 3개월, 6개월 순할인채 수익률에 내재되어 있는 선도금리를 계산한 것이므로, 이를 내재선도금리(implied forward rate)라고 한다.

결국 내재선도금리를 구한다는 것은, 수익률 곡선(실제로는 순할인채 수익률)에서 앞서 배운 FRA 금리를 구한다는 것과 동일하다.

이제 앞의 선도금리 계산방법을 좀 더 일반화시켜 보자.

$$FV_{3m} = PV \times (1 + R_{3m} \times \alpha_{0,\ 3m})$$

에서, $PV = 1$이라고 한다면,

$$1 = FV_{3m}/(1 + R_{3m} \times \alpha_{0,\ 3m}) = FV_{3m} \times DF_{3m},$$
$$\therefore\ DF_{3m} = 1/FV_{3m},\ \text{혹은}\ DF_{3m} = 1/(1 + R_{3m} \times \alpha_{0,\ 3m})$$

이다.

동일한 방법으로,

$$DF_{6m} = 1/FV_{6m} = 1/(1 + R_{6m} \times \alpha_{0,\ 6m})$$

이 된다. 여기서 R_{3m}과 R_{6m}은 3개월, 6개월의 순할인채 수익률이고, DF_{3m}과 DF_{6m}은 3개월, 6개월의 할인계수이다.

그리고, 앞서

$$FV_{6m} = FV_{3m} \times (1 + R \times \alpha_{3m,\ 6m})$$

으로부터

$$R = \left(\frac{FV_{6m}}{FV_{3m}} - 1\right) \times \frac{1}{\alpha_{3m,6m}}$$

이 되고,

$$R = \left(\frac{DF_{3m}}{DF_{6m}} - 1\right) \times \frac{1}{\alpha_{3m,6m}}$$

로 간단히 표시할 수 있다.

(6) 선도금리를 이용한 변동금리 현금흐름 계산

내재선도금리 계산방법을 이용하면, 이자율스왑의 변동금리 현금흐름과 같이 향후 확정될 변동금리 이자를 추정할 수 있다. 예를 들어 설명해 보도록 하자. 달러화 고정금리(4.0%, annual, 30/360)를 지급하고 3개월 Libor를 수취하는 1년 만기 이자율스왑 거래를 하였다고 하자.

단기 할인채 수익률(Libor 금리)이 다음과 같다면,

기간	일수	Libor
3개월	92	4.00%
6개월	184	4.40%
9개월	275	4.80%
12개월	365	5.00%

각 기간의 할인계수와 내재선도금리는 다음과 같이 계산할 수 있다.

기간	일수	Libor	$\alpha_{0,\,tm}$	DF_{tm}	$\alpha_{(t-1)m,\,tm}$	$R_{(t-1)m,\,tm}$
현재	0	0	=0	–	=(92−0)/360	4.0000%
3개월	92	4.00%	=92/360	0.989881	=(184−92)/360	4.7514%
6개월	184	4.40%	=184/360	0.978006	=(275−184)/360	5.4854%
9개월	275	4.80%	=275/360	0.964630	=(365−275)/360	5.4126%
12개월	365	5.00%	=365/360	0.951751		

$$DF_{3m} = 0.989881 = 1/(1 + 4.0\% \times 92/360)$$
$$DF_{6m} = 0.978006 = 1/(1 + 4.4\% \times 184/360)$$
$$DF_{9m} = 0.964630 = 1/(1 + 4.8\% \times 275/360)$$
$$DF_{12m} = 0.951751 = 1/(1 + 5.0\% \times 365/360)$$

$R_{0m,\,3m} = 4.0\%$는 현재 시점의 3개월 선도금리이다. 즉, 현재의 3개월 Libor와 동일하다.

$$R_{3m,\,6m} = 4.7514\% = \left(\frac{DF_{3m}}{DF_{6m}} - 1\right) \times \frac{1}{\alpha_{3m,6m}}$$
$$= \left(\frac{0.989881}{0.978006} - 1\right) \times \frac{360}{(184 - 92)}$$
$$R_{6m,\,9m} = 5.4854\% = \left(\frac{DF_{6m}}{DF_{9m}} - 1\right) \times \frac{1}{\alpha_{6m,9m}}$$
$$= \left(\frac{0.978006}{0.964630} - 1\right) \times \frac{360}{(275 - 184)}$$

의 방법들로 계산한 값이다.

위에서 구한 선도금리를 이용하면, 예제로 든 1년 만기 달러화 이자율스왑의 현금흐름을 모두 추정할 수 있다.

이와 같이 순할인채 수익률(zero-coupon rate)을 이용해 선도금리를 구하고, 이를 이용하여 현금흐름을 계산할 수 있다. 여기에 할인계수를 곱해 현금흐름의 현재가치를 알 수 있다. 그러나 변동금리 현금흐름의 현재가치의 합을 내재선도금리를 계산하지 않더라도 쉽게 구할 수 있다.

시점	DF_{tm}	날짜수	고정금리(4.0%, Ann, 30/360) 지급 현금흐름	고정금리 현금흐름의 PV
거래일				
3m	0.989881	92		
6m	0.978006	92		
9m	0.964630	91		
1y	0.951751	90	－원금×4.0%×360/360	－원금×4.0%×360/360×0.951751

변동금리 수취 현금흐름	$R_{(t-1)m,\ tm}$	변동금리 현금흐름의 PV
＋원금×4.0000%×92/360	4.0000%	＋원금×4.0000%×92/360×0.989881
＋원금×4.7514%×92/360	4.7514%	＋원금×4.7514%×92/360×0.978006
＋원금×5.4854%×91/360	5.4854%	＋원금×5.4854%×91/360×0.964630
＋원금×5.4126%×90/360	5.4126%	＋원금×5.4126%×90/360×0.951751

$\sum PV$(변동금리 현금흐름)＝명목금액×$(DF_{\text{시작일}} - DF_{\text{만기일}})$의 관계가 성립하는데, 왜 이렇게 간단히 계산되는지 아래와 같은 예를 통해 알아보도록 하자.

Libor 금리에 자금을 언제든지 차입할 수 있는 스왑딜러가 발행한 1년 만기 FRN의 변동금리 차입조건이 3개월 Libor＋0%이다. 이 채권의 가격은 이론적으로 100일 것이다. 즉 L_1, L_2, L_3, L_4가 지급될 쿠폰 금액이라고 한다면, 아래와 같은 식이 성립한다. 단, DF_{3m}, DF_{6m}, …는 3개월, 6개월 시점의 할인계수이다.

$$100 = DF_{3m} \times L_1 + DF_{6m} \times L_2 + DF_{9m} \times L_3 + DF_{12m} \times L_4 + DF_{12m} \times 100$$

$$\sum PV(\text{변동금리 현금흐름}) = DF_{3m} \times L_1 + DF_{6m} \times L_2 + DF_{9m} \times L_3 + DF_{12m} \times L_4$$

을 말하는 것이고,

$$\sum PV(\text{변동금리 현금흐름}) = 100 - DF_{12m} \times 100$$

이 된다.

FRN의 현재 가격이 100이라는 것을 좀 더 일반화하면, $100 \times DF_{0m}$라 할 수 있을 것이고, 따라서 아래와 같은 식이 성립한다.

$$\sum PV(\text{변동금리 현금흐름}) = 100 \times (DF_{0m} - DF_{12m})$$
$$= \text{명목원금} \times (DF_{\text{시작일}} - DF_{\text{만기일}})$$

이는 명목원금만을 이용하여 변동금리 현금흐름의 현재가치를 구한다고 하여 principal method라고도 하며, 이자율스왑의 변동금리 현금흐름의 현재가치를 구하는 데 아주 유용하게 사용된다.

위의 예제에서 선도금리를 통해 직접 추정한 4개의 변동금리 현금흐름의 현재가치의 합과 principal method를 통해 계산한 현재가치는 당연히 동일하다.

2 스왑 가격산정(pricing)의 개념과 절차

스왑의 가격산정이란 〈표 1-6〉과 같이 시장에서 고시되어 거래되는 스왑금리를 구하는 것이 아니다. 이러한 스왑금리는 앞서 설명한 바와 같이 스왑시장의 수요·공급 등 시장요인에 의해서 정해지는 것이다.

따라서 스왑 가격산정을 한다는 것은, 즉 pricing을 한다는 것은 첫째, 시장에서 거래되는 특정 표준만기의 스왑금리를 바탕으로 시장에서 고시되는 스왑만기 이외의 스왑 등 비정형(non-generic) 스왑의 가격을 산정하거나 둘째, 이미 체결된 스왑거래나 스왑 포트폴리오(스왑 book)를 평가(MtM : Marked-to-Market)하거나 셋째, 기 체결된 스왑을 중도에 청산(early-termination)할 경우 그 정산할 금액을 계산하는 일이다.

따라서 스왑을 가격산정하기 위한 절차를 정리하면, 첫째 시장 수익률 곡선(스왑금리와 단기자금 금리 이용)을 이용하여 순할인채 수익률(zero-coupon rate)과 할인계수를 구하는 것이다. 둘째, 스왑거래의 수취하는 현금흐름과 지급하는 현금흐름을 파악하는 일이다. 앞서 설명한 바와 같이 고정금리 이자와 같이 확정적인 현금흐름은 쉽게 파악할 수 있지만, 변동금리 이자와 같이 미확정 현금흐름의 경우 변동금리 이자를 추정하는 것이 필요한데 앞서 살펴본 내재선도금리(implied forward rate)를 이용하면 된다. 셋째, 각 현금흐름 발생일의 할인계수를 각각 구한다. 넷째, 각 현금흐름의 현재가치를 구한다(현재가치=현금흐름×할인계수). 마지막으로 현금흐름의 순 현재가치(NPV : 수취 현금흐름의 PV－지급 현금흐름의 PV)를 구하면 이것이 스왑의 가치가 된다. 스왑 가격산정의 절차를 그림으로 나타내면 〈그림 1-18〉과 같이 요약할 수 있다.

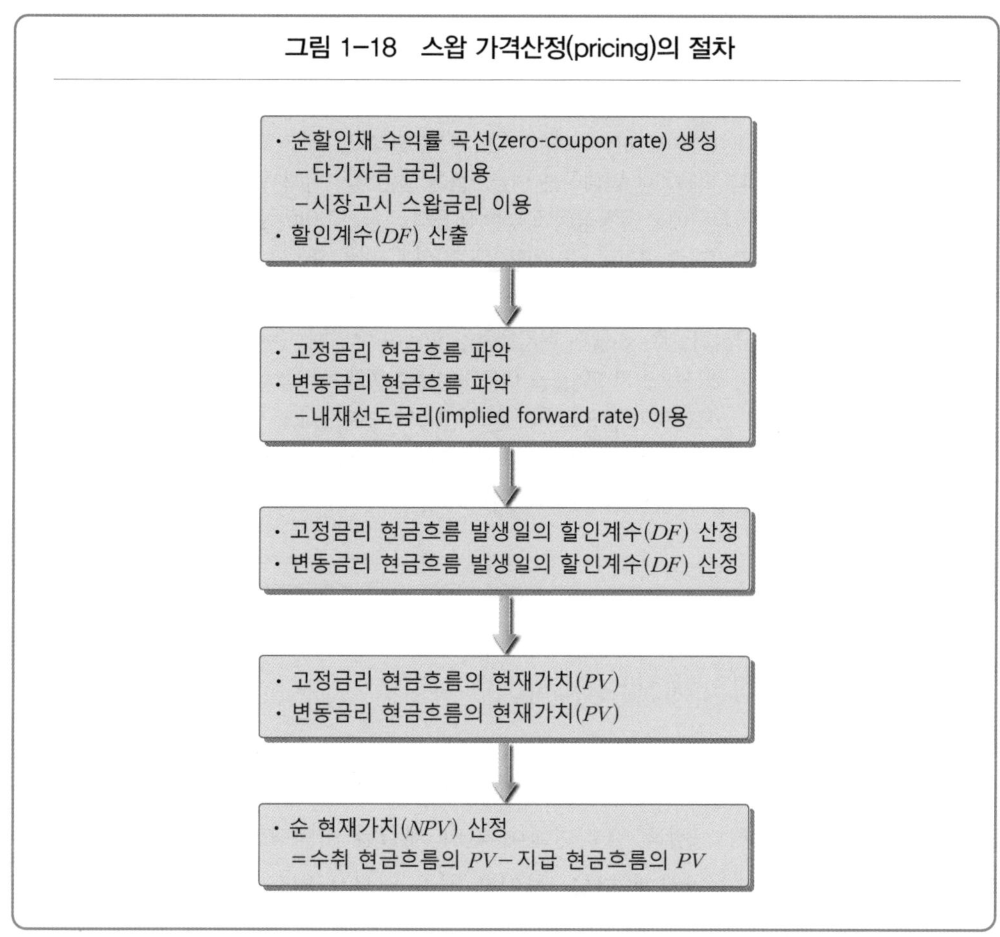

그렇지만 앞서 언급한 비정형(non-generic)스왑의 가격을 산정한다는 것은, 스왑거래가 체결 시점에는 스왑의 가치가 0이 되어야 하므로, 스왑의 가치가 0이 되게 하는 비정형스왑의 가격(금리)을 찾아내는 작업이다.

단기자금 금리와 스왑금리의 이용

단기자금 금리(money market rate : Libor, CD 등)가 필요한 이유는 스왑금리는 1년 이상의 장기금리이므로, 1년 이내의 단기에 발생하는 현금흐름을 할인하기 위해서는 단기 수익률이 필요하고, 이러한 단기금리는 시장에서 유동성이 풍부한 대표적인 금리이어야 할 것이다. 대부분 스왑의 pricing을 위해서는 단기자금 금리로 Libor를 이용하는데, 이는 Libor금리가 스왑딜러 간의 금리이기 때문이다. 예를 들어 단기자금 금리로 기업 CP금리를 사용한다는 것은 상대방에 대한 신용 스프레드가 감안된 금리이므로, 스왑의 현금흐름을 할인하기 위해서는 별도의 금리조정이 있어야 한다. 장기금리 또한 회사채 만기수익률을 이용하여 순할인채 수익률을 구할 수는 있지만, 이 또한 스왑딜러와의 신용 스프레드가 감안되어야 한다. 따라서 스왑 pricing을 위해서는 유동성이 가장 풍부하고, 신용도가 이미 감안된 단기자금 금리인 Libor와 스왑금리를 이용하여 순할인채 수익률(zero-coupon rate)을 구하는 것이 가장 합리적이다.

3 이자율스왑의 헤징(hedging)

스왑딜러는 고객과 혹은 다른 스왑딜러와 이자율스왑 거래를 하고 나면, 금리리스크에 노출되게 된다. 즉, 시장의 금리변화에 따라 체결한 이자율스왑 거래의 평가손익(MtM : Marked-to-Market)이 변하게 되고, 이러한 시장 변화에 따른 손익을 중립화(market risk neutralization)시켜야 할 필요가 있다(물론 시장의 변화를 예상하여 베팅을 할 수도 있겠지만 모든 거래에 대해서 무한정으로 이러한 베팅을 할 수는 없다. 이러한 베팅(speculation)을 할 수 있는 은행의 딜러는 정해져 있으며, 철저하게 관리되는 한도 내에서 행하여지게 된다. 이러한 목적의 딜러를 'proprietary trading dealer'라고 하고 통상 'prop dealer'라고 한다).

시장 리스크 중립화는 거래한 이자율스왑 거래의 평가손익과 반대방향으로 움직이는 거래를 하면 가능하다. 이렇게 시장 리스크를 중립화시키는 것을 헤징(hedging)이라고 하고, 새롭게 하는 거래를 헤지거래(hedging deal or hedging transaction)라고 한다.

아래와 같이 간단한 예를 들어 설명해 보자.

A은행은 B고객의 요청에 의해 3% 고정금리(semi-annual, 30/360)를 지급하고, 3개월 Libor 금리를 수취하는 3년 만기 달러화 이자율스왑을 체결하였다.

즉, A은행은 달러화 payer 이자율스왑 포지션을 갖게 된 것이다. 앞 장의 이자율스왑 거래와 기타 금리거래와의 비교에서도 살펴본 바와 같이 payer 이자율스왑 거래는 채권발행(short포지션)과 금리리스크 측면에서 동일하다고 했다. 즉, 금리가 상승하면 MtM 이익이 발생하고, 금리가 하락하면 MtM 손실이 발생한다.

이는 직관적으로 이해할 수 있다. payer 이자율스왑은 지급할 고정금리가 정해진 것이다. 만약 금리가 상승했다면, 시장의 스왑금리가 또한 상승한 것이다. 즉, 변화된 시장에서 동일한 거래를 하고자 한다면 더 높은 고정금리로 지급하여야 한다는 의미이고, 기존에 지급하는 낮은 금리의 거래는 그만큼 가치가 상대적으로 높아졌다고 할 수 있다. 채권 또한 마찬가지이다. 특정 수익률에 채권을 발행한 후 시장 수익률이 높아졌다면, 높아진 금리에 발행하는 것보다 상대적 이익을 얻었으므로 이익이 발생한 것이다.

이러한 금리와 이자율스왑의 MtM 변화의 직관적 이해를 통해서 A은행의 간단한 헤지 방법을 추론할 수 있다.

A은행은 금리가 상승하면 MtM이익이 발생하고, 금리가 하락하면 손실이 발생한다. 즉, 금리 하락 리스크에 노출되어 있다. 따라서 헤지거래는 금리가 하락할 때 이익이 발생하는 거래가 되어야 할 것이다.

그러면 금리가 하락할 때 이익이 발생할 수 있는 간단한 대안을 살펴보도록 하자.

첫째, 반대방향의 이자율스왑 거래를 체결하는 것이다. A은행은 B고객과 고정금리를 지급(pay)하는 스왑거래를 하였으므로, 스왑시장에서 다른 스왑딜러와 고정금리를 수취(receive)하는 스왑을 체결한다면 시장 리스크를 가장 완벽하게 줄일 수 있는 이상적인 헤지거래가 될 것이다. 그러나 이 경우 A은행은 시장의 bid-offer 스프레드에서 손해를 감수해야 한다. 만약 시장에서 다른 스왑딜러가 3년 달러화 스왑금리를 3.00%/3.05%로 고시한다면, A은행은 market maker의 입장이 아니라 고객의 입장에서 거래를 하게 될 것이고, receive하는 금리는 3.05%가 아닌 3.00%가 될 것이다. 그러면 A은행은 금리리스크는 헤지할 수 있지만, B고객과의 거래에서 어떠한 이익도 발생하지 않게 된다. 따라서 A은행은 스왑시장에서 손님의 입장(market user)이 아닌 market maker로서 3.05%를 수취할 수 있는 다른 대안을 찾는다면 금리리스크 헤지와 수익창출을 이룰 수 있을 것이다.

둘째, 채권(국채)을 이용하여 헤지하는 방법이다. 만약 A은행이 국채 현물을 매입한다면, 금리 하락 시 국채 가격은 상승할 것이고 따라서 MtM을 중립화할 수 있을 것이다.

그렇지만 receiver 이자율스왑의 경우 헤지를 위해서는 국채를 매도(short포지션) 거래를 해야 할 것이다. 달러화의 경우 달러화 국채(미국 재무부 채권 : US treasury)가 유동성이 높고, repo-market의 접근이 용이하므로 repo-market을 통한 국채 조달과 국채 매도는 달러화 receiver 이자율스왑의 좋은 헤지 대안으로 사용될 수 있다.

이 경우 구체적인 헤지방법을 알아보도록 하자.

〈그림 1-19〉와 같이 A은행은 receiver 이자율스왑을 헤지하기 위해 재무부 채권을 매도하게 된다. 매도할 재무부 채권은 reverse repo(채권 매수 후 약정기간 경과 시 재매도 하는 거래를 reverse repo라 하고, 채권 매도 후 나중에 재매입하기로 약정하는 거래를 repo라 함)를 통해 채권을 빌려오고, 채권 매도자금은 T-bill 금리에 운용하는 효과가 발생한다(재무부 채권 reverse repo 운용이익). 여기서 중요한 것은 A은행이 이자율스왑 거래에서 지급하는 변동금리는 3개월 Libor이지만 운용하는 변동금리 수입은 reverse repo금리인 단기 재무부채권(T-bill : Treasury bill) 수익률이다. 즉, 3개월 Libor와 3개월 T-bill의 스프레드(TED spread : 3개월 Libor 금리-3개월 T-bill 금리)가 확대될 경우 손실이 발생할 수 있는 위험에 노출되어 있다.

달러화의 경우 TED spread 선물시장이 형성되어 있으므로, TED spread 선물을 매입(지급하는 Libor금리와 수취하는 T-bill금리 간 스프레드를 확정하는 거래)함으로써 상쇄시킬 수 있다.

따라서 국채를 이용한 이자율스왑 거래의 헤지는 아래와 같이 요약될 수 있다.

receiver스왑 ⇒ 재무부 채권 매도+reverse-repo+TED spread 매입
(고정금리 지급+T-bill 금리 수취+지급 Libor/수취 T-bill 확정 효과)
payer스왑 ⇒ 재무부 채권 매입+repo+TED spread 매도
(고정금리 수취+T-bill 금리 지급+수취 Libor/지급 T-bill 확정 효과)

셋째, 선물을 이용하여 헤지하는 방법이다. 선물에도 국채 선물과 변동금리 지표인 Libor에 대한 선물인 유로달러 선물시장이 형성되어 있다. 국채 선물을 매입하는 것은 국채 현물을 매입하는 것과 금리리스크 면에서 동일하므로, 고정금리를 수취하는 스왑(receiver)은 국채 선물 매도를 통해, 고정금리를 지급하는 스왑(payer)은 국채 선물 매입을 통해 헤지가 가능하다.

이를 요약하면 다음과 같다.

receiver스왑 ⇒ 국채 선물 매도(고정금리 지급 효과)
payer스왑 ⇒ 국채 선물 매입(고정금리 수취 효과)

그러나 국채 선물은 근월물만 거래되므로, 선물의 만기가 도래하면 다음 근월물로 roll-over해야 되고 roll-over리스크가 존재한다. 또한 국채 선물 가격과 현물 가격의 차이인 베이시스가 있고, 선물을 통한 헤지에는 이러한 베이시스 리스크에도 노출되게 된다.

그 다음으로는 유로달러 선물을 이용하는 것이다. 주로 짧은 만기의 이자율스왑 거

그림 1-19 고정금리 수취와 미 재무부 채권을 이용한 헤지거래

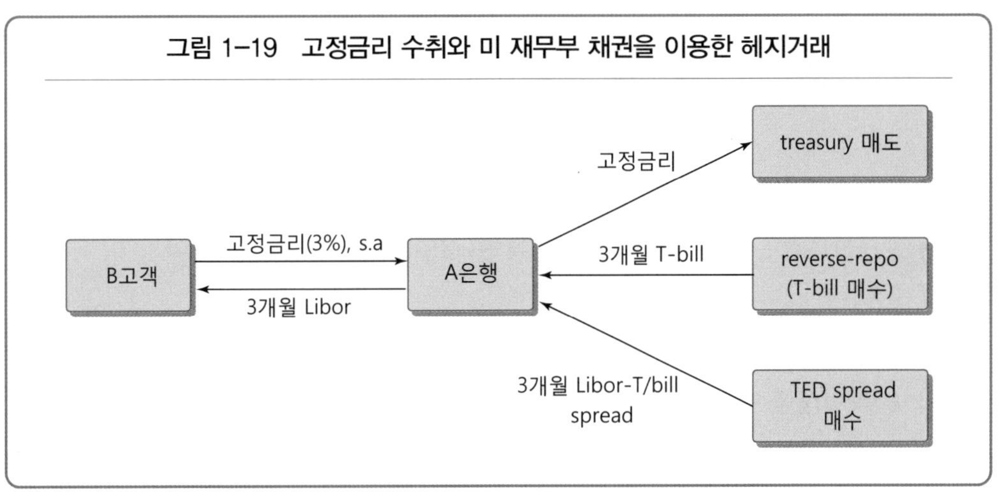

래의 헤지수단으로 이용될 수 있는데, 달러화의 경우 유로달러 선물이 매년 3월, 6월, 9월, 12월물이 상장되어 있어, 고정금리를 수취하는 스왑(receiver)의 경우 유로달러 선물 스트립(strip) 매도를 통해 헤지할 수 있다(선물의 strip거래는 3월, 6월, 9월, 12월물 등 연속된 선물거래를 동시에 거래하는 것). 반대로 고정금리를 지급하는 스왑(payer)의 경우 유로달러 선물 스트립 매입을 통해 헤지할 수 있다.

이를 요약하면 아래와 같다.

receiver스왑 ⇒ 유로달러 선물 스트립 매도
(고정금리 지급/ 3m Libor선도금리 연속 수취 효과)
payer스왑 ⇒ 유로달러 선물 스트립 매입
(고정금리 수취/ 3m Libor선도금리 연속 지급 효과)

넷째, FRA를 이용한 헤지 방법이다. 앞 장의 이자율스왑과 FRA의 비교에서 이자율스왑은 시리즈의 FRA 스트립거래와 동일하다고 했다. FRA를 매입하면 금리가 상승 시 이익이 발생하고, FRA를 매도하면 금리가 하락 시 이익이 발생한다. 따라서 고정금리를 수취하는 스왑(receiver)의 경우 시리즈의 FRA 매입을 통해 헤지할 수 있고, 고정금리를 지급하는 스왑(payer)의 경우 시리즈의 FRA 매도를 통해 헤지할 수 있다.

이를 요약하면 아래와 같다.

receiver스왑 ⇒ FRA스트립 매입(고정금리 지급/ Libor선도금리 연속 수취 효과)
payer스왑 ⇒ FRA스트립 매도(고정금리 수취/ Libor선도금리 연속 지급 효과)

section 04 이자율스왑의 종류

1 표준형(plain vanilla) 스왑과 비정형(non-generic) 스왑

1990년대 중반에 와서 이자율 스왑거래가 크게 늘어나면서 표준화가 어려웠던 스왑계약을 독립상품으로 거래하는 스왑 유통시장이 형성되기 시작했다. 주요 만기(benchmark)에 대한 bid rate와 offer rate를 정기적으로 고시하는 스왑시장 브로커가 생겨나고 글로벌 투자은행과 대형 상업은행에는 스왑 영업 전담 데스크가 설치되었다. 동시에 스왑 유통시장 거래를 간편하게 할 수 있도록 계약조건의 표준화가 진전되었다.

스왑시장에서는 이와 같은 표준적인 계약조건에 따르는 스왑형태를 표준형 스왑(generic swap 또는 plain vanilla swap)이라고 부른다. 앞서 〈표 1-6〉 스왑금리 고시 예는 주요 통화의 표준형 스왑의 금리를 나타낸 것이다. 표준형 스왑은 시장마다 다소 차이는 있지만 대개 다음의 조건을 충족하는 형태이다.

❶ 고정금리 조건은 만기까지 동일하게 적용되며, 해당 통화표시 장기채권시장의 관행을 따른다. 미달러화의 경우 미국채 시장 또는 유로달러 채권시장의 관행이 표준조건이다.

❷ 변동금리는 런던시장의 3개월 혹은 6개월 미달러 Libor로 하고 가산금리가 붙지 않는다(이를 'Libor flat'금리라 부름).

❸ 변동금리의 결정은 이자계산 시작일에 결정되고, 이자지급은 이자계산 종료일에 지급되는 후취조건이다(set in advance, paid in arrear).

❹ 스왑계약의 원금(명목원금)은 계약기간 내에 동일하게 적용된다.

❺ 스왑계약의 효력은 spot date(거래 2영업일 후)부터 발생하며, 만기일에 종료된다.

❻ 계약에 정한 금리 외에 별도의 지급(up-front fee, back-end fee 등)이 없다.

❼ 옵션 등 특수한 조기청산 조항이 없다.

이상의 표준적 조건을 따르지 않는 형태를 비표준형 혹은 비정형 스왑(non-generic swap 또는 exotic swap)이라고 한다. 비표준형 스왑의 예는 이미 앞의 예제에서 설명한 변동금리 조건으로서 Libor에 일정 스프레드를 더한 Libor margin swap도 비표준형 스왑이고, 거래는 현재에 체결하지만 이자계산은 미래의 일정한 시점에 시작되는 선도스왑(forward start swap)도 비표준형 스왑으로 분류할 수 있다.

이런 비표준형 스왑거래는 스왑시장의 딜러로부터 바로 가격을 얻을 수 없고 상대방과의 직접 협상에 의하여 계약조건과 가격 등을 정하여야 한다.

이제부터 시장에 알려진 주요 비표준형 스왑거래의 구조에 대해 살펴보자.

2 비표준형(non-generic) 스왑

비표준형 스왑은 이자 지급조건이 간단히 변경되거나, 명목원금이 변동하는 등 상대적으로 간단한 형태의 비표준형 스왑에서, 복잡한 형태의 옵션 등이 가미된 구조화 스왑(structured swap)까지도 포함할 수 있을 것이다.

이번 절에서는 비교적 간단한 형태의 비표준형 스왑에는 어떤 것들이 있고, 이들 스왑의 이용사례와 가격산정에 대해 간단히 살펴보도록 하자. 복잡한 형태의 구조화 스왑에 대해서는 다음 절에서 자세히 살펴보도록 하자.

(1) 베이시스 스왑(basis swap)

고정금리와 변동금리를 교환하는 표준형 이자율스왑과는 달리, 베이시스 스왑은 2가지의 변동금리를 상호 교환하는 스왑이다. Libor, 단기 재무부 채권 수익률(T-bill rate), 미국 우대금리(prime rate) 등 서로 다른 시장의 변동금리를 교환한다. 예를 들어, 미국 국내은행 우대금리와 Libor 간의 베이시스 스왑, 혹은 3개월 만기 Libor와 6개월 만기 Libor 간의 베이시스 스왑 등의 형태로 거래가 이루어진다.

베이시스 스왑에는 단순한 동일 통화 내에서의 베이시스 스왑과 이종통화 간의 베이시스 스왑의 두 종류가 있다. 이종통화 간의 베이시스 스왑은 통화스왑에서 다시 살펴보도록 하자. 베이시스 스왑은 변동금리 대 변동금리 스왑(floating vs. floating swap)이라 불리기도 한다.

다음은 B은행과 국내 기업 미국 현지법인 A와의 베이시스 스왑 사례이다. 예금자로부터 변동금리(Libor-0.2%)로 자금을 조달하는 B은행은 A사에게 대출하려고 한다. B은행은 대출금리로 Libor+2.25%, 혹은 Prime+1.20% 중 하나를 선택하도록 요구하였고, A사는 우대금리(Prime rate) 연동대출을 선택하였다. 따라서 B은행은 베이시스 리스크에 노출된다. 즉, 조달금리는 Libor에 연동되어 있는데, 운용수익은 우대금리에 연동되기 때문에 두 변동금리 간의 차이(베이시스)가 변함에 따라 B은행의 수익이 불확실해지기 때문이다.

스왑시장의 스왑딜러는 3개월 Libor 금리와 교환되는 우대금리의 매도/매수 호가를 '우대금리－1.2%(offer 가격) vs. 우대금리－1.4%(bid 가격)'로 고시하였고, B은행은 스왑딜러로부터 3개월 Libor를 수취하고 '우대금리－1.2%'를 분기마다 지불하는 베이시스 스왑을 체결하였다.

〈그림 1-20〉은 B은행의 현금흐름을 보여준다. 즉, B은행은 'Libor－0.2%'로 자금을 조달하여 '우대금리＋1.20%'로 대출하여 줌으로써 베이시스 리스크에 노출되나, 스왑딜러와 3개월 Libor를 받고 '우대금리－1.2%'를 지급하는 베이시스 스왑을 체결함으로써 베이시스 리스크를 제거할 수 있다.

전체적인 거래과정에서의 B은행의 손익이 얼마인가를 살펴보자. Libor 금리 흐름상의 손익을 보면, 스왑딜러로부터 Libor flat으로 받아 고객에게 'Libor－0.20%'만 지급하므로, 0.20%의 차익이 생긴다. 우대금리 현금흐름상의 손익을 보면, A사로부터 변동금리를 '우대금리＋1.20%'를 받아 스왑딜러에는 '우대금리－1.2%'만 지급하므로 여기에서 2.40%의 차익이 생긴다. 따라서 총손익은 2.60%이다. 베이시스 스왑의 결과 총조달금리가 얼마인가를 계산해 보면,

A사 대출에 대한 총 조달금리＝총지불금리－수취금리
＝[(Libor－0.20%)＋(우대금리－1.2%)]－Libor
＝우대금리－1.40%

이다. 결국 Libor 리스크는 없애고 우대금리 리스크만 남지만, A사로부터 '우대금리＋1.20%'를 받으므로 우대금리에 대한 리스크도 없어져 확정적인 금리차익 2.60%가 남는다.

(2) 제로쿠폰(zero-coupon)스왑

이자율스왑과 유사하나 고정금리 지급이 매번 이루어지는 것이 아니라 만기에 일시지급된다는 점이 다르다. 아래와 같이 B보험회사의 제로쿠폰 스왑 사례를 살펴보자.

그림 1-20 베이시스 스왑의 사례

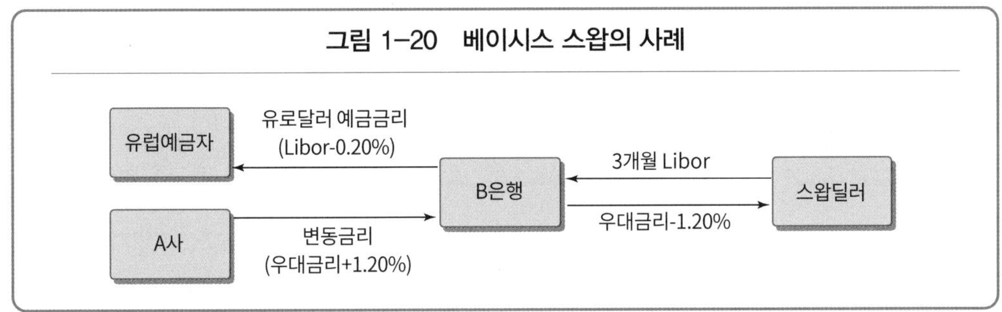

예시

B보험은 종신보험과 같이 장기간 후에 발생하는 현금흐름을 헤지하기 위해, 장기 변동금리 채권(FRN)에 투자하고, 제로쿠폰 스왑을 통해 채권에서 발생하는 변동금리 쿠폰을 재투자한 후의 쿠폰을 만기에 일시에 수취하는 조건으로 전환가능하다.

(B보험의 장기 FRN 투자)

채권 투자금액 : US$10,000,000

채권 만기와 금리 : 10년, 6개월 Libor+0%

(B보험의 zero-coupon 스왑조건)

trade date : Mar. 10, 2××9

effective date : Mar. 12, 2××9

termination date : Mar. 12, 2×19, subject to business days convention

notional amount : US$10,000,000

zero-coupon payer : A은행

floating rate payer : B보험

coupon at termination date : 57.00% of notional amount

floating rate : US$ 6M Libor, act/360

B보험과 A은행의 제로쿠폰 스왑 흐름은 〈그림 1-21〉과 같다.

B보험이 위와 같은 제로쿠폰 스왑을 체결하는 이유는 보험만기까지 보험금으로 지급할 현금흐름이 필요가 없고, 만기에 일시적으로 지급할 현금흐름만 필요하다. 대신 FRN투자에서 수취하는 변동금리 이자는 재투자 위험에 노출되게 된다. 따라서 제로쿠폰 스왑을 통해 수취하는 변동금리의 재투자 위험을 헤지할 뿐만 아니라, 거래 시점의 수익률로 만기에 수취하는 금액을 일시에 확정시킬 수 있다.

그림 1-21 제로쿠폰(zero-coupon) 스왑

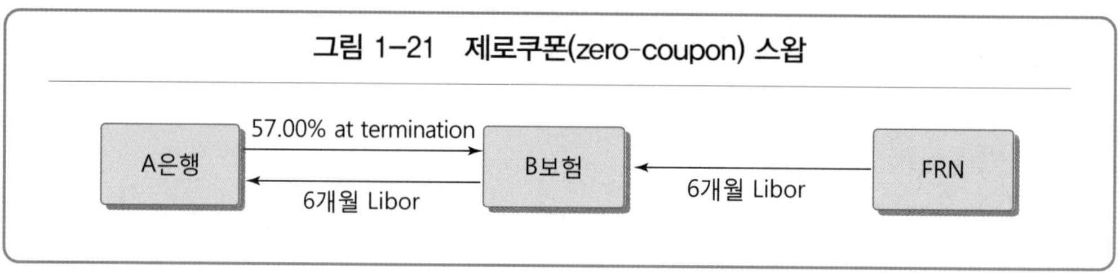

(3) 원금변동형 스왑

표준형 이자율스왑 거래에서는 만기까지 명목원금이 동일하게 적용되지만, 이자율스왑에서 시간이 지남에 따라 미리 정한 방식에 따라 명목원금이 변화하는 형태의 스왑이 있을 수 있다. 이 중 스왑기간이 경과함에 따라 명목원금이 증가하는 것이 원금증가형 스왑(accreting swap)이고, 스왑기간이 경과함에 따라 명목원금이 감소하는 것이 원금감소형 스왑(amortizing swap)이라 한다. 한편, 기간에 따라서 증가하기도 하고 감소하기도 하는 것을 롤러코스터 스왑(rollercoaster swap)이라고 한다.

원금증가형 스왑은 특정 사업을 계속하는 동안 사업이 진행될수록 필요자금이 점점 증가하는 경우에 적합하다. 원금감소형 스왑은 분할상환 조건의 자금차입과 연계하여 스왑을 실행한 경우 차입금 감소에 따라 스왑원금도 감소해야 하는 경우에 편리하다. 그리고 특정 프로젝트를 위한 자본조달을 위해 처음에는 차입액을 늘려나가다가 단계적으로 차입금을 상환해 나가는 프로젝트 파이낸싱에서 롤러코스터 스왑을 활용하여 미상환차입금과 스왑의 명목원금을 대응시킬 수 있다.

(4) step-up, step-down swap

원금변동형 스왑은 시간이 지남에 명목원금이 변화하는 형태인 데 반해 step-up 혹은 step-down 스왑은 명목원금은 만기까지 동일하게 적용되지만 변동금리와 교환되는 고정금리가 표준스왑과 달리 몇 단계로 나뉘어 커지거나 작아지는 스왑이다.

특히 수익률 곡선이 급한 우상향의 모습을 보일 때 변동금리 차입자 입장에서 차입금리 확정을 위해 '고정금리 지급/변동금리 수취'하는 스왑을 실행하는 경우 초기의 고정금리와 변동금리 간 이자차액(초기비용(initial cost)이 발생)의 자금부담을 줄이고 향후 변동금리 상승 예상과 비슷한 수준으로 고정금리 지급계획을 만들 수 있다. 반면 수익률 곡선이 우하향하는 상황하에 변동금리 투자자 입장에서 투자수익의 확정을 위한 stepdown swap을 하는 경우 스왑 초기의 이자차액의 자금부담(고정금리가 변동금리보다 낮아 발생함)을 줄이는 변동금리 지급, 고정금리 수취 스왑계약자의 현금흐름을 조정할 수 있다.

예시

아래와 같이 B기업의 step-up 스왑 이용사례를 살펴보도록 하자.

B기업은 거래은행인 D은행으로부터 US$10,000,000을 3개월 Libor+2.0%의 변동금리 조건으로 3년간 차입하였다.

금리 상승 리스크를 헤지하기 위해 고정금리를 지급(변동금리 수취)하는 표준형 이자율스왑 거래를 할 경우 4.60%(quarterly, 30/360) 이상을 지급하여야 할 것으로 예상된다. 그러나 초기 고정금리 지급 부담을 줄이기 위해 A은행과 아래와 같은 step-up 스왑을 거래할 수 있을 것이다.

(B기업의 차입)

차입금 : US$10,000,000

차입기간 : 3년

차입금리 조건 : 3개월 Libor+2.0%

(B기업의 Step-up 스왑조건)

trade date : Mar. 10, 2××9

effective date : Mar. 12, 2××9

termination date : Mar. 12, 2×12, subject to business days convention

notional amount : US$10,000,000

fixed rate payer : B기업

floating rate payer : A은행

fixed rate : 1년 3.65%, 2년 4.65%, 3년 차 5.65%(quarterly, 30/360)

floating rate : US$ 3M Libor+2.0%, act/360

(5) 선도스왑(forward start swap 혹은 deferred start swap)

표준형 스왑의 이자계산은 spot date(달러스왑의 경우 거래일 이후 2영업일, 원화스왑의 경우 거래일 이후 1영업일)로부터 시작되지만 선도스왑은 spot date 이후 특정일부터 시작된다. 따라서 선도스왑은 다양하게 활용될 수 있는데, 미래에 발생할 것으로 예상되는 자산 혹은 부채의 현금흐름의 금리리스크를 헤지하거나, 현재 존재하고 있는 자산 혹은 부채

그림 1-22 step-up 스왑

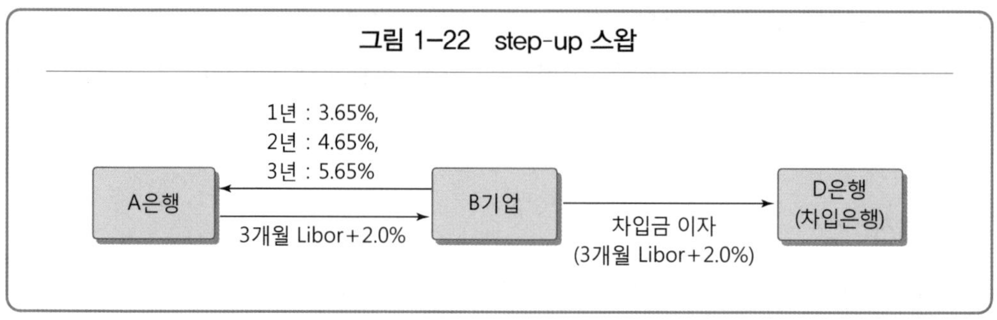

의 금리리스크를 일정기간 동안에는 리스크에 노출시키고 향후 특정 시점부터는 헤지하고자 할 때 이용할 수 있다.

(6) Libor in-arrear 스왑(혹은 in-arrear reset swap)

표준형 스왑에서의 변동금리 적용은 해당 이자계산기간 시작일의 2영업일 전에 변동금리가 결정되고 이자지급은 후취되는 데 반해(set in advance, paid in arrears), Libor in-arrear 스왑은 이자계산기간 종료일의 2영업일 전에 결정되는 변동금리를 기준으로 변동금리 이자가 결정되는 스왑이다(set and paid in arrear).

그림 1-23 표준형 스왑과 Libor in-arrear스왑의 Libor 결정

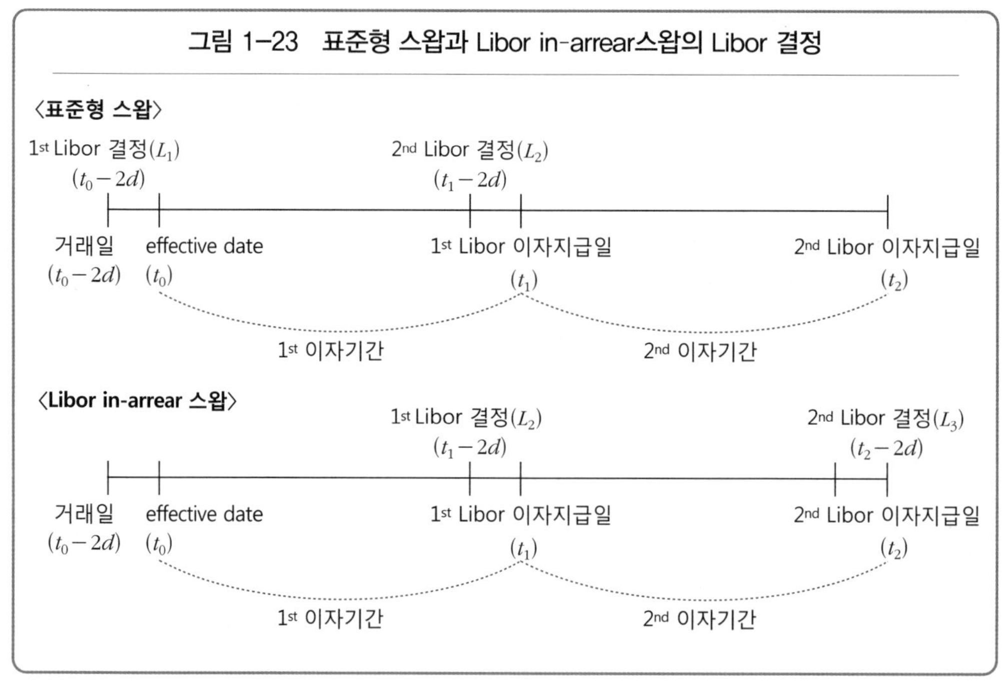

〈그림 1-23〉은 표준형 스왑과 Libor in-arrear 스왑의 변동금리의 결정일과 지급일을 비교한 것이다.

$$\text{표준형 스왑 : 원금} \times L_1 \times \frac{(t_1 - t_0)}{360} \text{를 } t_1 \text{ 시점에 지급}$$

$$\text{Libor in-arrear 스왑 : 원금} \times L_2 \times \frac{(t_1 - t_0)}{360} \text{를 } t_1 \text{ 시점에 지급}$$

Libor in-arrear 스왑거래를 하는 이유를 살펴보도록 하자. 변동금리를 지급(고정금리 수취)하는 스왑거래가 필요한 기업이 향후 변동금리가 지속적으로 하락할 것으로 예상한다면, 표준형 스왑(변동금리가 미리 결정)보다 Libor in-arrear 스왑에서 결정되는 변동금리가 더 낮고, 지급하는 이자금액을 줄일 수 있다.

(7) CMS스왑

표준형 스왑(generic swap)에서 고정금리와 교환되는 변동금리 지표(index)는 달러화 6개월 Libor 혹은 원화 91일물 CD금리이다. 변동금리 지표는 단기금리로 듀레이션이 짧다. 반면 CMS(Constant Maturity Swap)스왑은 고정금리와 교환되는 변동금리 지표가 향후 시장에 따라 변하는 특정 만기의 이자율스왑 금리이다. CMS금리는 5yr CMS, 10yr CMS 등 다양하게 사용될 수 있다. CMS금리의 듀레이션은 단기금리 지표보다 장기이므로 CMS스왑의 금리 민감도는 표준형 스왑보다 크다.

그림 1-24 CMS 스왑

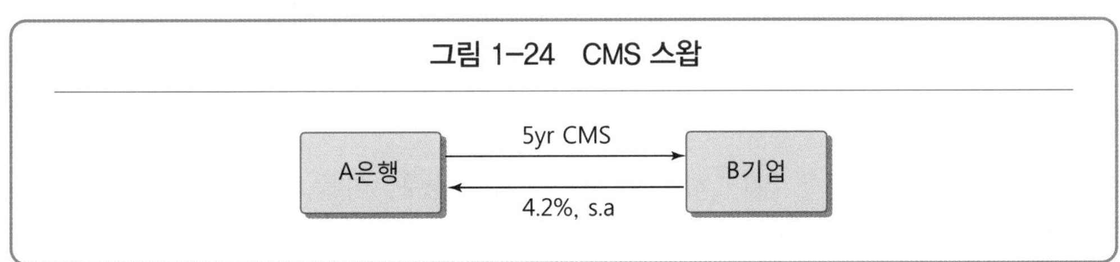

예시

아래와 같이 CMS스왑의 사례를 살펴보도록 하자.

(CMS스왑조건)

trade date : Mar. 10, 2××9

effective date : Mar. 12, 2××9

termination date : Mar. 12, 2×12, subject to business days convention
notional amount : US$10,000,000
fixed rate payer : B기업
floating rate payer : A은행
fixed rate : 4.2%, semi annual, 30/360
floating rate : 5yr US$ CMS, semi annual, act/360

위의 CMS스왑의 현금흐름은 A은행이 매 6개월마다 달러화 5년 CMS금리를 지급(5년 만기 이자율스왑 금리를 사용하되 6개월 기간에 대해서만 지급함)하는 대신 4.2%의 고정금리를 수취한다. B기업의 입장에서 CMS스왑 거래를 하는 이유를 살펴보자. 앞서 CMS스왑의 금리민감도가 표준형 스왑보다 크다고 했다. 향후 금리가 상승한다면, 표준형 스왑의 변동금리 지표인 Libor보다 B기업이 수취하는 5년 달러 CMS의 가치가 훨씬 클 것이기 때문이다.

시장에서는 CMS스왑과 함께 CMT(Constant Maturity Treasury)스왑도 거래되고 있는데, CMT스왑은 스왑금리 대신에 일정 만기(5년, 10년 등)의 국채 금리를 변동금리 index로 사용하는 것이다.

(8) over-night index swap(혹은 OIS)

OIS는 고정금리와 변동금리가 서로 교환된다는 점에서는 표준형 스왑과 동일하다. 그러나 변동금리의 지표에 3개월 혹은 6개월 Libor 금리가 아니라 1일의 over-night금리가 적용된다. 일반적으로 OIS스왑은 1년 미만의 단기 거래이다.

예를 들어, 고정금리를 지급하고 over-night index 금리를 수취하는 스왑거래를 체결한다면 고정금리를 지급하는 대신 이자계산 기간 동안 매일의 over-night Libor를 복리계산하여 수취하게 된다.

1일물 단기 자금차입을 많이 하는 금융기관들의 경우, 이를 이용하면 1일물 over-night 금리변동 리스크를 줄일 수 있다.

따라서 시장의 자금이 풍부하여 over-night 자금 공급이 많을 경우에는 OIS스왑금리가 낮아지겠지만, 반대로 금융시장에 자금 경색이 일어날 경우에는 OIS스왑금리가 큰 폭으로 상승할 것이다. 2008년 미국의 리만브라더스 파산으로 인한 글로벌 금융위기가 발생했을 때, 달러화와 유로화 등 주요 통화의 OIS스왑 금리는 일시적으로 폭등하여 상당 기간 지속되었다.

(9) callable, puttable, extendible 스왑

스왑거래 조건에 다양한 옵션조항이 결합되어 거래되기도 한다. 이자율스왑 계약을 체결한 다음 일정기간 경과 후 고정금리 지급자가 기준 스왑포지션을 취소시킬 수 있는 옵션을 추가할 수 있다. 이를 callable 스왑이라 한다. 이와는 반대로 고정금리 수취자가 취소권을 가지고 있는 것을 puttable 스왑이라 한다. extendible 스왑은 기간 만료 후 고정금리 지급자가 스왑기간을 일정기간 연장 가능한 형태이다.

2×5 callable 스왑을 예로 들면 이것은 2년 후 취소 가능한 5년짜리 스왑이다. 스왑거래를 체결한 후 금리가 하락하면 고정금리 지급자 입장에서 손실이 발생한다. 이 때 만약 2년 후 잔존만기가 3년 남은 스왑거래의 조기 청산(early termination)이 가능하다면 손실폭을 줄일 수 있을 것이다.

2×5 callable 스왑에 적용되는 고정금리는 5년 만기 표준스왑 금리보다 높다. 왜냐하면 〈그림 1-25〉에서 보듯이 상대 스왑딜러는 callable 스왑 포지션 헤지를 위하여 발행자 조기상환권부 채권(callable bond)을 발행하고, 자금을 변동금리로 운용한다면 금리 리스크를 헤지할 수 있다. 조기상환부 채권은 발행자가 조기상환권을 가지므로 채권 투자자는 동일 만기의 채권보다 높은 수익률을 요구할 것이다. 결국 callable 스왑은 동일 만기의 스왑금리보다 높은 것이 정상적이다.

이와는 대조적으로 2×5 puttable 스왑에 적용되는 금리는 5년 만기 표준스왑 금리보다 낮다. 왜냐하면 상대 스왑딜러은 puttable 스왑포지션을 헤지하기 위하여 투자자 조기 상환권부 채권(puttable bond, 시장금리가 상승할 경우 투자자가 기존 채권의 조기상환을 요구할 수 있는 채권)을 매입하여야 하는바, 그 수익률은 동일만기의 일반 채권보다 낮기 때문이다.

그림 1-25 callable 스왑거래와 헤지거래

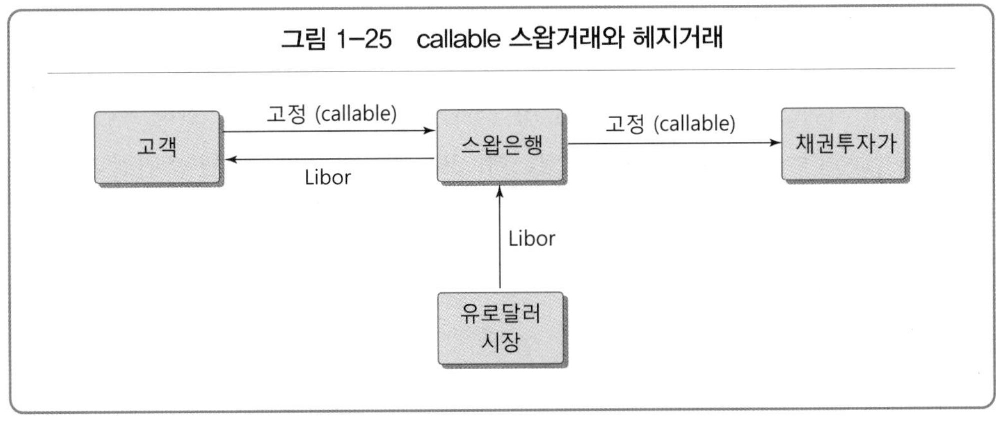

그림 1-26 puttable 스왑거래와 헤지거래

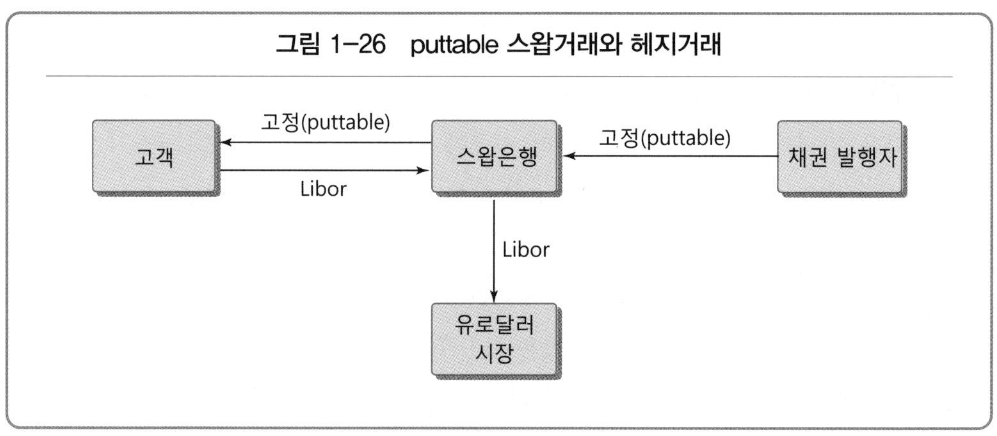

(10) 스왑션(swaption)

스왑션은 스왑을 할 수 있는 권리, 즉 스왑에 대한 옵션거래의 일종이다. 고정금리를 지급하는 스왑을 할 수 있는 권리는 payer's swaption이라 하고, 고정금리를 수취하는 스왑을 할 수 있는 권리를 receiver's swaption이라 한다.

2×5 payer's swaption을 예로 들면 이것은 2년 뒤에 3년짜리 고정금리 지급 스왑을 할 수 있는 권리이다. 옵션 만기 2년 시점에서 3년짜리 스왑금리가 행사 금리 이상이면 행사 금리를 지급하는 이자율스왑 거래를 요구할 수 있는 권리이다. 이것은 옵션 거래이기 때문에 swaption 매입자가 매도자에게 프리미엄을 지급한다. 만기 전 권리행사 여부에 따라 유럽식과 미국식이 있으며 시장에서는 유럽식이 많이 거래된다.

payer's swaption은 지급금리를 고정시키는 옵션이므로 금리 상한계약(interest rate cap)과 비슷하다.

마찬가지 논리로 receiver's swaption은 금리 하한계약(interest rate floor)과 비슷한 거래이다.

swaption 거래는 옵션 만기일에 현금정산하는 방식을 사용하기도 한다. 예를 들어, 7% 2×5 payer's swaption을 매입하였는데, 2년 만기 시점에서 3년 스왑금리가 8%라고 한다면 7%와 8%의 차이를 현재가치로 평가하여 그 차액을 swaption 매입자에게 지불한다.

section 05 원화 이자율스왑 시장과 원화 구조화 스왑

1 원화 이자율스왑 시장의 형성

국내 금융기관이나 기업들이 외화 자산·부채관리를 위해 외국계 금융기관들과 달러·엔·마르크화 등 외화에 대한 이자율스왑 거래는 1980년대 후반부터 시작했으나, 원화 이자율스왑은 그보다 훨씬 늦은 1990년대에 들어와서야 거래되었다. 초기 시장에서는 실수요자도 많지 않았고 몇몇 외국계 은행의 자체수요에 의해 거래되었다.

1990년대 후반 외환위기 이후 국고채선물, CD금리선물 등의 금융 인프라 구축, 금융선진화를 위한 각종 규제 완화와 더불어 많은 참가자들이 시장에 참여하면서 비로소 시장이 형성되었다고 할 수 있다.

국내 시장에서 원화 스왑시장의 생성이 늦은 이유는 국내 금융인프라의 미비와 국채 등 채권시장 표준화 지연 등 전반적인 금융시장의 미성숙에 있었다. 특히 국채 및 채권 시장의 미성숙은 원화 스왑 발전에 가장 중요한 장애요소였다. 1997년 외환위기 이전 국내 채권시장은 유동성, 투명성, 표준화 면에서 부족한 면이 있었으며, 금융시장의 기본이라 할 수 있는 국고채 수익률 곡선마저도 제대로 형성되어 있지 않았다. 또한 은행들이 시장조성자 역할을 하기 위해서는 스왑거래의 시장리스크를 헤지하기 위한 시장이 존재해야 하는데, 이러한 시장 또한 없었다.

1999년에 거래를 시작한 국고채 선물은 원화 이자율스왑 발전에 큰 기여를 하였다. 왜냐하면 receiver스왑을 하였을 경우, 국고채 매도를 통해 일시적으로 금리리스크를 헤지할 수 있기 때문이다. 그러나 국고채 시장은 repo시장이 발달되어 있지 않아 국고채의 매도가 자유롭지 못했다. 그러나 국고채 선물이 도입되면서 스왑딜러들은 선물 매도를 통해 receiver스왑의 금리리스크를 헤지할 수 있었고, market making에 좀더 자유롭게 되었다.

원화 스왑시장의 생성과 발전이 늦은 또 다른 이유는 스왑을 이용하는 최종 수요자들 또한 스왑거래에 대한 니즈(needs)가 낮았다고 할 수 있다. 외환위기 이전 금융시장은 개방도가 낮았고 규제에 의해 관리되었다. 즉 금리와 환율은 당국에 의해 관리되었으며, 금융기관 및 기업은 리스크 관리 측면에서 관심도가 낮았고 그 필요성도 낮았다.

그러나 우리나라의 경제규모도 커지고 시장 개방화가 가속화되면서, 금융시장의 변동성도 커졌고 리스크 관리에 대한 필요성도 증대되어 시장은 더욱더 발전하게 되었다.

특히 2000년 초반 원화 저금리가 지속되면서 수익률 향상을 위한 구조화 상품(structured products)이 인기를 끌면서 원화 스왑시장은 비약적인 발전을 하게 되었다.

2 원화 이자율스왑의 시장 관행과 참가자

〈표 1-6〉의 주요 통화의 스왑금리의 고시에서와 같이 원화 이자율스왑은 고정금리와 변동금리가 모두 3개월마다 교환된다. 이자계산 방법(day count convention)은 고정금리, 변동금리 모두 act/365가 적용된다. 변동금리 지표(index)는 91일 CD금리를 사용하고 있으며, 이는 check 단말기에서 오후 3시 30분에 고시되는 금리를 적용한다. CD금리의 적용과 관련하여 달러화 Libor와 다른 점은 Libor의 경우, 이자계산 시작일의 2영업일 전에 결정되는 Libor를 적용하지만, 원화 CD의 경우 이자계산 시작일의 1영업일 전의 CD금리를 적용한다. 또한 미달러화의 경우 절대금리 기준으로 고시되거나, '미국 재무부 채권 수익률+스왑 스프레드(T+spread)'의 형식으로 고시되지만, 원화의 경우 '3.77%/3.71%'와 같이 절대 금리로 고시된다. 여기서 3.77%는 offer rate로 시장조성자(market marker)인 스왑딜러가 3.77%(quarter, act/365)를 3년간 매 분기마다 수취하고 CD금리를 지급하겠다는 의미이고, 3.71%는 bid rate로 스왑딜러가 3.71%(quarter, act/365)를 3년간 매 분기마다 지급하고 CD금리를 수취하겠다는 의미이다. 거래되는 만기는 1~10년까지가 주로 거래되고, 구조화 상품과 관련된 이자율스왑의 수요로 20년까지 거래되기도 한다. 시장참가자로는 국내 은행과 외국계 은행을 중심으로 시장조성(market making)을 하고 있으며, 증권회사, 보험회사 및 자산운용회사 등의 금융기관들이 최종 이용자로서 참가하고 있다. 또한 스왑딜러들 간의 거래를 중개하기 위해 외국계와 국내 브로커 회사들이 스왑시장에 참여하고 있다.

3 원화 이자율스왑의 활용

국내 금융기관 등에서 원화 이자율스왑 거래를 활용한 사례를 살펴보도록 하자.

(1) 보험회사의 장기 이자율스왑을 활용한 자산 듀레이션 조정

B생명보험은 종신보험 등 장기 고정부채를 과다하게 보유하고 있다. 그러나 자산은 주로 단기채권으로 구성되어 있다. 시장금리가 상승한다면, 높은 수익률로 단기자산을 roll-over할 수 있겠지만, 향후 시장금리가 하향 안정화된다면 자산 수익률은 하락할 것이다.

따라서 B생명보험은 〈그림 1-27〉과 같은 장기 receive스왑을 통해 자산 듀레이션을 장기화할 수 있다.

그림 1-27 장기 receive스왑을 통한 자산 듀레이션 증가

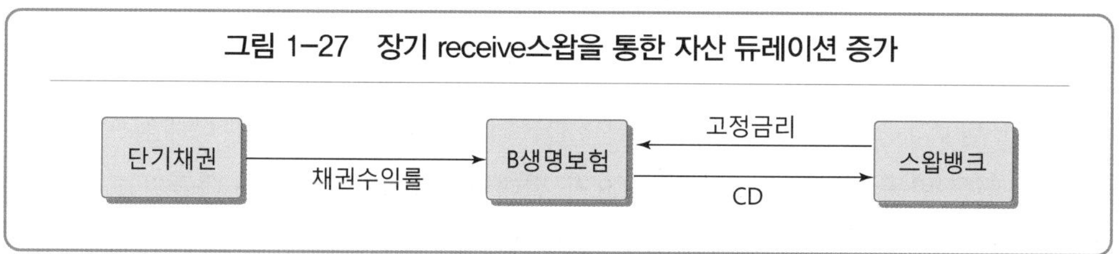

만약 B생명보험이 스왑딜러와 10년 만기 고정금리 receive스왑 거래를 체결한다면, 이는 10년 만기 고정금리 채권을 투자한 것과 동일한 듀레이션을 가진다. 물론 B생명보험의 입장에서는 단기채권 수익률과 CD금리 간의 차이가 발생할 수 있다. 그러나 모두 단기금리 지표이므로 상관관계가 높을 것이다.

(2) 은행의 이자율스왑을 통한 자산 · 부채 관리

A은행은 부동산 담보대출이 지속적으로 증가하고 있으나, 이를 위한 자금 차입은 주로 장기 은행채에 의존하고 있다. 대부분의 부동산 대출자산은 CD금리에 연동된 변동금리 자산이다. CD금리가 상승할 경우 은행수익에 도움이 되지만, 은행은 CD금리 하락 리스크에 노출되어 있다. 이러한 변동금리 자산과 고정금리 부채의 금리 갭을 관리하기 위해 〈그림 1-28〉과 같은 receive스왑을 통해 자산·부채를 효율적으로 관리할 수 있을 것이다.

그림 1-28 원화 이자율스왑을 통한 은행의 자산 · 부채 관리

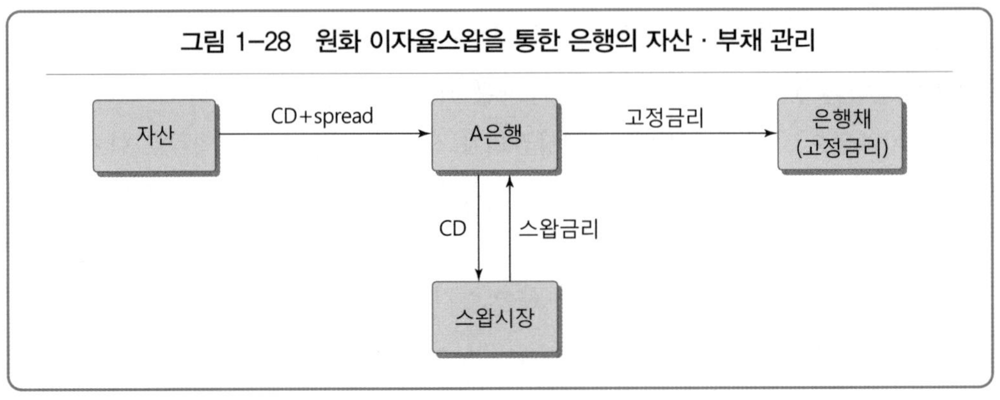

(3) 은행의 스왑대출에 활용

부동산 담보대출에 대한 수요는 낮은 CD금리로 인해 대출금리가 상대적으로 낮은 CD금리 연동 변동금리 대출에 대한 수요가 절대적이다. 그러나 일부 대출자는 향후 금리인상 가능성과 이자비용 확정에 대한 요구 등으로 인해 고정금리 대한 수요는 언제나 존재할 수 있다.

만약 현재 B고객에 대한 3년 만기 고정금리 부동산 담보대출 금리가 8.0%라고 하고, 변동금리 대출의 경우 대출금리가 CD+2.0%라고 하자. 그런데 현재 원화 이자율스왑 시장은 음(−)의 스왑 스프레드가 확대되어 3년 스왑금리가 4.5%로 거래되고 있다고 가정한다면, A은행은 아래와 같은 스왑대출을 활용하여 고정금리 대출 수요자인 B고객에게 더 낮은 금리로 대출을 제공할 수 있고, 추가적인 수익도 창출할 수 있다.

그림 1-29 원화 이자율스왑을 활용한 스왑 대출

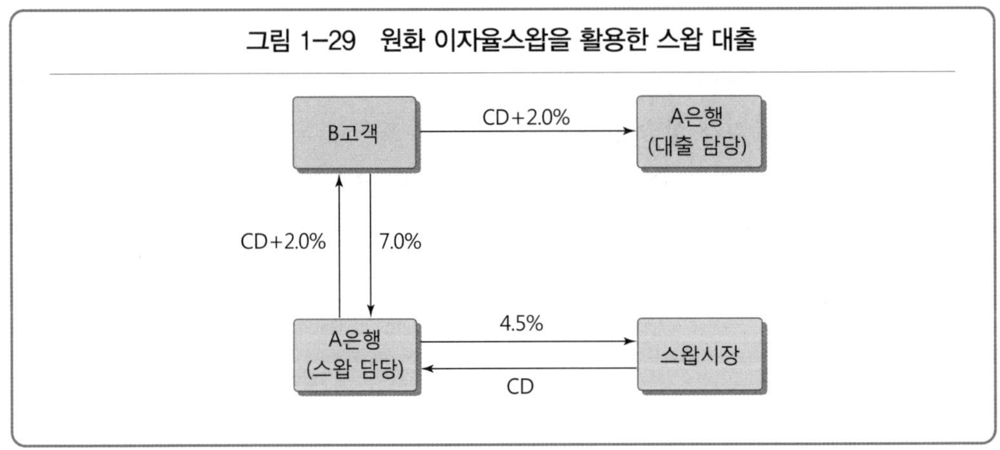

❶ 고객에게 CD+2.0%로 3년 만기 변동금리 대출 실행

❷ 대출과 동시에 CD+2.0%를 지급하고, 고정금리 7.0%를 수취하는 이자율스왑 거래 체결

B고객의 입장에서 본다면, 향후 CD금리 인상 가능성으로 인해 고정금리 대출을 선호하였다. A은행으로부터 직접 고정금리 대출을 받으면 8.0%의 이자를 지급해야 했으나, 변동금리 대출과 스왑거래를 통해 고정금리 7.0%의 대출을 받은 것과 동일한 효과를 가질 수 있다. A은행의 입장에서도 동일한 고객에게 CD+2.0%의 대출자산을 늘렸으며, 추가적인 이자율스왑 거래를 통해 0.5%(−(CD+2.0%)+7%+CD−4.5%=0.5%)의 추가 이익을 창출할 수 있었다.

그러나 B고객에게 직접적인 고정금리 대출과 '변동금리 대출+이자율스왑 거래'가 완전히 동일한 경제적 효과를 가져오는 것은 아니다. B고객이 개인적인 사정에 의해 1년 후 대출을 조기상환한다고 가정해 보자. 만약 8.0%의 고정금리 대출을 1년 전에 받았더라면 대출 원금을 그냥 상환하면 될 것이다(여기서 대출의 조기상환에 대한 별도 수수료는 없다고 가정하자). 그러나 '변동금리 대출+이자율스왑 거래'는 2개의 개별거래이므로 각각의 조기상환(혹은 청산)을 고려하여야 할 것이다. 변동금리 대출은 고정금리 대출과 같이 별도의 수수료 없이 그냥 상환하면 된다.

그러나 이자율스왑 거래는 스왑의 조기청산 가치를 고려하여야 한다. ① 만약 시장금리가 상승하였다면 이자율스왑 거래에서 B고객은 평가이익(+)의 상황일 것이다. 그러면 B고객은 A은행으로부터 평가이익을 수취하면서 스왑거래를 종결할 수 있다. 그러나 ② 시장금리가 하락하였다면 이자율스왑 거래에서 평가손실(−)의 상황일 것이고, 추가적인 스왑의 조기청산 비용을 지불하여야 한다. 다시 말해 금리가 하락하였다면 B고객은 대출 상환 원금과 추가적인 스왑 청산비용이 발생하게 된다.

(4) 단기채권 펀드의 본드스왑 스프레드 이용

장기 저금리 현상의 지속과 이에 따른 은행의 낮은 예금금리로 인해 시장자금이 증권회사 및 자산운용사의 MMF, CMA, MMDA, RP 등으로 빠르게 이전되었다. 그러나 이러한 단기자금 운용의 투자대상은 제한적이었고, 단기자금 유치경쟁이 치열해지면서, 운용회사들은 장기채권을 매입하고, 시장금리를 헤지하기 위해 이자율스왑 거래를 활용하였다.

그림 1-30 단기채권 펀드의 원화 이자율스왑 활용

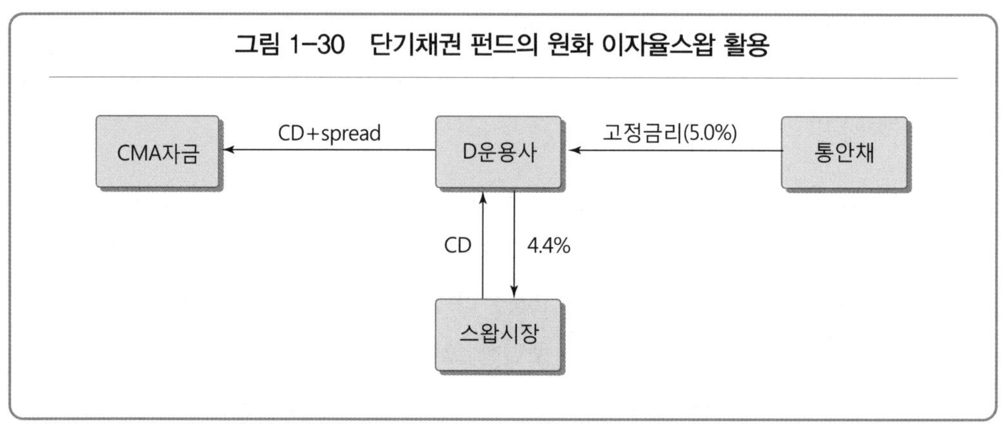

예를 들어, D운용사는 CMA 자금을 운용하기 위해 2년 만기 통안채(통안채는 한국은행에서 통화량 조절 목적으로 발행하는 통화안정채권)를 5.0%에 투자하였다. CMA금리는 주로 단기 시장금리에 연동되어 적용하므로 CD금리와 상관관계가 높다. 따라서 D운용사는 고정금리를 지급하고 CD금리를 수취하는 payer스왑을 체결하면(현재 2년 원화 스왑금리가 4.4%라고 하자), 향후 금리 상승에 대한 위험과 −0.60%(음의 스왑 스프레드)인 본드-스왑 스프레드를 이용할 수 있다.

요약하면, ① 2년 만기 통안채 투자(5.0%)와 ② 고정금리 4.4% 지급/CD금리 수취 거래를 통해, CMA 자금을 통안채에 안정적으로 투자하고, 우량은행에 대한 운용금리인 CD+0.6%의 운용수익을 거둘 수 있다.

(5) 음(−)의 스왑 스프레드를 이용한 재정거래

'스왑금리=스왑 스프레드+국채수익률'이라고 정의하였다.

양(+)의 스왑 스프레드 : 스왑금리 > 국채수익률
음(−)의 스왑 스프레드 : 스왑금리 < 국채수익률

음(−)의 스프레드라는 것은 스왑금리가 국채수익률보다 낮다는 것을 말한다. 즉, 이는 은행 간 거래(inter-bank risk)인 스왑금리 수준이 국가 신용위험(sovereign risk)인 국채수익률보다 낮은 비정상적인 상황을 의미한다.

음(−)의 스왑 스프레드가 확대되면서, 채권투자와 pay 이자율스왑의 재정거래 수요가 증가한다. 그 메커니즘은 앞서 설명한 단기자금 펀드의 운용사례와 동일하다. 국내

증권사에는 내부 자금을 활용하여 채권 등에 투자하여 수익을 창출하는 '채권운용팀'을 운영하고 있고, 채권운용팀에 적용되는 내부금리(transfer price : 내부 자금 이용에 대한 비용)는 각 회사마다 결정하는 방법과 금리기준이 다를 수 있으나 일반적으로 단기 변동금리에 연동하게 된다.

따라서 채권운용팀은 시장에서 음(−)의 스왑 스프레드가 지속되거나 기타 본드-스왑 스프레드가 확대될 시점에 해당 채권을 투자하고, pay 이자율스왑의 재정거래를 활발하게 진행하게 된다. 따라서 이러한 수요가 증가하게 되면, 음(−)의 스왑 스프레드는 축소되게 될 것이다(pay스왑이 많아지면 스왑금리는 상승하고, 국고채 금리와의 차이는 줄어든다).

채권운용팀 트레이더의 재정거래를 살펴보도록 하자.

❶ 3년 만기 국고채 5.0% 투자

❷ 3년 pay 이자율스왑(4.5% 지급 vs. CD 수취) 거래

현재 스왑 스프레드는 −0.5%로 채권운용팀 트레이더는 국고채 투자로 CD+0.5%로 운용하고 있다. 현재 내부금리가 CD−0.5% 정도이고, 이 금리가 만기까지 지속된다고 한다면, 연 1.0% 정도의 재정이익을 거둘 수 있다.

만약 거래 후 이러한 수요의 증가로 음(−)의 스왑 스프레드가 −0.4%로 축소되었다고 하자(국고채 : 5.1%, 스왑금리 : 4.7%로 가정).

그러면 채권운용팀의 트레이더는 국고채를 매도하고, 스왑거래의 조기청산을 통해 이익을 실현할 수 있다. 위의 경우 국고채 거래에서 약 0.1%(연율)의 손실이 발생하고, 이자율스왑 거래에서 약 0.2%(연율)의 이익이 발생하므로, 약 0.1%(연율)의 순 이익을 거둘 수 있다. 즉, 본드-스왑 스프레드가 확대될 것을 기대하는 경우에는 '국고채 투자와 이자율스왑 금리 지급'의 방향으로 트레이딩을 시작한 후 예상대로 시장이 변동하면 반대방향의 거래(국고채 매도 및 스왑금리 수취)로 이익을 확정할 수 있고, 반대로 본드-스왑 스프레드의 축소를 예상한다면 '국고채 매도와 이자율스왑 금리 수취'의 방향으로 트레이딩을 시작하여 트레이딩 이익을 기대해 볼 수 있다.

그러나 다른 요인에 의해 음(−)의 스왑 스프레드가 추가적으로 확대된다면, 이 트레이드는 두 거래에서 평가(MtM) 손실이 늘어나게 된다. 일반적으로 이러한 고유자금 트레이더(prop trader)들은 운용 포지션에 대한 거래한도와 손실한도가 설정되어 있으므로, 손실 규모가 한도를 초과할 경우 강제적으로 운용 포지션을 청산하여야 한다. 그러면

시장에서는 receive스왑 수요가 증가하게 되고, 음(−)의 스왑 스프레드가 더 확대되며, 손실 규모가 증가하는 악순환에 빠지게 된다.

4 구조화 상품과 국내 시장의 발전

(1) 구조화 상품의 개념과 분류

구조화 상품(structured products)이란 '주식(또는 주가지수), 채권, 금리, 통화, 원자재(commodity), 신용 등의 기초자산(underlying assets)에 기반을 두고, 선도, 선물, 스왑, 옵션 등의 각종 파생상품이 결합되어 만들어진 새로운 형태의 금융상품'을 일컬어 총칭하는 폭넓은 의미로 사용되고 있다. 따라서 파생상품이 내재되어 채권형태로 거래된다면 이를 구조화채권(structured note, derivatives-embedded note), 구조설계채권, 합성증권, 신종증권 등 다양한 이름으로 불리고 있다. 국내 시장에서도 보편화된 증권회사 발행의 ELS(Equity Linked Securities)나 DLS(Derivatives Linked Securities)가 이러한 구조화채권의 대표적인 예이다. 파생상품이 내재되어 펀드형태로 거래된다면 이것 또한 구조화 상품의 일종으로 국내에서 소개된 무수한 '파생상품펀드'도 구조화 상품의 일종이다.

따라서 구조화 상품의 거래형태, 구조화 상품에 내재되어 있는 파생상품의 유형과 기초자산에 따라 수많은 종류의 구조화 상품이 있을 수 있으며, 이를 일률적으로 구분하기란 쉽지 않은 일이다.

〈표 1-8〉은 구조화 상품에 내재된 기초자산에 따라 분류한 것으로, 이외에도 수요에 의해 다양한 상품이 거래된다.

거래형태로 나눈다면 앞서 언급한 구조화채권(structured note, DLS, ELS 등), 구조화 파생상품펀드(Structured Derivatives Fund), ELD(Equity Linked Deposit)와 같은 구조화 예금 등으로 나눌 수 있다.

또한 내재된 파생상품의 유형에 따라, 내재되어 있는 옵션이 단순한(plain) 옵션으로 구성되어 있느냐 이색옵션(exotic option)으로 구성되어 있느냐에 따라 구분할 수 있다. 그리고 이색옵션의 형태에 따라 경로의존형(path dependent option), 첨점수익구조형, 시간의존형, 다중변수의존형, 중첩옵션형, 레버리지형 등 세부적으로 더 자세히 나눌 수도 있을 것이다.

이러한 구조화 상품 자체가 장내(exchange)에서 거래되는 것이 아니라, 양 당사자의

표 1-8 기초자산에 따른 구조화 상품의 분류

기초자산	구조화 상품 종류
이자율연계상품 (Interest Rate Linked Products)	– 역변동금리채(Inverse FRN) – 금리상한부변동금리채(Capped FRN) – 금리하한부변동금리채(Floored FRN) – 이중지표변동금리채(Dual Indexed FRN) – Callable Note – Puttable Note – CMT Floater Note – Super Floater Note – Range Accrual Note – Target Redemption Note – Snowball Note – Snowblade Note – Power Spread Note – Quanto Note – 인플레이션연계채권(Inflation Linked Note)
통화연계상품 (Currency Linked Products)	– 환율연계채권(FX-linked Note) – 이중통화채권(Dual Currency Note)
주식연계상품 (Equity Linked Products)	– 개별주식연계채권(Equity Linked Note) – 주식바스켓연계채권(Equity Basket Linked Note) – 주가지수연계채권(Equity Index Linked Note) – 주식연계펀드(Equity Linked Fund : ELF)
원자재연계상품 (Commodity Linked Products)	– Single Commodity Linked Note – Commodities Basket Linked Note – Commodities Index Linked Note
신용연계상품 (Credit Linked Products)	– 신용연계증권(Credit Linked Note) – CDO(Collateralized Debt Obligation) – CLO(Collateralized Loan Obligation) – CBO(Collateralized Bond Obligation) – 합성 CDO(Synthetic CDO or CSO) – Credit CPPI(Constant Proportion Portfolio Insurance)

계약에 의해 거래되므로, 구조화 상품에 내재되어 있는 파생상품을 굳이 분류한다면 장외파생상품(OTC derivatives)이 내재되어 있다고 할 수 있다.

(2) 구조화 상품의 특성과 활용

구조화 상품의 특성은 기존의 금융상품과 다른 많은 특성을 가지고 있는데, 구조화

채권(structured note)을 예로 들어 설명해 보자.

구조화채권은 첫째, 시장위험과 신용위험이 혼재되어 있고 이를 분리할 수 있다. 구조화채권의 투자자는 시장위험과 발행자의 신용위험을 동시에 가지지만, 발행자는 구조화채권의 발행과 동시에 시장위험을 제거하는 파생상품 거래를 통해 일반 채권과 동일한 효과를 거둘 수 있다. 둘째, 투자자의 요구사항을 수용한 맞춤형(tailor-made) 상품을 만들 수 있다. 채권을 발행하는 기업이나 금융기관의 구조화채권 발행단계에서 특정 투자자의 다양한 요구사항을 반영하여 구조화채권을 발행하게 되므로, 투자자가 원하는 형태의 맞춤형 상품이 가능하게 된다.

이렇게 발행된 구조화채권은 다양한 목적으로 활용될 수 있다. 첫째, 구조화채권 그 자체로 리스크 관리 수단으로 사용될 수 있다. 예를 들어, 어떤 금융기관이 변동금리 부채규모가 크고 금리 상승 리스크에 노출되어 있다면, 변동금리 지표에 레버리지된 super floater note 투자를 통해 금리 민감도를 조절할 수 있다. 둘째, 투자자들에게 수익률 향상(yield enhancement) 수단으로 사용될 수 있다. 투자자가 감내할 수 있고 예상하는 시장리스크를 레버리지를 통해 구조화채권에 추가하는 것이다. 셋째, 발행자의 자금조달 수단으로 활용되기도 하고, 마지막으로 금융시장에 존재하는 각종 규제(regulation)를 회피하기 위한 수단으로 활용되기도 한다.

(3) 구조화 상품의 출현과 성장

구조화 상품의 출현은 파생상품 시장의 발전과 함께 1980년대 중반부터 본격적으로 형성되기 시작했다고 할 수 있다. 1985년 말부터 Inverse FRN, Capped and Floored FRN, FX-Linked Note, Equity Index Linked Note 등의 상품이 거래되기 시작했다. 1990년대 초반 달러화의 단기 금리 하락, 장기 투자수익률의 저하, 기업에 대한 신용스프레드가 축소되면서 수익률 향상을 위한 구조화채권에 대한 수요가 높아졌고, 시장은 폭발적으로 성장하였다. 이 때부터 구조화 상품의 기초자산도 다양화되었고, 선진국 시장뿐만 아니라 신흥시장으로 확대되었다. 1990년대 후반 미국의 금리 인상과 주요 통화의 금리가 상승하면서 구조화채권에 대한 수요가 위축되기도 했으나, 금융공학의 발전과 함께 글로벌 투자은행과 상업은행들은 구조화 상품 시장을 핵심 사업분야로 판단하고 전략적으로 육성하였다. 이후 자산증권화(securitization) 시장의 확대와 다양한 이색옵션이 가미되어 시장은 더욱 성장하게 되었다. 글로벌 투자은행들은 이 시장에서 천문학적인 수익을 거두기도 하였으나 미국발 서브프라임(sub-prime) 사태에 이은 글로벌 금융위기의 단초가 되기도 하였다.

원화 이자율연계 구조화채권은 원화 이자율스왑과 밀접한 관계를 맺고 있으므로, 국내에서 소개된 대표적인 이자율연계 구조화채권의 종류와 내용에 대해서 살펴보고, 원화 스왑시장과 채권시장에 미치는 영향에 대해 살펴보도록 하자.

5 주요 이자율연계 구조화채권과 스왑시장

(1) 원화 이자율연계 채권의 거래 구조

국내에서 거래된 대부분의 원화 이자율연계 구조화채권의 가장 큰 특징은 발행자의 리스크 관리 수요에 의해 발행되었다기보다는, 저금리 영향으로 투자자의 수익률 향상을 목적으로 거래되었다.

투자자는 구조화채권을 설계하는 스왑딜러(국내 · 외 투자은행)에게 '이자율옵션 매도거래'를 통해 수취하는 프리미엄을 발행자의 발행금리에 추가하여 구조화채권의 수익률을 높이는 구조이다. 대신 내재된 파생상품(이자율옵션 매도)이 예상과 달리 반대방향으로 움직이면 손해가 발생하고, 투자자의 투자수익률은 발행자의 일반채권 수익률보다 낮아질 수 있는 위험을 내포하고 있다.

〈그림 1-31〉은 원화 이자율연계 구조화채권의 거래 구조를 나타낸 것이다.

발행자는 주로 은행, 카드사, 공기업, 일반기업 등으로 이들은 구조화채권 발행을 통

그림 1-31 원화 이자율연계 구조화채권의 거래 구조

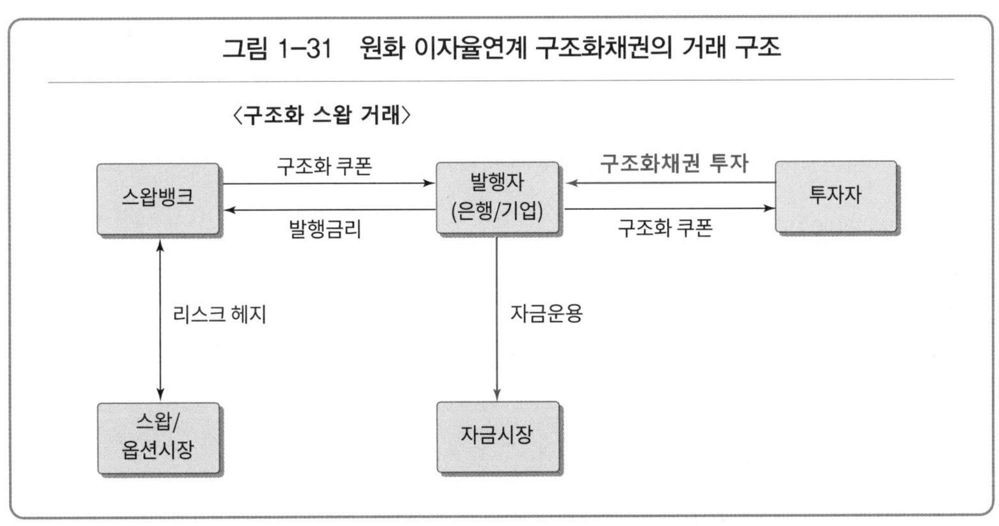

해 발행금리를 일반채권 발행보다 낮출 수 있다. 비록 발행하는 구조화채권의 쿠폰이 일반채권의 쿠폰보다 높다고 하더라도, 스왑딜러와 체결한 구조화 스왑(구조화 쿠폰과 발행금리 교환)을 통해 리스크가 헤지되기 때문에 최종적으로 지급하는 발행금리가 일반채권 발행금리보다 낮아 구조화채권을 발행하려는 충분한 인센티브가 있다. 구조화 스왑에서 구조화 쿠폰과 교환되는 발행금리는 고정금리로 할 수 있고, 변동금리(CD금리 연동) 조건으로 발행할 수 있다.

반면 투자자의 입장에서는 구조화채권의 구조화쿠폰이 일반채권의 쿠폰보다 높을 경우 투자에 대한 인센티브가 될 것이다.

스왑딜러는 발행자와 구조화 스왑거래를 통해 수익을 창출하려는 목적으로, 투자자가 선호하는 구조화 스왑의 구조를 개발하고 거래를 주선하였다. 스왑딜러는 구조화 스왑에 내재된 이자율옵션 등 파생상품을 pricing할 수 있고, 관리할 수 있는 능력을 갖춘 국내·외 투자은행으로 초기에는 주로 외국계 투자은행의 몫이었다.

앞서 언급한 바와 같이 이러한 구조화 스왑에는 이자율옵션 매도거래가 내재되어 있다. 비록 옵션 매도거래가 내재되어 있더라도, 구조화 스왑의 구조화 쿠폰은 0보다 크다. 만약 구조화 쿠폰이 음(−)이 되면, 채권의 원금손실이 발생하게 된다.

따라서 구조화 채권의 설계 시 구조화 쿠폰을 0 이상으로 제한하는 것이 일반적이다.

(2) callable note

callable note는 가장 간단한 형태의 구조화채권으로 발행자가 만기 이전에 조기상환할 수 있는 채권이다.

예시

아래와 같이 K은행의 callable 은행채 발행 사례를 살펴보도록 하자.

(K은행의 callable note 발행조건)

발행자 : K은행

만기 : 10년

call 조항 : non-call 5년, annual call thereafter

채권 쿠폰 : 6.0%, annual, 30/360

(K은행과 A스왑딜러의 구조화 스왑조건)

termination date : 10 year from effective date, subject to early temination option below

그림 1-32 callable note 구조

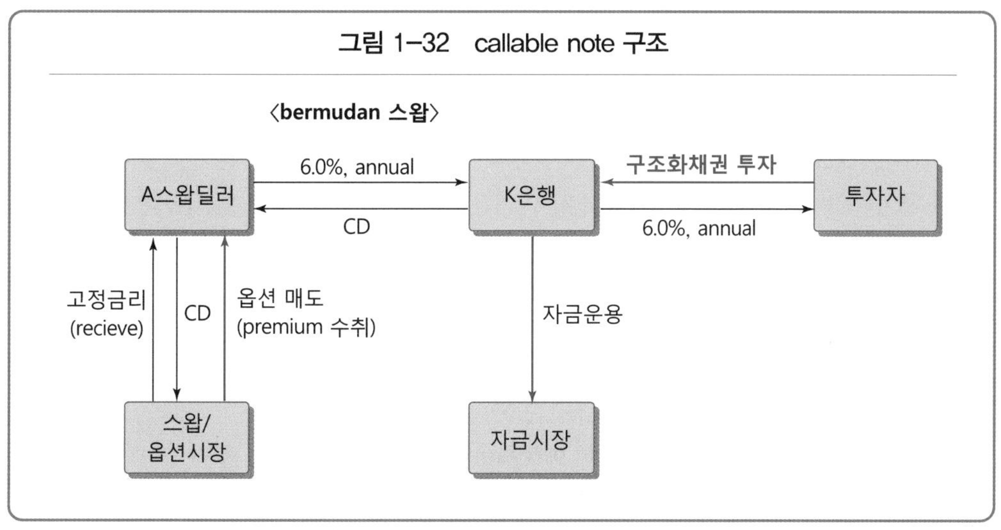

early termination option : non call 5 year, annual exercise thereafter
option holder : A스왑딜러
fixed rate payer : A스왑딜러
floating rate payer : K은행
fixed rate : 6.0%, annual, 30/360
floating rate : 91 days CD, quarterly, act/365

우선 투자자의 입장에서 살펴보면, 투자자는 K은행이 발행한 은행채를 6.0%의 수익률에 투자한다. 6.0% 수익률은 K은행이 발행한 5년 만기 혹은 10년 만기의 일반 은행채 수익률보다 높아 투자 인센티브가 있다.

발행자인 K은행은 위의 callable note 발행을 통해 자금을 CD금리에 최소한 5년간은 조달할 수 있다. 만약 K은행의 5년 변동금리 조달금리(FRN발행)가 CD금리 이상이라면 K은행은 유리한 조건으로 장기차입에 성공한 것이다. 향후 시장 상황에 따라 조기상환할 수 있는 권리 또한 갖고 있다. 그러나 이러한 조기상환권이 K은행에 의해 독자적으로 행사되지 않을 수 있다. 만약 K은행이 시장에서 CD금리보다 더 좋은 발행금리로 조달할 수 있다고 한다면 채권을 조기상환하려고 할 것이다. 하지만 구조화 스왑의 조기청산권(early termination option)은 A스왑딜러가 갖고 있으므로, A스왑딜러가 스왑을 조기청산하지 않으면 구조화 스왑의 리스크에 노출되게 된다. 따라서 K은행은 callable note를 조기청산하지 않고 계속 유지하게 된다. 일반적으로 이러한 callable note의 조기상환은 A스왑딜러의 구조화 스왑 조기청산권 행사여부에 의해 결정된다.

다음은 A스왑딜러의 입장에서 살펴보자. A스왑딜러는 스왑시장에서 고정금리를 수취하고

CD금리를 지급하는 receive스왑을 통해 대부분의 금리리스크(델타)를 헤지할 수 있다. 지급하는 쿠폰 6.0%는 시장 스왑금리보다 높아 손실이 발생하는 것처럼 보인다. 그러나 A스왑딜러는 K은행과의 구조화 스왑을 조기청산할 수 있는 옵션을 가지고 있으므로, 이자율 옵션시장에서 옵션 매도(버뮤다 옵션 : 만기에만 행사할 수 있는 유럽식 옵션 혹은 만기 중에 언제라도 행사할 수 있는 미국식 옵션과는 달리 특정 기간 중에 행사할 수 있는 옵션)을 통해 프리미엄을 수취할 수 있고, A스왑딜러는 이런 프리미엄을 감안하여 구조화 스왑과 헤지거래를 전체적으로 비교하면 순수익을 창출하는 거래가 된다.

시장금리 변화에 따른 A스왑딜러의 구조화 스왑 조기청산 가능성은 다음과 같다(시장금리 이외의 다른 옵션 변수는 동일하다고 가정).

시장금리 하락 ⇒ callable note의 구조화 스왑 조기청산권 행사
시장금리 상승 ⇒ callable note의 구조화 스왑 유지

이제 투자자와 발행자의 기회손실에 대해 살펴보도록 하자. 우선 투자자의 경우 시장금리가 하락하면, 구조화채권이 조기상환되므로 다른 자산으로의 대체리스크(replacement risk)에 노출된다. 상대적으로 높은 수익률의 자산은 상환되고, 낮아진 시장금리 상황에서 낮은 수익률의 자산을 투자해야 한다. 반대로 시장금리가 상승하면, 시장에서 높은 수익률의 자산이 많음에도 불구하고 구조화채권을 계속 보유해야 한다. 발행자인 K은행의 경우 시장금리가 하락하여 구조화채권이 조기상환되더라도, CD금리에 채권 발행이 가능하다면 기회손실이 발생하지 않는다. 반면 신용도 하락으로 변동금리 조달 스프레드가 상승하였다면 기회손실이 발생할 수 있다.

(callable note 발행이 금리시장에 미치는 영향)

callable note 발행시 A스왑딜러는 스왑시장에서 receive 원화 이자율스왑 거래를 일차적으로 하게 된다. receiver 이자율스왑 수요가 많으면 시장금리는 낮아지게 된다.

(3) 역(Inverse) FRN

일반적인 FRN(CD+스프레드)은 변동금리 지표인 CD금리가 상승하면 높은 쿠폰을 지급하고 CD금리가 하락하면 지급하는 쿠폰이 낮아진다. 그러나 inverse FRN은 이와 반대의 쿠폰 지급형태를 갖는다.

예시

다음과 같이 K은행의 inverse FRN 발행 사례를 살펴보도록 하자.

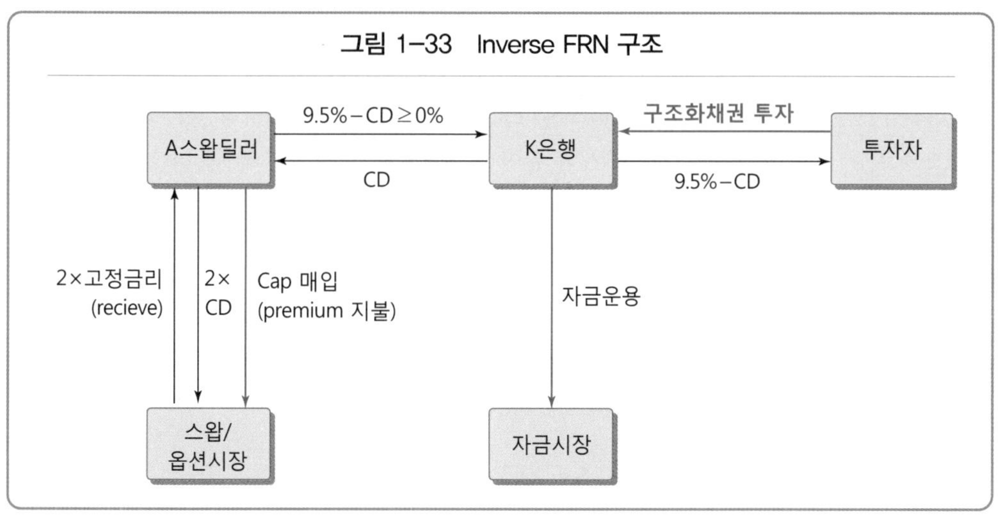

그림 1-33 Inverse FRN 구조

(K은행의 inverse FRN 발행조건)

발행자 : K은행

만기 : 5년

채권 쿠폰 : 9.5%−CD, quarterly, act/365(floored at 0%)

(K은행과 A스왑딜러의 구조화 스왑조건)

termination date : 5 year from effective date

floating rate I payer : A스왑딜러

floating rate II payer : K은행

floating rate I : 9.5%−CD, quarterly, act/365(floored at 0%)

floating rate II : 91 days CD, quarterly, act/365

투자자가 수취하는 쿠폰은 향후 CD금리 움직임에 따라 달라진다. 현재의 CD금리가 3.5%이면 첫 번째 쿠폰은 6.0%(연율)가 된다. 향후 CD금리가 하락하게 되면 쿠폰은 높아지고, 상승하게 되면 쿠폰은 낮아진다. 투자자가 예상하는 쿠폰이 현재 동일만기 K은행 발행 금융채 수익률보다 높다면, inverse FRN에 대한 충분한 투자 인센티브를 갖게 될 것이다.

만약 CD금리가 크게 상승하여 9.5% 이상이 될 경우, 쿠폰 계산식에 의해 쿠폰은 마이너스(−)가 된다(예를 들어, CD금리가 11.0%이면 쿠폰=9.5%−11.0%=−1.5%). 그러나 전체 쿠폰은 0%에 제한되어 있어 최종 쿠폰은 0%로 결정된다.

(callable inverse FRN)

예제로 든 inverse FRN은 발행자의 조기상환권이 없어 만기까지 지속된다. 그러나 발행자의 조기상환권이 있는 callable inverse FRN을 만들어 낼 수 있을 것이고, 이 채권에는 투자자의 입장에서 보면 옵션이 매도되었으므로 더 높은 쿠폰조건이 가능하다.

A스왑딜러 입장에서는 callable inverse FRN의 구조화 스왑을 조기청산할 수 있는 옵션이 있으므로, 시장에서 callable note에서와 같이 이자율 옵션 매도를 통해 좀 더 높은 구조화 쿠폰을 지급할 수 있다.

시장금리 변화에 따른 A스왑딜러의 구조화 스왑 조기청산 가능성은 callable note와 유사하다(시장금리 이외의 다른 옵션 변수는 동일하다고 가정).

시장금리 하락 ⇒ callalble inverse FRN 구조화 스왑 조기청산권 행사

시장금리 상승 ⇒ callable inverse FRN 구조화 스왑 유지

(4) daily CD range accural note

range accrual 구조는 앞서 살펴 본 FRN들과 쿠폰 계산방법에서 차이가 있다. 앞서 살펴본 FRN들은 변동금리 지표의 결정 시점(분기 쿠폰의 경우, 3개월마다 결정)의 금리에 따라 쿠폰이 결정되었다. 그러나 range accrual 구조는 변동금리 지표가 특정 구간(range) 범위 내에 머무를 경우에만 쿠폰을 계산한다.

다음과 같이 K은행의 daily CD range accrual note 발행 사례를 살펴보도록 하자.

그림 1-34 CD range accrual note 구조

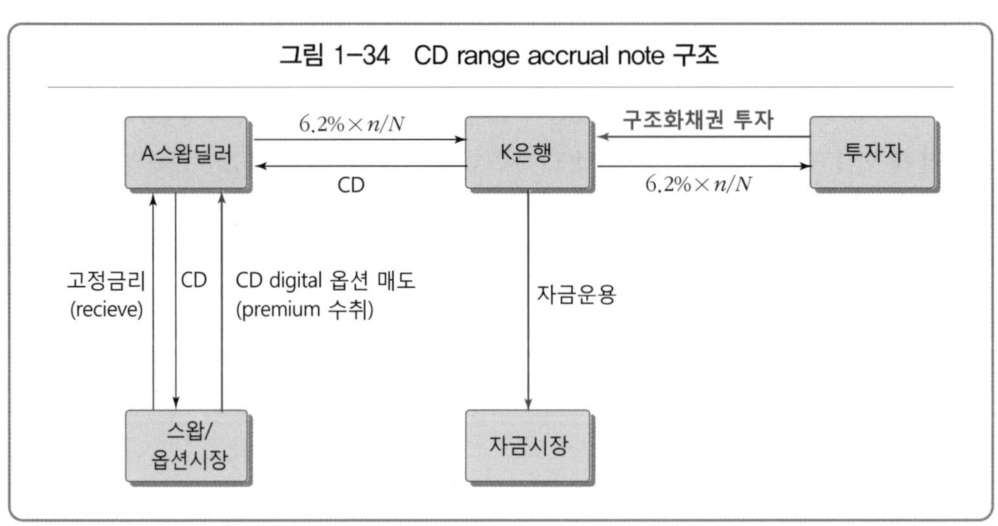

(K은행의 daily CD range accrual note 발행조건)

발행자 : K은행

만기 : 5년

채권 쿠폰 : 6.2%×n/N, quarterly, 30/360

* n : 매일의 CD금리가 아래 range 내에 머문 일수

* N : 이자계산기간 동안의 실제 날짜수

range : 0~6%

(K은행과 A스왑딜러의 구조화 스왑조건)

termination date : 5 year

floating rate I payer : A스왑딜러

floating rate II payer : K은행

floating rate I : 6.2%×n/N, quarterly, 30/360

* n : 매일의 CD금리가 아래 range 내에 머문 일수

* N : 이자계산기간 동안의 실제 날짜수

range : 0~6%

floating rate II : 91 days CD, quarterly, act/365

투자자가 수취하는 쿠폰은 특정 시점의 CD금리가 아니라 매일매일의 CD금리에 따라 결정된다. 예를 들어, 현재 3.5%인 CD금리가 향후 3개월 동안, 매일 6% 이내에 머무를 경우, 첫 쿠폰은 6.2%×90/90=6.2%(연율)이다(3개월간의 날짜수를 90일로 가정). 만약 90일 동안 6% 이내에 머문 일수가 85일이고, 5일은 6%를 벗어났다면, 첫 쿠폰은 6.2%×85/90=5.8556%(연율)가 된다.

결국 투자자는 CD금리가 range의 상단인 6% 이상 상승하지 않을 것으로 예상한다면, 동일 만기의 은행채보다 높은 수익을 얻을 수 있다.

발행자인 K은행은 A스왑딜러와의 구조화 스왑 거래로 리스크가 헤지되고, 앞서 살펴본 구조화 스왑과 동일한 조건이다.

다음은 A스왑딜러의 입장에서 살펴보자.

만약 A스왑딜러가 시장에서 5년 만기 receive 이자율스왑(스왑금리 5.0%)거래를 한다면, 구조화 스왑과의 순 현금흐름은 다음과 같다.

$$\text{순 현금흐름} = +\text{CD} - 6.2\% \times n/N + 5.0\% - \text{CD} = 5.0\% - 6.2\% \times n/N$$

A스왑딜러는 n/N이 항상 1이라고 하더라도 최대 −1.2%의 손실로 제한되며 이는 A스왑딜러가 CD digital옵션(CD금리가 0%~6%구간 사이인 날은 쿠폰지급이 없고 구간을 벗어난 날은 연율기준 6.2% 쿠폰지급이 있는 digital조건)을 매도하고 수취하는 premium으로 커버

된다.

6.2%×n/N에 대해서 좀 더 자세히 살펴보자. 실제 3개월마다 투자자에게 지급되는 구조화 쿠폰은 6.2%×n/N/4이다(qurterly, 30/360이기 때문). 또한 이 쿠폰은 매일매일의 CD금리에 따라 accrual되므로, 3개월을 90일로 가정한다면, 다음과 같이 표현할 수 있다.

$$6.2\% \times n/N \times \frac{1}{4}$$

$$t = \left(6.2\% \times \frac{\max_{d1}[0,1]}{90} + 6.2\% \times \frac{\max_{d2}[0,1]}{90} + \cdots + 6.2\% \times \frac{\max_{d90}[0,1]}{90}\right)\frac{1}{4}$$

$$= (0.068889\%) \times \max_{d1}[0,\ 1] + 0.0688895 \times \max_{d2}[0,\ 1] + \cdots + 0.068889\%$$

$$\times (\max_{d90}[0,\ 1]) \times \frac{1}{4}$$

여기서 0.068889%×Max[0,1]는 매일의 CD금리에 따라, 0 혹은 0.068889%를 지급하는 digital option의 payoff와 동일하다. 기초자산은 CD금리이고, 행사 가격은 6%이다. 첫 3개월 쿠폰에 대해서는, 만기가 1일, 2일, …, 90일인 90여 개의 개별 digital 옵션으로 구성되어 있다(digital 옵션에 대한 설명은 '장외파생상품의 장외옵션의 이해' 참조).

〈그림 1-35〉는 투자자 입장에서 받는 구조화 금리의 성격을 CD range accrual의 첫 번째 쿠폰기간에 내재된 개별 digital 옵션과 전체 digital 옵션의 성격으로 바꾸어 3차원으로 나타낸 것이다.

한편 A스왑딜러 입장에서 옵션시장에서 매도하는 digital옵션(수취하는 premium은 연 1.2%로 가정)은 CD금리가 0%~6%구간에 있는 경우 payoff 지급이 없고, 동 구간을 벗어나는 경우 6.2%(연율기준)의 payoff 지급이 있는 digital조건이므로 CD금리의 수준에 따른 A스왑딜러의 상황은 다음과 같다.

그림 1-35 CD range accrual note에 내포된 digital option(투자자 입장)

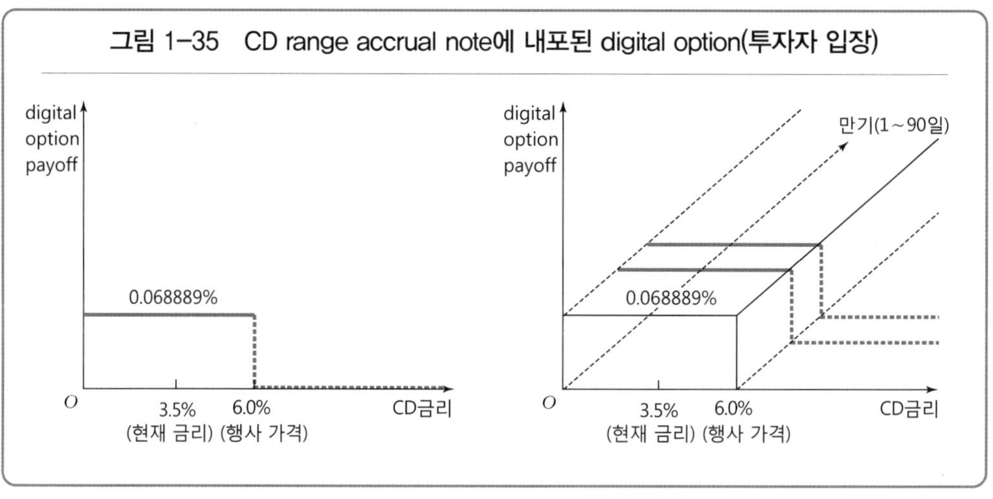

CD금리가 0%~6% 사이인 경우 ⇒ 매도한 digital옵션은 payoff지급이 없고 스왑 receive금리 5%와 digital옵션 premium 1.2%(합 6.2%)를 K은행에 지급

CD금리가 6% 이상인 경우 ⇒ digital옵션이 행사되어 digital옵션 매입자에게 6.2%를 지급하는 대신 K은행에는 구조화 스왑 금리(6.2%)를 지급하지 않음

A스왑딜러의 입장에서는 개별 digital 옵션의 매도 후 수취한 총 프리미엄이 구조화채권의 지급금리(6.2%)와 receive한 스왑금리(5.0%)의 차이(1.2%)보다 크다면 A스왑딜러에게 이익이 된다.

(CD range accrual note 발행이 금리시장에 미치는 영향)

CD range accrual note 발행시 A스왑딜러는 금리리스크를 헤지(델타헤지)하기 위해 스왑시장에서 5년 만기 receiver 원화 이자율스왑 거래를 하게 된다. 결국 CD range accrual note 발행도 receiver 스왑 수요로 나타나고 전체적으로 스왑금리 하락요인이다.

(callable CD range accrual note)

예제로 든 CD range accrual note는 발행자의 조기상환권이 없어 만기까지 지속된다. 그러나 발행자의 조기상환권이 있는 callable CD range accrual note를 만들어 낼 수 있을 것이다.

A스왑딜러 입장에서는 callable CD range accrual note의 구조화 스왑을 조기청산할 수 있는 옵션을 갖고 있으므로(투자자의 입장에서는 추가적인 call옵션 매도), 좀 더 높은 구조화 쿠폰을 지급할 수 있다.

시장금리 변화에 따른 A스왑딜러의 구조화 스왑 조기청산 가능성은 callable note와 유사하다(시장금리 이외의 다른 옵션 변수는 동일하다고 가정).

시장금리 하락 ⇒ callable CD range accrual note의 구조화 스왑 조기청산권 행사

시장금리 상승 ⇒ callable CD range accrual note의 구조화 스왑 유지

이는 직관적으로 이해할 수 있는데, 스왑딜러의 입장에서 시장금리가 낮아지면, CD금리 또한 낮아져 range(0~6%) 내에 머물 확률이 높아지고 그러면 지급하는 구조화 쿠폰(6.2%×n/N) 전체가 지급되어 손실이 커진다. 따라서 구조화 스왑을 조기상환할 유인이 커진다.

(5) CMS spread range accrual note

CMS spread range accrual note는 앞서 살펴본 CD range accrual note와 동일한 개념으로 쿠폰이 계산된다. 대신 변동금리 지표가 CD금리와 같은 단기금리 지표가 아니라 중·장기 금리인 CMS(Constant Maturity Swap)의 스프레드를 지표로 사용한다.

그림 1-36 CMS5-2 spread range accrual note 구조

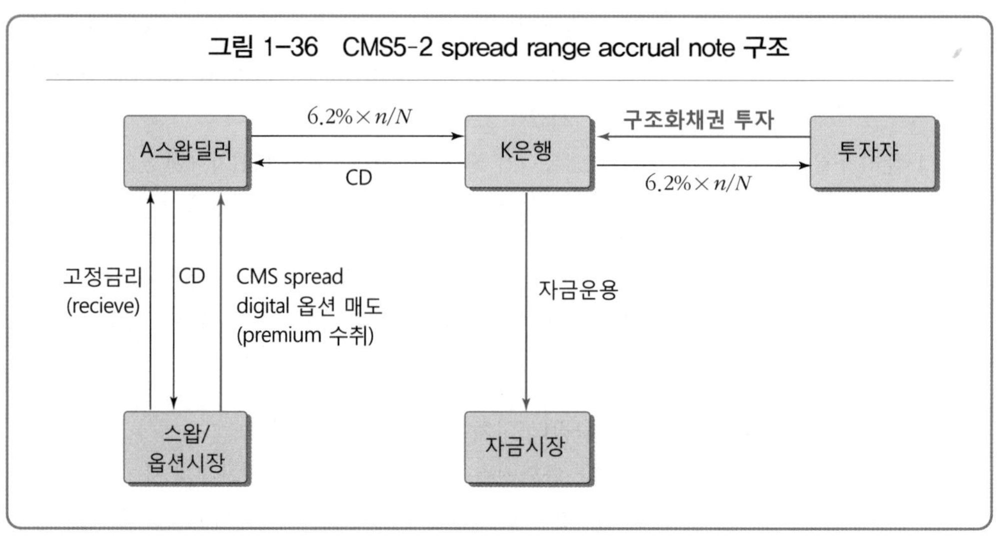

CD range accrual에서는 CD금리가 특정 range 사이에 머무르면 쿠폰이 누적되었으나, CMS spread range accrual에서는 CMS spread가 특정 수준 이상(혹은 이하)인 경우에 쿠폰이 누적된다.

예시

아래와 같이 K은행의 CMS spread range accrual note 발행 사례를 살펴보도록 하자.

(K은행의 CMS spread range accrual note 발행조건)

발행자 : K은행

만기 : 5년

채권 쿠폰 : 6.2%×n/N, quarterly, 30/360

* n : 매일의 CMS5−2 spread≥0%인 일수

* N : 이자계산기간 동안의 실제 날짜수

(K은행과 A스왑딜러의 구조화 스왑조건)

termination date : 5 year

floating rate I payer : A스왑딜러

floating rate II payer : K은행

floating rate I : 6.20%×n/N, quarterly, 30/360

* n : 매일의 CMS5−2 spread≥0%인 일수

* N : 이자계산기간 동안의 실제 날짜수
floating rate II : 91 days CD, quarterly, act/365

투자자가 수취하는 쿠폰은 특정 시점의 CD금리나 CMS 이자율스왑 금리 수준이 아니라, 매일매일의 5yr CMS와 2yr CMS를 비교하여 결정된다. 예를 들어 향후 3개월 동안 하루도 빠짐없이 5yr CMS금리가 2yr CMS금리보다 높을 경우(즉 CMS5−2 spread가 양(+)인 경우), 첫 쿠폰은 6.2%×90/90=6.2%(연율)이다(3개월간의 날짜수를 90일로 가정). 만약 90일 동안, 5yr CMS와 2yr CMS가 5일간 역전되었다면, 첫 쿠폰은 6.2%×85/90=5.8556%(연율)가 된다.

일반적으로 스왑금리의 수익률 곡선은 우상향하게 되고 이자기간 내내 장단기 금리의 역전현상이 발생하지 않았다면, 위의 CMS5−2 spread range accrual note는 최대 쿠폰인 6.2%를 지급하게 된다.

만약 수익률 곡선이 역전되어 우하향한다면 역전된 기간 동안은 쿠폰이 누적되지 않는다.

발행자인 K은행은 A스왑딜러와의 구조화 스왑 거래로 리스크가 헤지되고, 앞서 살펴본 구조화 스왑과 동일한 조건이다.

(callable CMS spread range accrual note)

예제로 든 CMS spread range accrual note는 발행자의 조기상환권이 없어 만기까지 지속된다. 그러나 발행자의 조기상환권이 있는 callable CMS spread range accrual note도 만들어 낼 수 있다.

A스왑딜러 입장에서는 callable CMS spread range accrual note의 구조화 스왑을 조기청산할 수 있는 옵션을 갖고 있으므로(투자자의 입장에서는 추가적인 call옵션 매도), 좀 더 높은 구조화쿠폰을 지급할 수 있다.

시장금리 변화에 따른 A스왑딜러의 구조화 스왑 조기청산 가능성은 시장금리뿐만 아니라, 수익률 곡선의 우상향 정도에 따라 달라진다(시장금리와 수익률 곡선의 형태를 제외한 다른 옵션 변수는 동일하다고 가정).

시장금리 하락과 수익률 곡선 우상향 심화
 ⇒ callable CMS spread range accrual note의 구조화 스왑 조기청산권 행사
시장금리 상승과 수익률 곡선의 평탄화
 ⇒ callable CMS spread range accrual note의 구조화 스왑 유지

(6) US$ Libor range accrual quanto note

US$ Libor range accrual quanto note는 앞서 살펴본 CD range accrual note 구조와 마찬가지로 변동금리 지표가 특정 구간(range) 범위 내에 머무를 경우에만 쿠폰을 계

그림 1-37 US$ Libor range accrual quanto note 구조

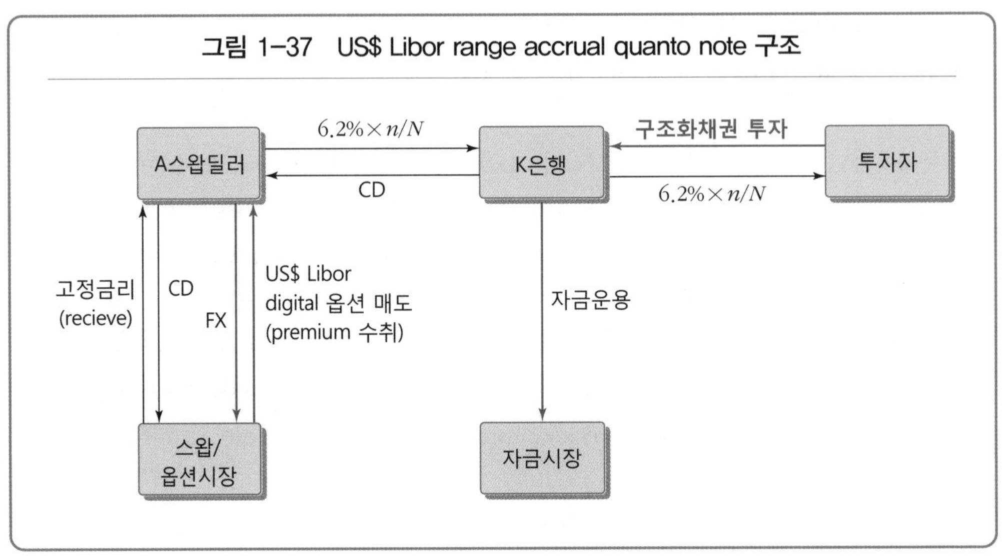

산한다. US$ Libor range accrual이라는 이름에서 알 수 있듯이, 변동금리 지표를 CD 금리가 아닌 US$ 3month Libor를 이용한다. US$ Libor range accrual note라고 한다면 변동금리 지표가 US$ Libor이고 채권의 통화도 달러인 외화채권을 생각할 수 있다. 그러나 quanto note가 의미하듯이, range accrual을 관찰하는 변동금리 지표는 외화(US$)이지만, 쿠폰은 원화로 지급되는 원화채권이다. quanto note, quanto swap, 혹은 quanto 옵션이라는 용어가 자주 사용되는데, 이는 현금흐름을 결정하는 통화와 지급되는 현금흐름의 통화가 다른 경우를 말한다.

예시

아래와 같이 K은행의 US$ Libor range accrual quanto note 발행 사례를 살펴보도록 하자.

(K은행의 US$ Libor range accrual quanto note 발행조건)

발행자 : K은행

만기 : 5년

채권 쿠폰 : 원화 6.2%×n/N, quarterly, 30/360

* n : 매일의 US$ 3M Libor가 아래 range 내에 머문 일수
* N : 이자계산기간 동안의 실제 날짜수

range : 0~5%

(K은행과 A스왑딜러의 구조화 스왑조건)

termination date : 5 year

floating rate I payer : A스왑딜러

floating rate II payer : K은행

floating rate I : 원화 6.2%×n/N, quarterly, 30/360

* n : 매일의 US$ 3M Libor가 아래 range 내에 머문 일수

* N : 이자계산기간 동안의 실제 날짜수

range : 0~5%

floating rate II : 원화 91 days CD, quarterly, act/365

투자자가 수취하는 쿠폰은 원화금리가 아닌, 매일의 US$ 3M Libor 금리에 따라 결정된다. 예를 들어, 현재 2.5%인 US$ 3M Libor 금리가 향후 3개월 동안, 매일 5% 이내에 머무를 경우, 첫 쿠폰은 6.2%×90/90=원화 6.2%(연율)이다(3개월간의 날짜수를 90일로 가정). 만약 90일 동안 5% 이내에 머문 일수가 85일이고, 5일은 5%를 벗어났다면, 첫 쿠폰은 6.2%×85/90=원화 5.8556%(연율)이 된다.

결국 투자자가 US$ 3M Libor 금리가 range의 상단인 5% 이상 상승하지 않을 것으로 예상한다면, 동일 만기의 은행채보다 높은 수익을 얻을 수 있다.

(US$ Libor range accrual quanto note 발행이 금리시장에 미치는 영향)

US$ Libor range accrual quanto note 발행시 A스왑딜러는 금리리스크를 헤지(델타헤지)하기 위해 스왑시장에서 5년 만기 receive 원화 이자율스왑 수요가 발생한다. 달러 시장에서는 US$ 3M Libor digital 옵션을 거래하고, 여기서 발생하는 달러 프리미엄을 원화로 전환하기 위해 달러/원 외환거래도 하게 된다.

(7) power spread note

power spread note는 스왑시장에서 장기간 지속된 음(-)의 스왑 스프레드의 왜곡 현상을 이용한 구조이다. 이론적으로 91일 CD금리가 3m KTB 금리보다 항상 높다(신용도 차이가 있기 때문). 그리고 역사적으로 CD금리가 항상 3m KTB 금리보다 높았다. 음(-) 스왑 스프레드는 신용도가 낮은 은행의 장기채권 금리인 스왑금리가 국고채 수익률보다 오히려 낮다는 것이다. 즉 낮은 스왑 수익률 곡선에 내재되어 있는 CD금리의 내재선도금리가, 상대적으로 높은 국고채 수익률 곡선에 내재되어 있는 3m KTB 내재선도금리보다 오히려 낮을 것이다. 이렇게 각각의 수익률 곡선에 내재되어 있는 이론적인 단기금리 스프레드의 역전현상(CD<3m KTB)을 이용한 것이 power spread note이다.

그림 1-38 CD-3m KTB 스프레드와 power spread note 쿠폰

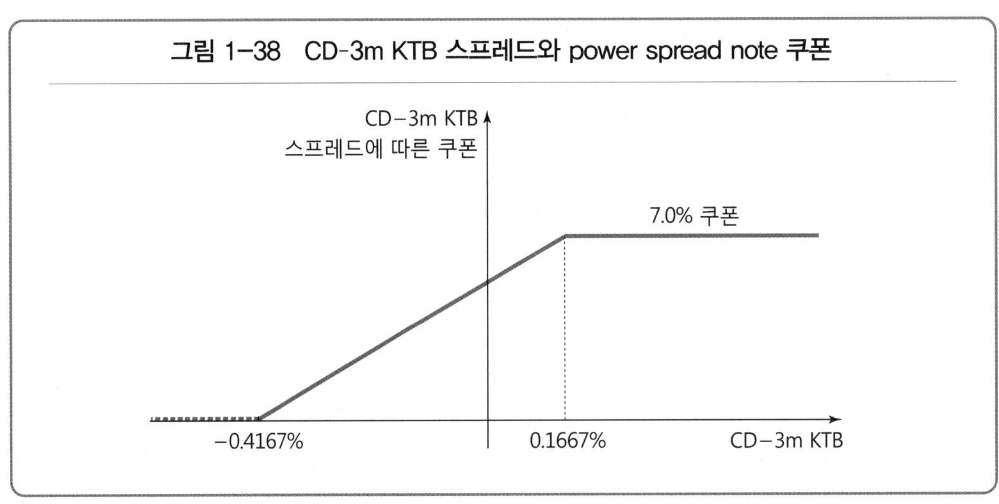

예시

아래와 같이 K은행의 power spread note 발행 사례를 살펴보도록 하자.

(K은행의 power spread note 발행조건)

발행자 : K은행

만기 : 5년

채권 쿠폰 : 5.0%+12×(CD−3m KTB), quarterly, act/365, capped : 7.0%, floored : 0%)

* 3m KTB는 잔여기간 3개월의 국고채 금리로 국고채 수익률 곡선의 단기금리 지표이다. 3m KTB는 3m CMT(Constant Maturity Treasury)라고 할 수 있을 것이다

* 시장에서 많이 거래된 power spread note의 쿠폰식은 5.0%+12×daily average(CD−3m KTB)와 같이 특정 fixing시점의 CD−3m KTB 스프레드로 쿠폰이 결정된 것이 아니라, 매일의 CD−3m KTB 스프레드 평균을 적용하였다.

(K은행과 A스왑딜러의 구조화 스왑조건)

termination date : 5 year

floating rate I payer : A스왑딜러

floating rate II payer : K은행

floating rate I : 5.0%+12×(CD−3m KTB), quarterly, act/365, capped : 7.0%, floored : 0%)

floating rate II : 91 days CD, quarterly, act/365

투자자가 수취하는 쿠폰은 향후 CD금리와 3m KTB금리의 스프레드에 따라 달라진다. 하나

그림 1-39 power spread note 구조

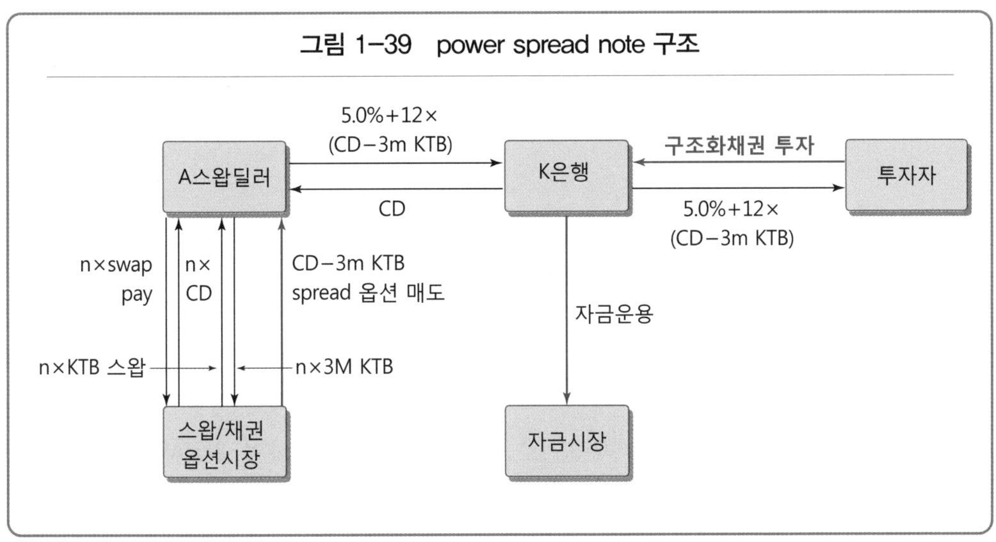

의 변동금리 지표가 아닌 2개의 지표에 의해 쿠폰이 결정되며, CD금리와 3m KTB의 금리차이인 스프레드에 12배 만큼의 레버리지가 되어 있다.

만약 현재 CD금리가 3.5%이고, 3m KTB금리가 3.25%이면, 스프레드는 0.25%이다. 따라서 첫 번째 쿠폰 계산은 5.0%+12×(0.25%)=8.0%가 되지만, 전체 쿠폰이 7.0%로 제한되어 있어 7.0%만 지급된다. 비록 금리 스프레드가 0%이더라도 쿠폰은 5%가 지급된다. 만약 금리 스프레드가 −0.4167% 이하로 하락한다면, 지급되는 쿠폰은 0이 된다(0%에 floor).

앞서 언급했듯이 CD금리와 3m KTB금리 스프레드는 신용도 차이로 인해 이론적으로 역전될 수 없다.

결국 투자자는 CD금리와 3m KTB금리 스프레드가 양(+)이 되기만 하면, 5.0%의 금리는 기본적으로 제공된다. +0.1667% 이상만 되면 최대 쿠폰인 7.0%의 수익이 가능하여, 동일만기의 은행채보다 유리한 투자이다.

section 06 통화스왑

1 통화스왑의 개요

지금까지 살펴본 다양한 종류의 이자율스왑거래는 한 통화에 대한 고정금리와 변동금리(혹은 변동금리 간)를 교환하는 거래였다. 통화스왑은 서로 다른 통화에 대해 발생하는 미래의 현금흐름을 교환하는 계약으로, 일반적으로 각 통화의 원금과 이자를 동시에 교환한다. 따라서 통화스왑을 currency swap, currency interest rate swap, cross-currency interest rate swap이라고 부르기도 하며, 약어로 CRS, CIRS, 혹은 CCIRS라고 한다. 통화스왑은 서로 다른 통화에 대한 흐름을 교환하는 거래이므로, 두 통화의 교환비율인 환율(foreign exchange rate, Fx)이 매우 중요하다.

(1) 통화스왑과 원금교환

통화스왑이란 두 거래 당사자가 일정한 계약기간 동안 주기적으로 이종통화(different currencies)의 일정한 원금에 대한 이자를 서로 교환하고, 계약 만기 시 원금을 서로 재교환하기로 하는 계약을 말한다. 거래 시작 시의 원금교환은 필요한 경우에만 이뤄질 수도 있는데, 외국 통화로 신규차입이나 신규투자를 하는 경우에는 초기 원금교환이 필요하지만, 기존 자산이나 부채의 원금에 대해 통화스왑을 계약하는 경우 초기의 원금교환은 현물시장에서의 반대거래를 통해 상쇄하여 원금교환을 생략할 수도 있다.

〈그림 1-40, 1-41, 1-42〉는 전형적인 통화스왑의 거래구조를 보여주고 있는데, B기업은 A은행과 미달러화 대 한국 원화 간의 통화스왑 거래를 했다고 하자. B기업은 거래 시점에 달러화 원금을 지급하고 대신 원화원금을 수취하는데, 이 때의 원금교환 시 적용환율은 당시의 현물환율(spot rate)을 사용한다.

한편 스왑만기가 되면 두 당사자는 거래 시점의 원금교환 방향과 반대의 방향으로 원금교환을 하게 된다. 즉 B기업은 달러원금을 수취하고 원화원금을 지급하게 되며, A은행의 경우는 달러화 원금을 지급하고 대신 원화 원금을 수취해야 한다. 만기 시 원금교환에 적용되는 환율은 거래 초기의 원금교환에 적용하였던 환율, 즉 거래 초기의 현물환율을 그대로 사용한다.

(2) 통화스왑과 이자교환

초기 원금교환 이후 두 거래당사자는 스왑기간 중 일정기간마다 사전에 합의된 조건의 금리교환을 하게 되는데, B기업은 초기에 지급한 달러화에 대하여는 이자(6M LIBOR+1.5%)를 수취하고, 대신 초기에 수취한 원화 원금에 대해 이자(고정금리 5.5%)를 지급하게 된다. 반대로 A은행의 경우는 초기에 수취한 달러화 원금에 대해 이자(6M LIBOR+1.5%)를 지급하고, 대신 지급한 원화 원금에 대한 이자(고정금리 5.5%)를 수취하게 된다.

이상을 정리하면 통화스왑이란,

❶ 양 거래당사자 간의 계약으로서(two counterparties)

❷ 각 거래당사자는 거래 초기에 상대방에게 이종통화 간 원금을 교환하고(initial principal exchange of different currencies)

❸ 스왑기간 중 상대방에게 주기적으로 이자를 지급하기로 약정하되(periodic interest payment) 미래의 일정기간마다 특정 시점에 초기에 교환한 통화의 원금에 대하여 수취한 원금에 대한 이자를 지급하고 지급한 원금에 대해서는 이자를 수취하기로 약정하는데, 한쪽은 고정금리이고 다른 한쪽은 변동금리이거나, 양쪽 다 고정금리 혹은 양쪽 다 변동금리일 수도 있으며, 만기 시에는 초기의 원금교환과 반대방향의 원금교환을 하게 된다.

(3) 통화스왑과 외환스왑(FX Swap), 장기 선물환 비교

선물환(Outright forward exchange) 거래는 외환(Foreign exchange)시장과 단기 자금시장(Money market)을 이용하여 현물환율과 두 통화의 이자율이 조합되어 가격이 형성되는 시장 메커니즘을 가지고 있다. 즉 선물환율은 거래하고자 하는 양 통화의 금리차이를 환율단위로 환산(이를 forward point 혹은 swap point라고 함)하여 이를 현물환율에 가감하여 결정하게 된다. 시장기능이 충분히 작용하는 상황에서는 외환시장과 자금시장이 서로 유기적으로 작용하면서 선물환시장을 형성하게 된다.

선물환의 일종인 외환스왑(FX Swap)거래는 두 거래당사자가 거래금액은 동일하나 거래방향이 서로 상반되는 두 개의 외환거래(통상 현물환+선물환)를 동시에 실행하는 외환거래이다(선물환 거래와 외환스왑거래에 대해서는 기타 파생상품 '통화 관련 장외파생상품' 설명 참조). 외환스왑 거래 시 환율은 현물환 거래에는 현물환율을, 선물환 거래에는 해당 기간의 선물환율을 적용한다. 따라서 선물환 거래 시 적용하는 선물환율과 외환스왑 시 적용하는 선물환율은 서로 같은데, 현물환율에 두 통화의 금리차이를 정산하여 선물환율이 결정된다고 했다.

통화스왑도 초기와 만기에 두 통화의 원금을 서로 반대방향으로 교환한다는 면에서 외환스왑 거래와 같으나, 만기 시 교환되는 원금(선물환)에 대한 적용환율이 다르다는 점이 가장 큰 차이점이다. 즉 외환스왑 거래와 달리 통화스왑거래의 만기 원금교환은 선물환율이 아니라 현물환율(계약 초기의 환율)로 이루어진다는 점이다. 다시 말해 외환스왑 거래에서는 계약기간 중 이자 교환(금리차 정산) 없이, 두 통화의 금리차이를 선물환율을 통한 만기 원금교환으로 정산된다. 통화스왑 거래에서는 스왑기간 중 두 통화의 금리차이를 이자지급을 통해 교환하고 스왑만기 시 거래 초기의 환율(현물환율)을 그대로 사용하여 원금을 재교환하게 된다.

통상 계약기간이 단기(1년 이내)인 경우는 선물환이나 외환스왑으로 거래되고, 장기(1년 이상)인 경우에는 통화스왑의 형태로 거래된다. 선물환과 외환스왑, 통화스왑은 계약기간 중 금리를 교환(금리차 정산)하는가의 여부에 따라 거래형식이 조금씩 다르지만 기본적으로는 두 통화의 원금을 만기에 교환한다는 측면에 동일한 성격의 상품이다.

예시

아래 사례를 통해 통화스왑의 흐름을 살펴보자.

B기업은 신규투자를 위해 K은행으로부터 US$10,000,000을 US$ Libor+1.5%에 3년간 차입하기로 하였다.

B기업은 내수를 위주로 하는 기업으로 달러화 자산은 없으며, 환율 변화에 따라 3년 후 상환하여야 할 부채규모가 달라질 수 있다. 또한 향후 Libor 금리 상승 시 이자비용이 증가할 수 있다.

따라서 A은행과 아래와 같은 통화스왑 거래를 통해, 환율 변동 리스크와 금리리스크를 동시에 헤지할 수 있다.

(B기업의 달러화 차입조건)

차입금 : US$10,000,000

만기 : 3년

차입금리 조건 : 6개월 Libor+1.5%

(B기업의 통화스왑조건)

trade date : Mar. 10, 2××9

effective date : Mar. 12, 2××9

termination date : Mar. 12, 2×12, subject to business days convention

US$ principal amount : US$10,000,000

KRW principal amount : KRW 12,000,000,000

Fx rate : KRW 1,200/ US$

initial principal exchange date : effective date

final principal exchange date : maturity date

KRW fixed rate payer : B기업

US$ floating rate payer : A은행

KRW fixed rate : 5.50%, semi annual, act/365

US$ floating rate : US$ 6M Libor+1.5%, act/360

〈그림 1-40〉은 달러 차입금과 통화스왑의 초기 원금 교환을 나타낸 것이다. B기업은 K은행으로부터 수취한 달러 차입금을 스왑딜러인 A은행에게 지급하는 대신 KRW 초기 원금인 12억 원을 수취하여, 원화를 차입한 것과 동일하다. 여기서 원금교환에 적용되는 환율은 거래 시점의 환율인 1,200원이다.

〈그림 1-41〉은 달러 차입금 이자와 통화스왑의 쿠폰 교환을 나타낸 것이다. B기업은 통화스왑을 통해, 달러 차입금에 대한 이자비용을 원화 5.5%, semi annual, act/365에 확정하게 된다.

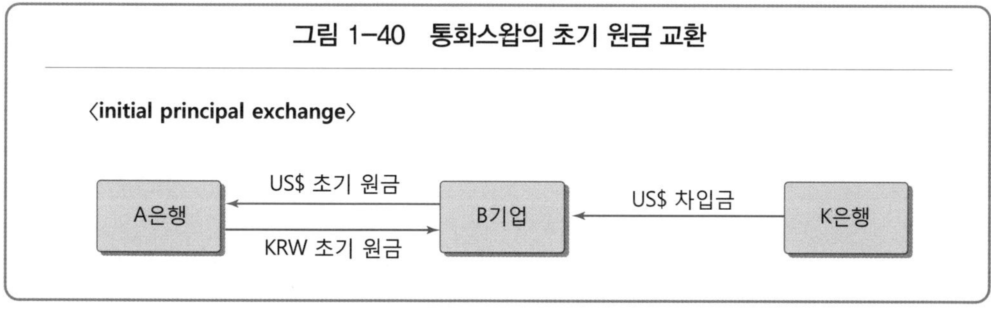

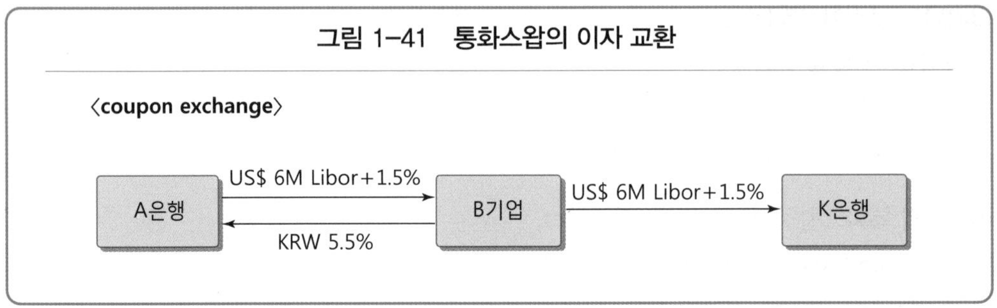

그림 1-41 통화스왑의 이자 교환

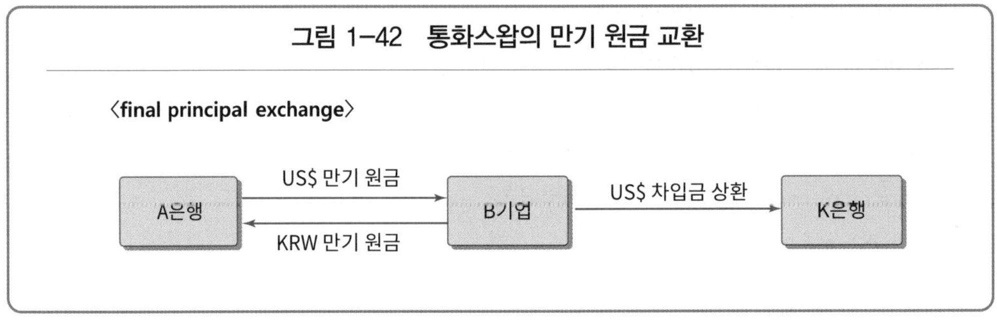

그림 1-42 통화스왑의 만기 원금 교환

다음은 통화스왑의 만기 원금 교환과 달러 차입금의 상환이다. 통화스왑 거래에서 B기업은 A은행으로부터 달러 원금을 수취한다. 수취한 달러 원금으로 달러 차입금을 상환하면 된다. 대신 A은행에게 원화 원금을 지급하게 된다. 이때 수취하는 달러와 지급하는 원화 원금교환은 만기 시점의 달러/원 시장환율에 상관없이 거래 시점에 정한 환율인 1,200원을 그대로 적용하게 된다. 이는 통화스왑 거래의 가장 큰 특징 중의 하나로 초기 원금과 만기 원금 교환에 적용되는 환율은 동일하게 적용된다.

위의 통화스왑 거래의 현금흐름(A은행 입장)을 나타내면 다음 표와 같다.

기간	일자	날짜 수	원화 현금흐름	기간	일자	날짜 수	달러 현금흐름	6M Libor 결정
trade date	10-Mar-2××9			Trade date	10-Mar-2××9			
Eff. Date	12-Mar-2××9		- KRW원금	Eff. Date	12-Mar-2××9		+ US$ 원금	
6m	12-Sep-2××9	184	KRW원금×5.5%×184/365	6m	12-Sep-2××9	184	-US$원금×(Libor+1.5%)×184/360	12-Mar-2××9
1y	12-Mar-2×10	181	KRW원금×5.5%×181/365	1y	12-Mar-2×10	181	-US$원금×(Libor+1.5%)×181/360	12-Sep-2××9
1y6m	12-Sep-2×10	184	KRW원금×5.5%×184/365	1y6m	12-Sep-2×10	184	-US$원금×(Libor+1.5%)×184/360	12-Mar-2×10
2y	12-Mar-2×11	181	KRW원금×5.5%×181/365	2y	12-Mar-2×11	181	-US$원금×(Libor+1.5%)×181/360	12-Sep-2×10
2y6m	12-Sep-2×11	184	KRW원금×5.5%×184/365	2y6m	12-Sep-2×11	184	-US$원금×(Libor+1.5%)×184/360	12-Mar-2×11
3y	12-Mar-2×12	182	KRW원금×5.5%×182/365	3y	12-Mar-2×12	182	-US$원금×(Libor+1.5%)×182/360	12-Sep-2×11
3y	12-Sep-2×12		+ KRW원금	3y	12-Sep-2×12		- US$ 원금	

B기업은 위의 통화스왑 거래를 통해 환율 변동 리스크와 금리리스크(달러 Libor)를 동시에 헤지할 수 있으며, 비록 차입금은 달러였지만 원화 차입과 동일한 효과를 거둘 수 있다.

A은행의 입장에서 현금흐름을 나타내면 다음과 같다(각 통화의 휴일은 감안하지 않았음).

A은행의 원화 현금흐름은 원화 대출의 현금흐름과 동일하다. 시작일에 원금을 대출해 주고, 주기적으로 5.5%의 고정금리 이자를 수취한 후 만기일인 3년 시점에 원화 원금을 상환받는다. 달러현금흐름은 달러를 차입한 것과 같다. 시작일에 달러 원금을 받고, 주기적으로 Libor+1.5%의 차입이자를 지급한 후 만기에 달러 원금을 상환하는 것이다.

따라서 통화스왑은 거래상대방 간에 이종통화의 상호 대출계약이라고 할 수 있다.

또한 초기 원금 교환, 주기적인 쿠폰 교환, 만기 원금 교환을 각각, 현물환 FX거래(FX Spot 거래), 이종 통화의 쿠폰스왑(원금교환 없이 서로 다른 통화의 쿠폰만을 교환하는 스왑), 선물환 거래(FX Forward : 단, 이 경우 선물환 환율은 현물환율과 동일)로 나눠볼 수도 있다.

위의 예제에서 살펴 보았듯이, 통화스왑 거래의 특징을 요약하면 아래와 같다.

① 통화스왑은 서로 다른 통화에 대한 원금과 이자를 교환하는 스왑거래이다.

② 통화스왑은 이자율스왑과 달리 초기 원금와 만기 원금 교환이 발생한다.

③ 만기 원금 교환의 적용환율은 만기환율과 관계없이 거래 시점의 환율(현물환율)이 동일하게 적용된다.

④ 통화스왑의 초기 원금 교환통화의 방향과 이자 교환통화의 방향은 반대방향이고, 만기 원금 교환통화와 이자 교환통화는 동일한 방향이다.

2 통화스왑거래의 발생원인과 통화스왑의 이용사례

(1) 비교우위에 의한 유리한 조건의 자금차입

금융시장이 개방화되고 발달할수록 투명해지고, 재정거래의 기회는 점점 줄어든다. 그러나 언제 어디서나 정보의 비대칭성은 존재하게 마련이며, 각 통화의 자금시장에서 채권 발행자에 대한 신용도의 평가는 다를 수 있고, 적용되는 신용 스프레드 차이도 발생한다. 따라서 비교우위에 있는 통화를 차입하고 통화스왑을 통해 원하는 통화의 차입 형태로 전환함으로써 차입비용을 절감할 수 있다.

아래 L자동차와 K전자의 차입과 통화스왑 사례를 통해 비교우위의 실현을 살펴보자. L자동차와 K전자는 아래와 같은 자금조달의 대안을 가지고 있다.

❶ L자동차는 7년 만기 유로화자금을 고정금리로는 9%에 조달할 수 있고, 변동금리로 조달하는 경우 1년 Libor 금리로 7년 만기 달러표시 조달도 가능하다.

❷ K전자는 유로화자금을 고정금리로는 10.1%에 조달할 수 있는 반면, 변동금리로는 1년 Libor 금리로 7년 만기 달러표시 조달이 가능하다.

L자동차는 유로화 고정금리에 비교우위를 가지고 있으며, K전자는 달러화 변동금리에 비교우위를 가진다. 스왑딜러가 유로화 고정금리와 미달러화 변동금리(1년 Libor) 간의 통화스왑 offer/bid 호가를 각기 9.55%와 9.45%로 고시하고 있다. 양사가 스왑딜러를 매개로 하여 통화스왑을 체결하면 초기 원금 교환은 〈그림 1-43〉과 같다. L자동차는 유로화 자금시장에서 유로화 고정금리로 자금을 조달하고, K전자는 달러화 Libor 변동금리로 자금을 조달하여 원금을 상호 교환한다.

주기적인 이자 교환은 〈그림 1-44〉와 같다. 즉, L자동차는 매년 1년 만기 US$ Libor flat 변동금리를 스왑딜러에게 지불하고 연 9.45%의 유로화 고정금리를 받아서 자금대여자에게 고정금리 9.00%를 지불한다. K전자는 스왑딜러로부터 1년 만기 US$ Libor flat 변동금리를 받고 연 9.55%의 유로화 고정금리를 지불하며 US$ 변동금리 대여자에게 1년 만기 US$ Libor flat을 지불한다.

스왑만기 때에는 초기의 원금교환과 반대방향의 원금교환이 발생한다. 〈그림 1-45〉와 같이 L자동차는 US$원금을 스왑딜러를 통해 K전자에게 환급하고, 스왑딜러를 통해 K전자로부터 받은 유로화 원금을 자금시장에서 유로화 자금 대여자에게 지급한다. K

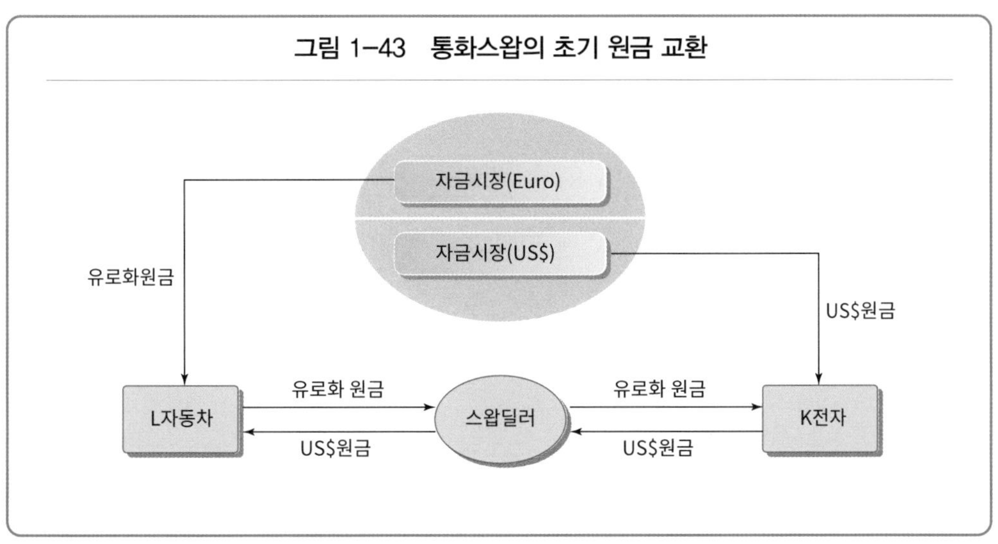

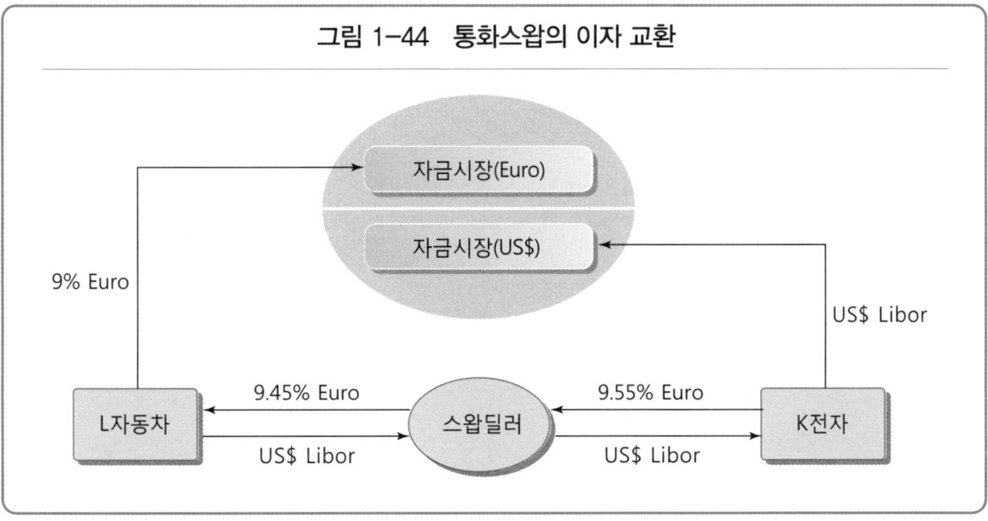

전자는 스왑딜러를 통해 L자동차로부터 받은 US$원금으로 자금대여자에게 지급하고, 유로화원금을 스왑딜러를 통해 L자동차에게 지급한다. 이렇게 함으로써 통화스왑의 모든 현금흐름이 끝난다.

그러면 이 통화스왑으로부터 두 회사와 스왑딜러는 어떠한 이익을 보게 되었는지에 대하여 살펴보자. 〈표 1-9〉는 비교우위론에 기초하여 스왑의 결과를 정리한 것이다.

그림 1-45 통화스왑의 만기 원금 교환

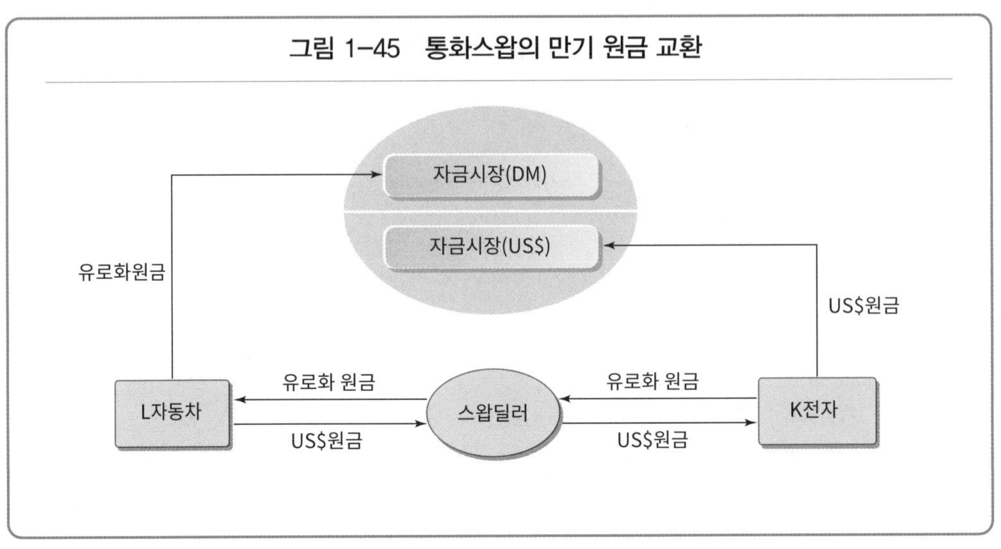

표 1-9 비교우위론에 의한 통화스왑의 이익

구분	고정금리시장	변동금리시장	스왑		비용절감
			지급	수취	
L자동차	(Euro 9.00%)	US$ Libor	(US$ Libor)	Euro 9.45%	0.45%
K전자	Euro 10.10%	(US$ Libor)	(Euro 9.55%)	US$ Libor	0.55%
차이	1.10%	0%			
순차이	1.10%				

L자동차는 고정금리시장에서 K전자는 변동금리시장에서 각기 비교우위가 있으며, 순 차이는 1.10%가 발생한다. L자동차는 미달러화를 변동금리로 차입할 경우 US$ Libor flat으로 차입할 수 있으나, 대신 유로화를 고정금리 9.00%로 차입함과 동시에 스왑딜러와 US$ Libor flat을 지불하고 유로화 9.45%를 수취하는 통화스왑을 체결하였다. K전자는 유로화를 고정금리로 차입할 경우 유로화 10.10%로 가능하지만, 대신 미달러화를 US$ Libor flat으로 차입함과 동시에 스왑딜러와 유로화 9.55%를 지급하고 US$ Libor flat을 받는 통화스왑을 체결하였다.

이 스왑의 결과 L자동차는 Libor−0.45%의 변동금리로 차입하는 효과를 가지게 되어, 단순히 변동금리시장에서 차입할 때보다 0.45%의 비용을 절감할 수 있었다. K전자는 Euro 9.55%의 고정금리로 차입할 수 있어, 단순히 유로화 고정금리로 차입할 때보다 0.55%의 비용을 절감할 수 있게 되었다. 한편, 스왑딜러는 스왑거래의 중개를 통해 0.10%의 차익을 얻었다. 따라서 이들 3자 모두 이익을 보게 되었으며, L자동차의 0.45%, K전자의 0.55%, 스왑딜러의 0.10%의 이익을 모두 합치면 1.10%가 되어 비교우위에서의 순차이 1.10%와 일치한다.

(2) 통화스왑을 이용한 자산 · 부채관리

금융기관과 기업은 통화스왑을 이용하여 자산 · 부채의 환율 변동 리스크와 금리리스크를 효율적으로 관리할 수 있다. 앞서 '통화스왑의 개요'에서 살펴본 B기업의 예제는 달러 차입(부채)에서 발생하는 환율 변동 리스크와 금리리스크를 관리할 수 있는 사례이고, 이러한 형태의 스왑을 부채스왑(Liability Swap)이라고 부른다.

예시

다음은 D보험회사의 통화스왑을 통한 자산리스크 관리 사례(자산스왑-Asset Swap)를 살펴보자. D보험회사는 투자 포트폴리오의 다양화를 위해 아래와 같이 유로화 채권에 투자하였다. 투자자산의 환율 변동 리스크와 금리리스크를 헤지하기 위해 A은행과 아래조건의 유로/원 통화스왑을 동시에 체결하였다.

(D보험회사의 유로화 채권투자)

투자기간 : 3년
투자금액 : EUR 10,000,000
투자수익률 : EUR 5.5%, semi-annual, 30/360

(D보험회사의 유로/원 통화스왑조건)

trade date : Mar. 10, 2××9
effective date : Mar. 12, 2××9
termination date : Mar. 12, 2×12, subject to business days convention
EUR principal Amount : EUR 10,000,000
KRW principal amount : KRW 18,000,000,000
FX rate : KRW 1,800/EUR
initial principal exchange date : effective date
final principal exchange date : maturity date
KRW fixed rate payer : A은행

그림 1-46 통화스왑(자산스왑)의 초기 원금 교환

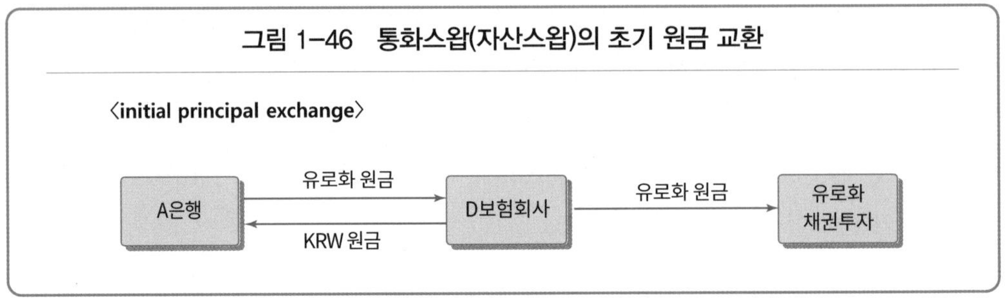

EUR fixed rate payer : D보험회사

KRW fixed rate : KRW 6.5%, semi-annual, act/365

EUR fixed rate : EUR 5.5%, semi-annual, 30/360

D보험회사의 유로화 채권투자와 통화스왑의 현금흐름은 아래와 같다.

유로화 채권에 투자하기 위해서는 유로화 투자 원금이 필요하며, 유로화를 마련하기 위해서는 외환시장에서 원화를 대가로 유로화를 매입해야 한다. 그러나 A은행과 체결한 통화스왑에서 유로화 원금을 수취하므로 별도의 외환거래가 필요없다.

이제 주기적인 이자교환을 살펴보자. 투자한 유로화 채권의 쿠폰이 5.5%이므로 이를 A은행에게 지급하고, 원화 쿠폰 6.5%를 수취하게 된다. 유로화 채권에서 쿠폰이 정해져 있으므로 스왑딜러인 A은행이 통화스왑 pricing을 한다는 것은 원화 고정금리 쿠폰을 산출해내는 과정이다. 이는 시장에서 스왑딜러들 간에 고시되는 표준형 통화스왑(generic currency swap)이 아니라, 표준형 스왑을 바탕으로 A은행이 제공하는 비표준형 스왑(non-generic swap)인 고정금리와 고정금리 교환의 통화스왑이다.

〈그림 1-48〉과 같이 만기에는 투자 채권이 상환되고, 이 상환금은 통화스왑의 유로화 원금 지급과 상쇄되고, 원화 원금을 수취한다.

결국 D보험회사는 유로화 채권에 투자했음에도 불구하고, 통화스왑을 통해 유로/원 환율위험을 제거하였으며, 원화채권에 투자한 것과 동일한 효과를 거둘 수 있다.

그림 1-47 통화스왑(자산스왑)의 이자 교환

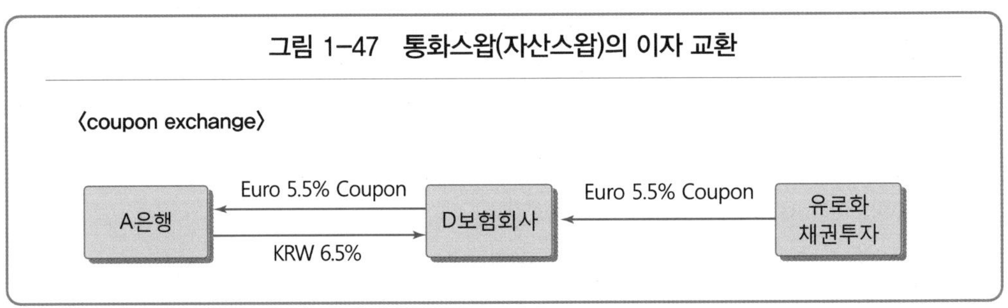

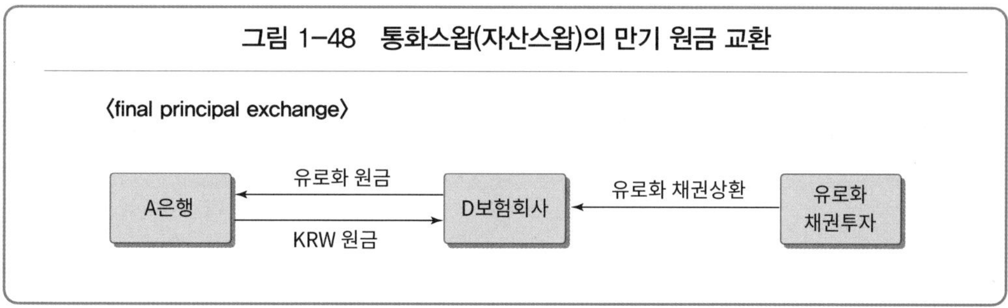

그림 1-48 통화스왑(자산스왑)의 만기 원금 교환

3 통화스왑의 가격고시

(1) 통화스왑과 베이시스 통화스왑

시장에서 이자율스왑의 금리고시는 offer-bid의 절대적인 금리를 고시하는 방법과 국채수익률과의 스프레드(T+35/32) 형식으로 고시되는 방법이 있다고 했다.

통화스왑 시장에서는 이자율스왑과 같이 변동금리와 교환되는 고정금리의 절대금리를 고시하는 방법과, 두 통화의 변동금리의 베이시스 형식으로 고시하는 방법이 있다. 변동금리와 고정금리를 교환하는 형식에서는 미달러화 변동금리(6M Libor flat)와 교환되는 이종통화의 고정금리를 고시하는데, 바로 이 이종통화의 고정금리가 통화스왑의 가격이고 이를 'offer-bid'로 고시한다. 한편 변동금리 간의 교환형태를 '베이시스 스왑'이라고 하며 미달러화 변동금리인 6M Libor flat과 교환되는 이종통화 변동금리(6M Libor 또는 원화의 경우 3M CD)에 가산되는 스프레드를 'offer-bid'로 고시한다.

베이시스 통화스왑 또한 통화스왑과 마찬가지로 통화스왑의 가장 큰 특징인 초기 원금과 만기 원금이 거래 시점의 현물환율로 교환된다.

다음 〈표 1-10〉은 달러/엔과 달러/원의 통화스왑과 베이시스 통화스왑의 가격고시를 나타낸 것이다.

표 1-10 통화스왑 금리고시 예

기간	JPY/s.a. act/365	US$/JPY s.a., act/365	US$/JPY Basis	KRW/q.a act/365	US$/KRW s.a., act/365	US$/KRW Basis
	이자율스왑	통화스왑		이자율스왑	통화스왑	베이시스스왑
1년	–	–	–	4.17/4.14	3.18/3.13	−0.96/−1.04
2년	0.16/0.13	0.12/0.08	−0.01/−0.08	4.44/4.40	3.27/3.21	−1.13/−1.23
3년	0.27/0.24	0.22/0.18	−0.02/−0.09	4.60/4.57	3.45/3.39	−1.12/−1.21
4년	0.40/0.37	0.30/0.27	−0.07/−0.13	4.73/4.69	3.64/3.58	−1.05/−1.15
5년	0.56/0.53	0.48/0.44	−0.05/−0.12	4.92/4.88	3.83/3.77	−1.05/−1.15
7년	0.87/0.83	0.78/0.74	−0.05/−0.13	5.17/5.11	4.30/4.22	−0.81/−0.95
10년	1.22/1.18	1.16/1.12	−0.02/−0.10	5.44/5.38	4.69/4.61	−0.69/−0.83

〈표 1-10〉에서 베이시스 통화스왑을 이해하기 위해 통화스왑 금리와 함께 각 통화의 이자율스왑 금리도 같이 표시하였다.

우선 달러/엔 2년 통화스왑 금리 '0.12/0.08(offer/bid)'이 의미하는 바를 살펴보자. 이는 통화 스왑딜러가 미달러화 6month Libor와 교환되는 엔화 고정금리를 나타낸 것이다. Offer 가격인 '0.12%'(s.a., act/365)는 가격을 고시한 A은행이 2년간 미달러화 6month Libor flat을 지급하고, 수취(receive)하고자 하는 엔화 고정금리이다. 반면 bid 가격인 '0.08%'(s.a., act/365)는 A은행이 2년간 달러 6month Libor flat을 수취하고, 지급(pay)하고자 하는 엔화 고정금리이다. 스왑 market-maker인 A은행 입장에서는 'receive more/pay less'의 two-way 가격 원리가 적용되는 것이다. 물론 동일한 환율

그림 1-49 통화스왑의 bid/offer rate

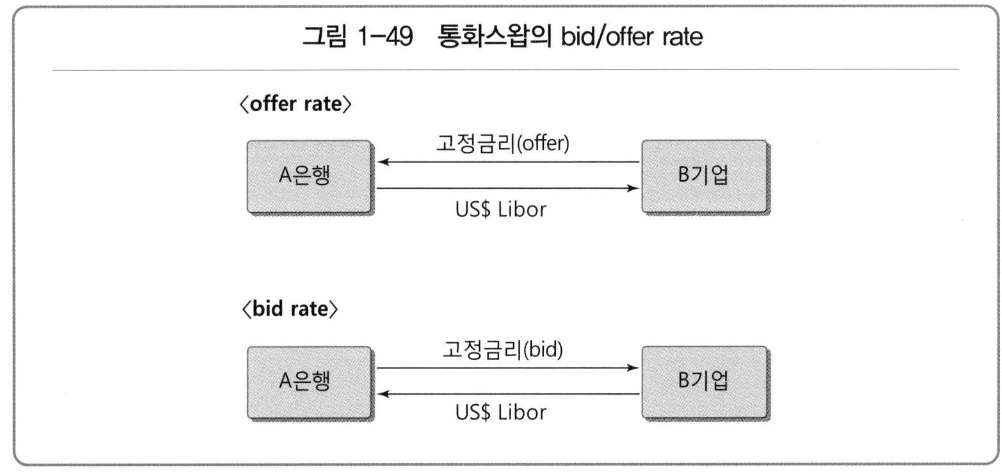

에 달러화와 엔화의 초기 원금과 만기 원금 교환을 내포하고 있다.

다음은 동일 만기의 베이시스 통화스왑 금리를 살펴보자. 2년 만기 달러/엔 베이시스 통화스왑은 '−0.01/−0.08'로 고시되고 있다. 이는 미달러화 6month Libor flat과 교환되는 엔화 6month Libor에 추가되는 '스프레드'이다. Offer 가격인 '−0.01%'는 A은행이 2년간 미달러화 6month Libor를 지급하고, 수취(receive)하는 엔화 6month Libor에 추가되는 스프레드이다. 즉 수취하는 엔화금리는 엔화 '6month Libor−0.01%'이다. Bid가격인 '−0.08%'는 그 반대로서 A은행이 미달러화 6month Libor flat을 수취하고, 엔화 '6month Libor−0.08%'를 지급하겠다는 의미이다.

(2) 통화스왑 금리와 베이시스 통화스왑 금리 비교

만약 B기업이 2년 만기 통화스왑을 0.08%(s.a., act/365)에 receive(엔화 고정금리 수취와 달러 6month Libor 지급)하였다고 하자. B기업이 market maker가 아닌 market follower로서 엔화 고정금리를 수취하는 방향으로 당장 거래를 체결하고자 하려면 bid 금리인 '0.08%'에 체결하게 된다.

동시에 B기업이 2년 만기 엔화 pay(고정금리 지급과 6month Libor 수취) 이자율스왑을 0.16%(s.a., act/365)에 할 수 있다(market follower로 당장 거래 가능한 금리).

이상의 두 거래 이후 스왑딜러의 쿠폰 현금흐름을 살펴보면 다음과 같다.

쿠폰 현금흐름=JPY 0.08%−US$ 6month Libor−JPY 0.16%+JPY 6month Libor
=+JPY(6month Libor−0.08%)−US$ 6month Libor

이는 B기업이 market follower로서 스왑딜러가 체결 가능한 베이시스 통화스왑의 bid 금리와 동일하다(여기서 초기와 만기 원금 교환은 비교하지 않았다. 그러나 엔화 이자율스왑의 원금교환은 없으므로, 동일한 결과가 나온다).

통화스왑 offer−이자율스왑 bid=베이시스 통화스왑 offer
통화스왑 bid−이자율스왑 offer=베이시스 통화스왑 bid

위의 베이시스 통화스왑의 흐름을 그림으로 나타내면 〈그림 1-50〉과 같다.

달러/원 통화스왑 또한 금리 수준이 다를 뿐 동일한 개념이다.

예를 들어, 2년 만기 미달러화/원화 통화스왑 '3.27/3.21'(s.a., act/365)은 미달러화 6month Libor flat과 교환되는 원화 고정금리를 나타낸 것이다. 즉, B기업이 A은행

그림 1-50 베이시스 통화스왑의 bid/offer rate

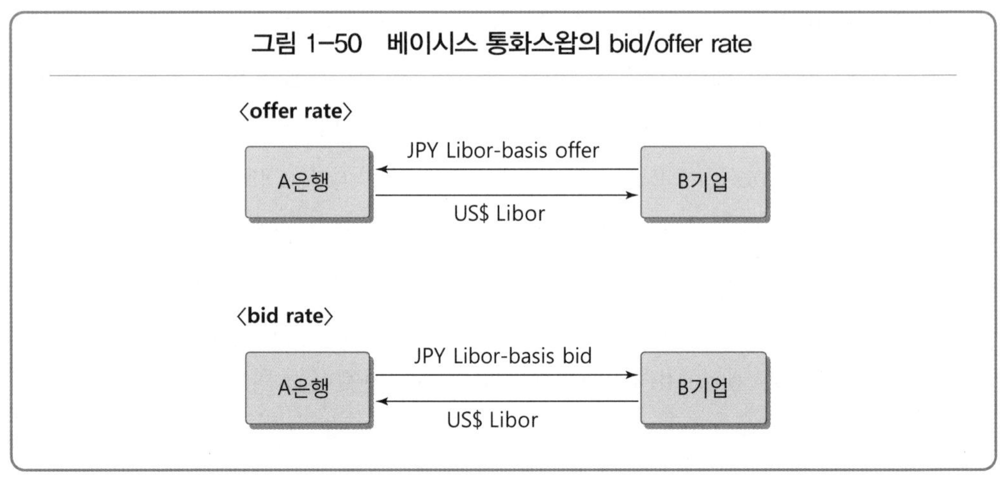

과 미달러화/원화 간 통화스왑을 하고자 한다면 B기업은 미달러화 6month Libor flat을 수취하고 원화고정금리 3.27%를 지급하고, 그 반대의 경우에는 미달러화 6month Libor flat을 지급하고 원화 고정금리 3.21%를 수취한다.

반면 미달러화/원화 간 베이시스 통화스왑 금리(2년 : −1.13/−1.23)는 미달러화 6month Libor flat과 교환되는 원화 변동금리에 추가되는 스프레드이다. 원화 변동금리 지표는 91일 CD금리이다. 즉, B기업이 A은행과 미달러화/원화 간 베이시스 통화스왑을 하고자 한다면 B기업은 미달러화 6month Libor flat을 수취하고 '원화 3month CD −1.13%'를 지급해야 하고, 그 반대의 경우에는 미달러화 6month Libor flat을 지급하고 '원화 3month CD−1.23%'를 수취해야 한다.

베이시스 통화스왑 offer(−1.13%)
⇒ A은행 receive(원화 3month CD−1.13%) vs. pay(US$ 6month Libor flat)
반대로 B기업 pay(원화 3month CD−1.13%) vs. receive(US$ 6month Libor flat)
베이시스 통화스왑 bid(−1.23%)
⇒ A은행 pay(원화 3month CD−1.23%) vs. receive(US$ 6month Libor flat)
반대로 B기업 receive(원화 3month CD−1.23%) vs. pay(US$ 6month Libor flat)

4 미달러화/원화 간 통화스왑 시장

(1) 국내 통화스왑 시장의 형성과 발전

원화 관련 통화스왑 시장은 1980년대 후반 몇몇 외국계 은행을 중심으로 특수한 목적으로 거래가 되었다. 기업체의 외화 조달에 따른 부채의 환율 리스크 헤지 목적으로 주로 거래가 되었고, 아시아 개발은행의 원화채권 발행(아리랑 본드)에 미달러화/원화 간 통화스왑이 거래되기도 했다. 이 시기에는 딜러들 간의 시장이 형성되었다기보다는 특별한 수요에 의해 건별로 거래되었다.

그러나 외환위기 이후 각종 규제완화와 금융기관들이 파생상품 사업에 투자를 확대하면서 미달러화/원화 간 통화스왑 시장이 본격적으로 형성되기 시작하였으며, 양적으로도 성장하였다. 그러나 미달러화/원화 간 통화스왑 시장은 이자율스왑 시장에 비해, 한도와 리스크 면에서 상대적으로 제약이 많아 유동성도 떨어지고 큰 규모의 거래에는 시장 왜곡현상이 발생하기도 한다.

가격고시 관행은 앞서 '통화스왑의 가격고시'에서 살펴본 바와 같이 미달러화 6month Libor와 교환되는 원화 고정금리(s.a., act/365)로 표시되거나, 통화스왑 베이시스 형태로 고시되기도 한다(미달러화 6month Libor와 교환되는 원화 CD금리의 추가 스프레드).

미달러화/원화 이외의 통화스왑은 예를 들어, 엔화/원화 통화스왑과 유로화/원화 통화스왑 거래는 스왑딜러 간에 직접 고시하는 것이 아니라, 딜러와 수요자 간의 직접 협의에 의해서 거래된다. 따라서 이런 통화스왑 거래의 요청이 있으면, 스왑딜러는 미달러화/원화 간 통화스왑 시장과 미달러화/엔화 통화스왑 혹은 유로화/미달러화 통화스왑(주로 역외시장에서)의 교차거래를 통해 가격을 제시하고 헤지하게 된다.

국내 통화스왑 시장의 시장조성자(market maker)는 국내 은행과 외국계 은행이 주축이며, 외국계 은행의 영향력이 상대적으로 크다.

한편 국내에 진출하지 못한 역외 금융기관들 간의 미달러화/원화 간 통화스왑이 형성되어 있다. 이들은 원화 결제(settlement)에 제약이 있어 원화를 비인수도(non-deliverable) 조건으로 거래하며, 이를 Non Deliverable Currency Swap(ND CRS)이라고 한다. 이러한 역외시장은 통화스왑뿐만 아니라, 이자율스왑(Non-Deliverable Interest Rate Swap : NDIRS)과 선물환(Non-deliverable forward : NDF)도 동일한 방법으로 거래되고 있다.

(2) 국내 통화스왑 시장의 특징

국내 달러/원 통화스왑 시장에서 나타나는 가장 기본적인 특징은 거래상대방에 대한 신용도 차이와 유동성 부족에 의해 시장의 왜곡현상이 발생하고 장기화된다는 데 있다.

신용도 차이는 주요 market maker인 국내 은행과 외국계 은행에 대한 신용도가 다르기 때문이다. 통화스왑의 거래상대방에 대한 신용리스크가 상대적으로 크기 때문에, 각 금융기관마다 거래상대방에 대한 신용리스크 한도가 설정되어 있어 자유로운 거래에 제약이 따른다.

원화 이자율스왑에 비해 상대적으로 유동성이 부족한 것은 국내 시장의 만성적인 외화 부족에 그 원인을 찾을 수도 있다. 국내 기업과 금융기관들은 항상 달러에 대한 수요가 있었으며, 금융 선진국에 비해 상대적으로 낮은 신용도로 인해 자유로운 외화의 국내 유입에 제약이 따랐다. 국내 스왑딜러들은 달러가 부족할 경우, 원화 고정금리 receive 통화스왑(거래 초기 미달러 원금을 수취하고 원화 원금을 지급하는 원금 교환)을 통해 달러 조달이 가능하다. 따라서 원화 고정금리 receive 방향의 달러/원 통화스왑에 대한 수요가 높아지고, 통화스왑 금리는 낮아지게 된다. 결국 통화스왑 베이시스 스프레드(=통화스왑 금리－이자율스왑 금리)의 마이너스는 확대된다. 반대로 국내에 달러 유동성이 풍부할 경우, 다음에 설명할 '통화스왑을 이용한 재정거래'(원화 고정금리 pay 방향의 미달러화/원화 통화스왑)가 일어나고, 통화스왑의 마이너스 베이시스 스프레드는 축소된다.

미달러화 유동성 부족 ⇒ 원화 고정금리 receive 미달러화/원화 통화스왑 수요 확대 ⇒ 통화스왑 음(－) 베이시스 확대(절대값이 높아짐)

미달러화 유동성 과잉 ⇒ 원화 고정금리 pay 미달러화/원화 통화스왑 수요 확대 ⇒ 통화스왑 음(－) 베이시스 축소(절대값이 낮아짐)

국내 통화스왑 시장에서의 주요 원화 고정금리 receive 통화스왑 수요와 pay 통화스왑 수요에 대해 살펴보자.

첫째, 원화 고정금리 receive 통화스왑(미달러화 원금 현물환 Buy & 선물환 Sell 방향) 수요는 국내에서 달러 유동성의 유출을 가져오는 수요와 동일하다.

❶ 보험회사 등 기관투자자의 해외투자가 늘어나고, 통화스왑(자산스왑 : 원화 고정금리 receive스왑)의 수요가 늘어날 때

❷ 조선사 및 중공업체 등의 수주물량 증가로 장기 선물환 매도 수요가 많아지면, 스왑딜러의 통화스왑(원화 고정금리 receive스왑)을 통한 헤지 수요가 늘어난다. 기업

의 수출호조가 달러 유동성 공급요인으로 생각할 수 있지만, 달러 유입은 미래에 발생하고 이러한 선물환 매도거래를 커버하기 위해 현물환 매도거래가 발생하기 때문이다.

③ 외국인의 '통화스왑을 이용한 재정거래' 포지션을 청산할 때
④ 국내 해외펀드 투자 증가로 환율 변동 리스크 관리를 위한 선물환 매도 수요가 많아질 때

둘째, 원화 고정금리 pay 통화스왑(미달러화 원금 현물환 Sell & 선물환 Buy 방향) 수요는 국내로 달러 유동성 유입을 가져오는 수요와 동일하다.

① 국내 기업의 해외채권 발행이 늘어나고, 통화스왑(부채스왑 : 원화 고정금리 pay스왑)의 수요가 늘어날 때
② 외국계 은행 혹은 외국인의 '통화스왑을 이용한 재정거래' 포지션이 증가할 때
③ 해외 펀드투자의 손실 증가로 인해, 선물환 매도거래의 포지션 청산이 발생할 때

통화스왑 베이시스 스프레드는 이론적으로 달러 차입시장에서의 조달 스프레드와 같다고 앞서 설명한 바 있다. 또한 위와 같은 통화스왑의 수요와 공급 영향도 있다.

PART 1

실전예상문제

01 다음 중 스왑거래에 대한 설명으로 옳은 것은?

① 외환스왑(foreign exchange swap)에서 swap rate의 부호는 금리평가이론에 의해 결정된다.

② 이자율스왑(interest rate swap)과 외환스왑(foreign exchange swap)은 장기 자본시장 스왑거래이다.

③ 통화스왑(currency swap) 거래에서 만기 현금흐름은 선물환율에 의해 결정된다.

④ parallel loan은 back-to-back loan이 갖는 신용위험 문제를 상당히 개선했다.

02 유로달러 선물 3년 strip 거래의 평균금리가 4.5%이고, 현재 스왑시장에서 3년 스왑금리가 4.0%/3.95%로 고시되고 있다면 어떤 차익거래가 가능한가?

① ED선물 매도+receiver 스왑　② ED선물 매입+payer 스왑

③ ED선물 매입+receiver 스왑　④ 차익거래 기회가 없다.

03 K기업은 US$ Libor+2.5%의 변동금리채를 발행하고 이자율스왑을 통해 지급이자를 고정하려고 한다. 현재 스왑딜러가 US$ Libor 금리에 대해 제시하고 있는 스왑금리의 offer/bid 가격이 '5.27%/5.22%'라고 할 때 K기업이 최종적으로 부담해야 하는 고정금리는?

① 7.52%　② 7.65%

③ 7.72%　④ 7.77%

해설

01 ① 금리평가이론에 따라 프리미엄과 디스카운트로 결정된다. ② 외환스왑(foreign exchange swap)은 단기 자금시장과 연관된 스왑거래이다. ③ 통화스왑(currency swap) 거래에서 만기 현금흐름은 거래 시점의 현물환율에 의해 결정된다. ④ parallel loan은 상계권한이 인정되지 않아 상계권한이 인정되는 back-to-back loan에 비해 신용위험이 큼

02 ② 유로달러 선물을 이용한 금리가 스왑금리보다 높으므로, 스왑시장에서 고정금리 4.0%를 지급하고 유로달러 선물거래로 4.5%의 고정금리를 수취하면 된다. 고정금리를 확정시켜 수취하는 효과는 유로달러 선물을 매입하는 것이다.

03 ④ K기업은 변동금리를 수취하고, 고정금리를 지급하는 payer 이자율스왑 거래가 필요하다. 시장조성자가 아닌 시장 follower의 입장에서 지급해야 할 고정금리는 5.27%이고, 여기에 스프레드 2.5%를 더하면, 7.77%를 최종적으로 지급해야 한다.

04 **1×5, 9.6% payer's 스왑션 가격이 '20bp/30bp'로 주어졌다. A은행이 스왑션을 매도하였는데 1년 뒤에 5년 만기 스왑금리가 9.5%가 되었다면 다음 설명 중 옳은 것은?**

① 거래상대방은 9.6%의 고정금리를 지급하는 스왑거래를 개시할 것이다.

② A은행은 9.6%의 고정금리를 지급하는 스왑거래를 개시할 것이다.

③ A은행은 9.6%와 9.5%의 차이인 10bp의 이익이 발생한다.

④ OTM 옵션이므로 A은행은 20bp의 프리미엄 이익만 발생한다.

05 **현재 시장에서 5년 만기 원화 스왑금리가 '4.92%/4.88%'로 고시되고 있다. A은행의 고객인 B기업은 3개월 CD금리를 지급하고 고정금리를 수취하는 스왑거래를 요청하면서 B기업이 1억 원의 up-front-fee를 수취하는 조건이었다. A은행이 제시하는 스왑금리는?**

① 4.92%보다 높음　　② 4.90%로 결정

③ 4.88%보다 낮음　　④ 4.92~4.88% 사이에서 결정

06 **현재 시장에서 5년 만기 미달러 스왑금리가 'T+35/30'으로 고시되고 있다. A은행은 고객에게 고정금리를 지급하는 스왑을 T+30bp에 체결하였다. 동시에 이 스왑포지션을 헤지하기 위하여 repo 시장에서 자금을 조달하고 treasury를 매입하였다. A은행의 스왑포지션의 리스크는?**

① 금리 상승 리스크는 모두 헤지되었다.

② 금리 하락 리스크는 모두 헤지되었다.

③ 스왑 스프레드 확대 리스크가 남아있으므로 TED 스프레드 매입거래를 추가한다.

④ 스왑 스프레드 축소 리스크가 남아있으므로 TED 스프레드 매도거래를 추가한다.

해설

04 ④ 스왑션의 만기 행사 권한은 거래상대방이 가지고 있으며, 거래상대방은 OTM 스왑션이므로 거래를 행사하지 않을 것이다. 스왑션 매도자인 A은행에게는 수취한 프리미엄 20bp의 이익이 발생하고 종료된다.

05 ③ 정상적인 거래면 bid rate인 4.88%에 가능하겠지만 B기업이 up-front-fee를 받는 것을 감안하면 bid rate보다 낮아질 것이다.

06 ④ A은행은 고객에게 고정금리를 지급하고 변동금리(3month Libor)를 수취하는데 반해 repo시장에 지급하는 금리는 3개월 T-bill금리이므로 '3개월 Libor-3개월 T-bill금리'간 스프레드 축소 위험이 있고 이를 커버하려면 TED 스프레드 매도거래를 해야 한다.

07 현재 Q사와 P사는 자금을 차입하려고 하는데 자금시장에서 요구되는 금리가 다음과 같다고 가정한다.

	고정금리	변동금리
Q사	6.5%	Libor+1.0%
P사	8.0%	Libor+1.5%

Q사는 변동금리 차입을 원하고 P사는 고정금리 차입을 원하고 있으나, 각각 비교우위가 있는 방식으로 자금을 조달하고 이자율스왑을 할 경우에 두 회사가 절약하게 될 금리는 총 얼마가 되는가?(단, 거래비용은 무시)

① 0.50% ② 0.75%
③ 1.00% ④ 1.25%

08 다음은 고정금리를 수취하고 변동금리를 지급하는 이자율스왑으로부터 발생하는 금리변동위험을 제거하는 방법이다. 이에 대한 설명으로 적절하지 않은 것은?

① 고정금리채를 발행하고, 변동금리채를 매입한다.
② 여러 만기의 유로달러 선물을 매입(strip 매입)한다.
③ T-bond를 매도하고, reverse repo를 실행하고, TED spread를 매입한다.
④ 고정금리를 지급하고, 변동금리를 수취하는 이자율스왑 거래를 체결한다.

해설

07 ③ Q사가 P사보다 고정금리에서 비교우위에 있고, P사는 변동금리 차입에 비교우위에 있다고 할 수 있다. 만약 스왑금리가 6.0%라고 한다면, Q사는 고정금리 차입 후 이자율스왑을 통해 변동금리로 전환할 경우, 차입금리는 Libor+0.5%가 된다(+0.5% 이익). P사는 변동금리 차입 후 이자율스왑을 통해 고정금리로 전환할 경우, 차입금리는 7.5%가 된다(+0.5% 이익). 따라서 두 회사의 총 이익은 +1.0%가 된다.

08 ② 현재의 포지션은 고정금리 채권을 보유하고(long position) 있는 것과 동일하다. 따라서 고정금리 채권의 매도(고정금리 지급방향)헤지가 필요하다. 유로달러선물 스트립거래를 이용하여 고정금리를 지급하는 효과를 달성하려면 선물 매도를 해야 한다.

09 **미국의 A펀드는 한국의 B은행과 미달러화 Libor를 지급하고 KOSPI 200지수 수익률+50bp를 수취하는 주가지수 스왑거래를 체결하였다. 이 결과로 적당한 설명은?**

① A펀드는 한국 증시에 투자를 한 효과가 있다.
② A펀드는 주가 하락 시에는 Libor 지급비용만 안게 된다.
③ A펀드는 고정금리로 자금을 조달하여 상기 스왑을 하면 국제금리 변동 리스크 없이 한국 증시에 투자를 한 효과를 얻는다.
④ A펀드는 Libor 상승 시 이익을 얻게 된다.

10 **A기업은 향후 3년간 130억 원에 대한 투자수입을 기대하고 있는 반면, 천만 달러의 차관 원리금 상환을 3년간 해야 한다. 현재 환율 1$=1,300원 수준이나 향후 3년간 안정 여부가 불확실하다. 다음 중 A기업에게 향후 3년간 위험관리를 위해 가장 적절한 대안은?**

① 만기에 달러 원리금을 지급하고 원화 원리금을 수취하는 통화스왑 거래를 한다.
② 만기에 원화 원리금을 지급하고 달러 원리금을 수취하는 통화스왑 거래를 한다.
③ 달러 고정금리를 지급하고 Libor를 수취하는 달러 이자율스왑 거래를 한다.
④ 달러 고정금리를 수취하고 Libor를 지급하는 달러 이자율스왑 거래를 한다.

11 **A은행의 통화스왑 거래에 있어 원화 고정금리 수취의 현재가치가 16억 5천만 원이고 미달러화 변동금리 지급의 현재가치가 US$ 1백만 불이다. 현재 대미 환율이 US$1당 1,500원이고 스왑원금에 대한 평가를 제외할 경우, A은행의 평가손익은?**

① 평가익 100,000,000원
② 평가익 150,000,000원
③ 평가손 100,000,000원
④ 평가손 150,000,000원

해설

09 ① A펀드는 KOSPI 200지수가 상승하면 높은 수익을 얻을 수 있기 때문에 한국 증시에 투자한 것과 동일한 효과이다. KOSPI 200지수 하락 시에는 Libor지급 이외에 주가지수 하락분도 지급해야 한다.

10 ② 달러 현금흐름과 원화 현금흐름을 상쇄시키는 스왑거래를 해야 하므로 거래 만기 시 달러원금을 수령하여 달러 차관을 상환할 수 있어야 함

11 ② +1,650,000,000−US$1,000,000 ×1500=+150,000,000원

12 다음 중 국내 통화스왑 시장에 대한 설명으로 적절하지 않은 것은?

① 국내 통화스왑 시장에서 원화 고정금리 receive 달러/원 통화스왑 수요가 확대되면, 통화스왑의 음(－)의 베이시스가 확대된다.

② 보험회사 등 기관투자자의 해외투자가 늘어나면 원화 고정금리 pay 달러/원 통화스왑 수요가 늘어난다.

③ 국내 자금시장에서 달러의 유동성이 확대되면, 통화스왑의 음(－)의 베이시스가 축소된다.

④ 해외 펀드투자의 손실 증가로 인해, 선물환 매도 거래의 포지션 청산이 발생할 때, 원화 고정금리 pay 통화스왑(미달러화 원금 현물환 Sell & 선물환 Buy 방향) 수요가 증가한다.

13 다음 중 구조화채권에 대한 설명으로 적절하지 않은 것은?

① 국조화채권은 시장위험과 신용위험이 혼재되어 있고 이를 분리할 수 있다.

② 투자자의 요구사항을 수용하여 맞춤형(tailor-made) 상품을 만들 수 있다.

③ 구조화채권은 주로 투자자들에게 수익률 향상(yield enhancement) 수단으로만 사용되고 있다.

④ 투자은행은 구조화채권에 내재되어 있는 각종 파생상품 거래를 공급하고 헤지하는 역할을 수행하므로 구조화 상품시장을 활성화시키는 데 가장 중요한 역할을 한다.

해설

12 ② 기관투자자의 해외투자가 늘어나면 원화고정금리 receive 통화스왑(자산스왑) 수요가 늘어난다.

13 ③ 투자수단뿐만 아니라, 리스크 관리수단으로도 사용될 수 있으며, 발행자 입장에서는 조달금리 절감 목적으로 사용하기도 한다.

정답 01 ① | 02 ② | 03 ④ | 04 ④ | 05 ③ | 06 ④ | 07 ③ | 08 ② | 09 ① | 10 ② | 11 ② | 12 ② | 13 ③

part 02

기타 파생상품

chapter 01

장외파생상품

section 01 장외파생상품 개요

파생상품을 거래되는 방식에 따라 분류하면, 조직화된 장소(거래소)에서 거래되는 장내파생상품(exchange-traded derivatives)과 거래소와는 무관하게 거래당사자들 간에 자유로이 거래되는 장외파생상품(OTC derivatives : over-the-counter derivatives)으로 구분할 수 있다. 장내파생상품은 거래소의 규정에 따라 표준화된 파생상품 계약으로 거래하는 반면, 장외파생상품은 장소의 제약이 없고 거래에 관한 강제적인 규정이 없으며 당사자 간의 필요에 따라 언제든지 계약내용을 변경할 수 있고, 거래자들의 다양한 욕구를 충족시킬 수 있어 훨씬 광범위하게 사용되고 있다. 구체적으로 장내파생상품과 장외파생상품의 차이를 비교하면 〈표 1-1〉과 같다.

표 1-1 장내파생상품과 장외파생상품의 비교

구분	장내파생상품	장외파생상품
종류	선물, 옵션	선도, 옵션, 스왑
거래방식	거래소에서의 공개경매 혹은 전자경매에 의한 거래	사적이고 개별적인 흥정에 의해 거래
표준화	거래내용이 표준화됨	공통적인 요소는 있으나 표준화된 내용은 없음
가격의 투명성과 공개	가격 형성이 투명하고 실시간 공개	가격 형성이 비교적 불투명
거래상대방	거래상대방을 서로 모름	거래상대방을 반드시 알아야 함
거래시간과 규정	거래소가 거래시간과 거래방식에 대해 규정	유동성은 떨어지나 24시간 거래 가능
포지션 청산	반대거래로 포지션이 쉽게 청산될 수 있음	포지션을 청산할 수 있으나 비용이 많이 들게 됨
거래의 보증	모든 거래가 거래소에 의해 보증됨	보증해 주는 기관이 없어 거래당사자 간의 신용도에 의존함
정산 및 가치평가	가격 변동에 따른 손익정산을 매일 수행. 증거금 및 일일정산제	거래 초기 및 만기에 대금지급. 기간 내 정기적인 가치평가

section 02 장외파생상품과 금융공학

예금이나 주식, 채권 등 금융상품이란 금융기관이 기업 혹은 개인과 현금흐름을 교환하는 계약이라 할 수 있다. 금융시장이 발달하면서 전통적인 금융수단 외에 선도, 선물, 옵션, 스왑과 같은 파생금융상품이 계속 개발되고 있다. 이러한 파생금융상품은 기초가 되는 금융상품으로부터 파생되어 대상물과 일정한 관계를 유지하면서 거래되는 금융상품으로, 기존의 금융상품을 결합한 것이거나 혹은 기존의 금융수단을 변형시킨 것들이다. 금융상품을 결합, 분해 혹은 변형과 같은 작업을 위해 공학적인 개념과 접근법으로 금융상품을 분석하는 것을 금융공학(financial engineering)이라 부른다. 금융공학이라는 용어를 표현하는 사람에 따라 서로 다른 의미로 사용하기도 하지만, 결국은 전통적인 금융상품을 바탕으로 특수한 목적에 맞게 비표준적인 현금흐름을 갖는 금융상품을 만들어 내는 과정이라 할 수 있다.

이러한 복잡한 과정을 이해하기 위한 간단한 접근방법 중의 하나는 복잡한 파생상품을 기본적인 금융상품과 파생상품의 조합으로 분석해 나가는 것이다. 즉 기본적인 금융상품과 파생상품들의 빌딩 블록(building block)과 같이 기본적인 블록으로 복잡한 파생상품을 만들어 가는 과정으로 보는 것이다.

빌딩 블록은 기본이 되는 블록의 성격에 따라 선도계약 형태의 블록, 옵션 형태의 블록, 스왑형태의 블록으로 구분할 수 있다. 선도계약 형태의 블록은 미래의 가격을 고정시키는 역할을 해주는 파생상품으로 선도계약(forward contract) 및 선물계약(futures contract)이 있다. 옵션형태의 블록은 미래 특정 시점에 금융상품을 특정 가격에 사거나(콜옵션) 파는(풋옵션) 권리를 매매하는 계약이다. 스왑형태의 블록은 향후 발생하는 일정한 현금흐름을 상호 교환하는 계약이다.

금융공학은 위의 세 가지 블록을 이용하여 고객의 욕구에 맞는 새로운 파생상품을 개발하는 데 사용될 수 있다. 이렇게 개발된 새로운 파생상품은 새로운 블록을 구성하게 되고, 세 가지의 기초적인 블록과 함께 또 다른 파생상품의 개발에 응용되는 것이다. 이러한 블록을 쌓아서 만든 복잡한 파생상품도 사실은 매우 단순한 산술적인 관계에 기초하고 있다. 예를 들어 복잡한 파생상품 C는 A, B의 기초적인 블록으로 구성되어 있다고 가정하면,

$$A+B=C$$

와 같은 등식이 성립한다. 등식이 성립한다는 것은, 좌변과 우변의 현금흐름의 현재가치가 동일하다는 것이다.

이러한 등식관계는 금융공학을 이용한 파생상품의 가격결정(pricing 혹은 valuation)에 유용하게 이용된다. 좌변의 가치와 우변의 가치가 이론적으로 동일하다면, 어떠한 이유로 등호가 깨어졌을 경우 시장에서는 다시 등호가 성립하게 하는 방향으로 힘이 작용한다. 만약 좌변의 가치가 우변의 가치보다 크다면 좌변이 과대평가되었거나 혹은 우변이 과소평가된 것이므로, 시장에서는 좌변의 블록들을 매도하는 힘이 우세하고, 우변의 상품을 매수하는 힘이 우세하여 등호가 회복된다. 이 과정에서 이용되는 것이 차익거래(arbitrage)의 원리이다. 다른 조건이 동일하다고 할 때, 이론상으로 동일해야 할 양변의 상품가치(현재가치)가 다르다면, 낮은 쪽은 사고 높은 쪽은 팔아 위험없이 차익거래 기회가 생긴다. 이를 무위험차익거래(no risk arbitrage)라고 한다. 이러한 차익거래는 등호가 성

립할 때까지 계속되며 결국은 실제 거래 가격이 이론적 가격에 수렴하게 된다.

1 선도

선도계약이란 미래의 정해진 날짜에 사전에 정해진 가격으로 기초자산을 사거나 팔 것을 약속하는 계약이다. 선도계약은 계약의 조건이 표준화되어 있지 않고 거래소에서 거래되지 않는다는 점 때문에 선물거래와 다르다. 또한 계약의 조건이 거래당사자 간에 협상을 통하여 결정되기 때문에 거래상대방의 특별한 목적을 만족시킬 수 있는 특징이 있다.

선도계약의 매수자는 미래의 정해진 날짜에 매도자에게 사전에 정해진 금액의 현금을 지불하고 그 대가로 기초자산(underlying asset)을 받는다. 이 때의 기초자산은 흔히 주식, 채권, 환율 등이 될 수 있으며 제약이 있는 것은 아니다. 특히 기초자산이 금리인 경우 선도금리계약(FRA : forward rate agreement)이라 하고, 환율인 경우 선물환(Fx forward)이라 한다.

선도계약의 매수자 입장에서는 만약 만기일에 기초자산의 가격이 계약 가격보다 높으면 이익을 실현하게 되고, 반대로 기초자산의 가격이 계약 가격보다 낮으면 손실을 보게 된다. 이를 수식으로 표현하면 다음과 같다.

$$S_T - K$$

여기서 S_T는 만기일의 기초자산 가격이고, K는 계약 가격이다. 만기일에 기초자산의 가격이 계약 가격보다 높으면 선도계약의 매수자는 이익을 얻지만, 선도계약의 매도자는 손실을 보게 된다. 따라서 선도계약의 매도자 입장에서 손익을 $K - S_T$가 된다.

선도계약은 시장위험의 헤지, 상품 간의 가격차이를 이용한 무위험 차익거래, 미래 시장의 움직임에 대한 투기적 거래, 시장조성자로서 수익의 기회 등의 목적으로 거래가 이루어진다. 이를 구체적으로 살펴보면 다음과 같다.

금융기관은 자산·부채관리(ALM : Asset & Liability Management)를 위하여 선도계약을 이용할 수 있다. 즉 선도계약을 이용하면 조달금리와 운용금리 간의 스프레드를 고정시킬 수 있다. 예를 들어, 조달금리를 고정시킬 목적으로 선도계약을 매수한 금융기관이 있다고 하자. 이 금융기관의 경우 조달금리가 상승하면 선도계약 매수 포지션으로부터 이익을 얻을 수 있으므로 조달금리 상승분을 보상받을 수 있고, 반대로 조달금리가 하락하는 경우에는 선도계약 매수 포지션으로부터는 손실이 발생하지만 조달금리가 하락하였으므로 역시 일정한 조달금리 수준을 유지할 수 있다.

수·출입 거래가 많은 기업은 외환을 기초자산으로 하는 선도계약인 선물환을 이용할 수 있다. 즉 상품을 수입하고 대금을 달러로 지급해야 하는 기업은 미래의 지급일을 만기일로 하는 선물환 계약을 매수함으로 지불하여야 하는 원화의 금액을 확정시킬 수 있다.

2 옵션

옵션은 미래의 기초자산 가격에 대해 미리 정한 행사 가격에 기초자산을 매수하거나 매도할 권리(Right)를 거래하는 계약이다. 선도계약, 선물계약 및 스왑은 미래의 기초자산 가격이 자신에게 불리한 방향으로 움직여도 반드시 계약을 이행해야 하는 의무(Obligation)가 있는 확정계약이다. 그러나 옵션 보유자는 미래의 기초자산 가격이 자신에게 불리한 방향으로 움직이면(옵션 행사로 손실이 발생하는 상황이면) 자신이 보유하고 있는 옵션을 반드시 행사할 필요 없이 포기하면 된다. 반면에 미래의 기초자산 가격이 자신에게 유리한 방향으로 움직일 경우(옵션 행사로 이익이 발생하는 경우)에는 이를 행사하여 기초자산을 매수하거나 매도하게 된다.

이제 콜옵션과 풋옵션에 대해 간단히 살펴보기로 하자. 만기일의 콜옵션 거래의 손익 C는 다음과 같은 식으로 표현할 수 있다.

$$C = Max[S_T - K, 0]$$

우선 콜옵션 매수자(보유자)의 손익을 생각해 보자. 콜옵션의 보유자는 만기일에 미리 정해진 가격으로 기초자산을 살 수 있는 권리가 있고, 반드시 사야 할 의무는 없다. 따라서 만기일에 기초자산의 가격이 행사 가격보다 높은 경우에는 콜옵션 소유자는 당연히 옵션을 행사하여 이익을 실현할 것이다. 그러나 기초자산의 가격이 행사 가격보다 낮은 경우에는 콜옵션의 소유자는 옵션의 행사를 포기하게 되고 이 경우 옵션 소유자는 계약 당시 지불했던 옵션 매수비용(옵션 가격, 프리미엄)을 제외하고는 아무런 손해도 보지 않는다.

이제 콜옵션을 매도(발행)한 경우를 생각해 보자. 콜옵션 보유자와는 달리 매도자는 의무를 지니게 된다. 기초자산의 가격이 행사 가격보다 높은 경우 콜옵션의 매도자는 반드시 기초자산 가격과 행사 가격의 차이만큼 손실을 볼 수밖에 없다. 하지만 기초자산의 가격이 행사 가격보다 낮은 경우에는 콜옵션의 매수자가 옵션의 행사를 포기할 것이므로 콜옵션 매도자는 계약 당시 받은 옵션 프리미엄만큼의 이익을 얻게 된다.

풋옵션은 기초자산을 팔 수 있는 권리이며 이에 대한 매수자의 손익은 다음의 식으로 표시될 수 있다.

$$P = Max[K - S_T, 0]$$

풋옵션의 매수자 및 매도자가 받게 될 손익은 콜옵션의 경우와 비슷하게 생각하면 된다.

3 스왑

스왑이란 일련의 현금흐름을 다른 현금흐름과 서로 교환하는 계약이다. 스왑이 경제적으로 의미 있기 위해서는 들어오는 현금흐름의 현재가치와 나가는 현금흐름의 현재가치가 원칙적으로 서로 같아야 한다.

스왑거래 중에서 가장 일반적인 이자율스왑(IRS : interest rate swap)은 미리 정해진 조건에 따라 미래 시점에 명목금액에 대한 이자를 서로 교환하기로 합의한 대표적인 장외파생상품이다.

이자율스왑은 고정금리를 변동금리로, 또는 변동금리를 고정금리로 변화시키는 데 사용된다. 예를 들어, 어떤 기업이 은행으로부터 CD+150bp 금리에 100억 원의 대출을 받았다고 하자. 이 기업은 변동금리를 수취하고 고정금리를 지급하는 스왑거래를 체결함으로써 변동금리 채무를 고정금리 채무로 전환할 수 있다. 이 기업의 현금흐름은 다음과 같다.

❶ 대출이자 CD+150bp 지급
❷ 스왑 상대방으로부터 CD금리 수취
❸ 스왑 상대방에게 4.5% 지급

위와 같은 현금흐름으로부터 이 기업의 변동금리 채무는 6%[=CD−4.5%−(CD+1.5%)] 고정금리의 채무로 전환된다. 고정금리 채무를 변동금리 채무로 변동시키는 과정도 이와 동일한 원리이다. 이와 같이 채무의 속성을 변화시키는 스왑거래를 부채스왑(liability swap)이라 한다.

위와 같이 채무의 속성을 변화시키는 방법과 같이 자산의 속성을 변화시키는 이자율스왑거래도 가능하다. 예를 들어, 어떤 기업이 7%의 고정금리를 수취하는 3년 만기 100억 원의 채권을 가지고 있다고 하자. 이 기업은 스왑거래를 이용해 이 고정금리 채권을 변동금리 채권으로 전환할 수 있다. 이 기업이 변동금리를 수취하고 고정금리를 지급하는 스왑거래를 한다면 다음과 같은 현금흐름을 가질 것이다.

❶ 7%의 채권이자 수취

❷ 스왑 상대방에게 4.5%의 고정금리 지급

❸ 스왑 상대방으로부터 CD금리 수취

이로부터 이 기업은 7.0%의 고정금리 채권을 CD+250bp(=7%−4.5%+CD)의 변동금리 채권으로 전환시킬 수 있다. 이와 같이 자산의 속성을 변화시키는 스왑거래를 자산스왑(asset swap)이라고 한다.

스왑시장에서 이자율스왑 다음으로 큰 비중을 차지하고 있는 것이 통화스왑이다. 통화스왑이란 어떤 나라의 통화로 표시된 채무(원금과 고정금리 지급)를 다른 나라의 통화로 표시된 채무(원금과 고정금리 지급)와 교환하는 계약을 말한다.

통화스왑은 이자율스왑과 달리 두 개의 서로 다른 통화가 거래에 사용되므로 환율의 문제와 이에 따른 원금 교환을 고려해야 한다.

section 03 장외파생상품의 경제적 기능

1 리스크 관리 수단

장외파생상품을 통한 리스크 관리는 장내파생상품과 동일한 경제적 기능을 가지고 있지만, 장내 파생상품은 만기와 가격 등이 표준화되어 있어 투자자의 투자기간과 만기가 일치하지 않는 경우가 대부분이므로 불완전한 헤지를 할 수밖에 없다.

이런 경우 장외파생상품을 이용하면 투자자의 투자기간과 원하는 헤지규모에 의해 보유 기초자산의 가격 변동 리스크를 정확히 헤지할 수 있으며, 투자자가 자신의 위험도에 따라 최대 손실규모와 투자수익률을 설계할 수 있다. 이러한 리스크 관리는 최종 이용자에게는 보유 포트폴리오를 효율적으로 관리하게 해주며 딜러에게는 안정적인 수익을 확보할 수 있게 해준다.

2 투자수단

장외파생상품은 그 자체로 하나의 투자상품이 될 수 있다. 리스크 관리 수단뿐만 아니라 기업 및 금융기관들의 개별 수요에 적합한 효율적인 투자상품으로 활용될 수 있다.

예를 들어, 특정 기업 주식의 매입 필요성이 있을 경우 주식을 직접 매입하지 않고서도 주식을 직접 매입하는 것과 동일한 효과를 얻을 수 있는데, 주식에 대한 수익률을 수취하고 자금조달비용에 해당하는 금리를 상대방에게 지급하는 스왑계약(equity swap)을 맺는다면 주식을 직접 매입하였을 때와 동일한 손익을 얻을 수 있다.

3 자금조달수단

자금조달수단으로서의 장외파생상품은 주로 채권 발행에 내재되어 거래된다. 채권투자자가 이표채(coupon bond), 전환사채(convertible bond), 교환사채(exchangeable bond) 또는 할인채(discount bond)와 같이 비교적 단순한 형태의 채권보다 더 많은 리스크를 감수하면서 높은 수익률이 예상되는, 다양한 조건의 장외파생상품이 내재된 구조화채권에 투자하고자 한다면, 채권 발행자의 입장에서 보면 장외파생상품을 활용하여 좋은 조건에 자금조달이 가능하다.

4 투자자의 요구에 부합하는 금융상품의 제공

기업이나 금융기관 등은 각자의 상황에 따라 자금조달 및 투자방식에서 다른 형태의 수요를 가질 수 있다. 장외파생상품을 통해 이러한 각 기관의 수요를 충족시키는 맞춤형 금융상품을 제공하는 것이 가능하다. 예를 들어, 증권회사의 경우 주식 관련 상품에 대한 경험 축적과 비교우위를 바탕으로 주식 관련 파생상품에 대한 강점을 보이는 반면, 금리 및 외환 관련 파생상품의 경우 은행이 상대적으로 경쟁우위를 가진다고 볼 수 있을 것이다.

따라서 각 기관들은 각각의 경쟁우위를 바탕으로 고객이 원하는 위험-손익구조(risk-return structure)를 갖는 상품을 설계하게 된다.

chapter 02

장외옵션

section 01 장외옵션상품의 이해

장외옵션이란 공인된 거래소에서 거래되는 장내옵션과는 달리 시장 참가자 간의 일대일 계약 형태로 자유롭게 거래되는 옵션계약을 말한다. 이러한 옵션은 고객의 요구에 따라 매우 유연한 구조를 가질 수 있으며, 따라서 그 종류도 매우 다양하다. 장외옵션 중 가장 대표적인 것으로 이색옵션(exotic option)[1]을 들 수 있으나, 이외에도 표준적인 콜옵션 · 풋옵션 역시 장외에서 거래되면 장외옵션 상품으로 분류할 수 있다.

1 이색옵션이란 말이 사용된 것은 1990년에 Mark Rubinstein이 쓴 'exotic option'이라는 논문에서 시작된 것으로 보인다. 이 논문에서 그는 당시의 장애옵션(barrier option)에 대해 블랙-숄즈모형에 근거하여 가치평가를 시도하였는데, 이색옵션이란 용어 자체가 보통의 평범한 표준옵션과는 다른 이색적인 측면이 있음을 의미한다(표준적인 콜옵션, 풋옵션을 plain vanilla라 칭하기도 한다).

실제로 1973년 이전의 옵션은 모두 장외옵션이었다. 옵션이 거래소에 상장된 이후, 장내옵션거래가 1980년대 후반까지 급속히 발전하였지만, 장외옵션 역시 시장규모가 지속적으로 성장해왔다. 또한 금융공학이 더욱 발전하면서 새로운 이색옵션이 속속 출현하게 되었다.

1990년대 이후 장외파생상품 시장에서의 이색옵션은 주로 평균 가격옵션이나 장애옵션, 바스켓옵션, 디지털옵션 및 레인보우옵션 등이 주로 거래되고 있으며, 이러한 이색옵션들은 상품이나 통화, 개별 주식과 주가지수, 이자율, 에너지, 채권 등에 다양하게 활용되어 왔다. 이색옵션은 그 특성에 따라 다양한 종류가 있지만 크게 경로의존형, 첨점수익구조형, 시간의존형, 다중변수의존형, 중첩옵션(옵션에 대한 옵션), 레버리지형 등으로 분류할 수 있다.

section 02 경로의존형 옵션(Path dependent option)

표준적인 유럽식 옵션의 경우 만기일의 내재가치는 만기일의 기초자산 가격에 의해 정해진다. 즉, 만기일의 기초자산 가격이 얼마인가가 문제이며, 그 동안 기초자산 가격이 어떠한 경로로 움직여왔는가는 문제가 되지 않는다. 이와는 대조적으로 경로종속옵션(path dependent option)은 기초자산 가격이 옵션계약기간 동안 어떠한 가격 경로를 통해 움직여왔는가에 의해 만기 시 결제금액이 결정된다. 대표적인 경로종속옵션에는 평균옵션(average option) 혹은 아시안옵션(Asian option), 장애옵션(barrier option), 후불옵션(pay-later option 혹은 contingent premium option) 등이 있다.

1 평균옵션(Average option)

평균 가격옵션(average option) 혹은 아시안옵션은 기초자산의 만기 시점 가격이 옵션 수익구조의 기본이 되는 일반적인 옵션과는 달리 일정기간 동안의 기초자산 가격 평균이 옵션의 수익구조를 결정하는 특징을 가지고 있다. 이에 비해 평균 행사 가격 옵션

(average strike option)은 일정기간 동안의 기초자산 가격의 평균 가격을 행사 가격으로 이용한다. 따라서 평균 행사 가격 옵션의 만기손익은 만기 시점의 기초자산 가격과 평균 가격의 차액으로 결정된다. 표준옵션과 평균 가격 옵션 그리고 평균 행사 가격 옵션의 차이를 명확하게 보여주기 위해 각 경우의 콜옵션 수익을 비교해 보면 다음과 같다.

표준옵션 : $Max[S_T - X, 0]$
평균 가격 옵션 : $Max[S_{AVG} - X, 0]$
평균 행사 가격 옵션 : $Max[S_T - S_{AVG}, 0]$
S_T : 만기일의 기초자산 가격
S_{AVG} : 대상기간 동안의 기초자산 가격의 평균
X : 행사 가격

또한 평균을 산정하는 방법에도 여러 가지가 있을 수 있다. 단순 산술평균을 이용할 수도 있지만 기하평균, 즉 $(S_1 \times S_2 \times \cdots \times S_T)^{\frac{1}{T}}$을 이용하여 값을 구할 수도 있다.

가격 평균의 변동성은 기초자산 자체 가격 변동성보다 작기 때문에, 변동성이 클수록 가치가 커지는 옵션의 특성상 평균 옵션의 프리미엄은 상응하는 표준옵션의 프리미엄보다 작다. 이런 특성으로 인해 평균 옵션은 외환시장에서 많이 사용되는데, 외환을 다루는 기관은 특정 일자의 환율이 갖는 변동성보다는 대부분 일정기간(분기, 반년, 혹은 1년간) 동안의 환율 변동으로 인한 위험에 노출되는 경우가 많으므로, 일정기간 동안의 평균 환율에 대한 옵션이 표준적인 외환옵션보다 더 적절할 수가 있다.

2 장애옵션(Barrier option)

옵션계약의 행사 가격, 만기일 조항에 대한 변형이외에도, 옵션계약기간 동안 기초자산 가격이 일정한 가격에 도달한 적이 있을 경우 옵션이 소멸되거나 혹은 비로소 옵션이 발효되도록 하는 조항을 추가한 옵션을 통틀어서 장애옵션이라 한다. 여기서 지정되는 일정한 가격을 촉발 가격(trigger price)이라 하며, 기초자산 가격이 촉발 가격을 건드리면 옵션이 소멸되는 옵션을 녹아웃 옵션(knock-out option), 촉발 가격을 건드리면 옵션이 발효되는 옵션을 녹인옵션(knock-in option)이라고 한다.

일반적으로 장애옵션은 녹아웃 옵션의 형식으로 거래된다. 만약 촉발 가격이 계약시의 기초자산 가격보다 높게 설정되었다면, 기초자산 가격이 촉발 가격 이상으로 오를

그림 2-1　다운앤아웃 콜옵션과 촉발 가격

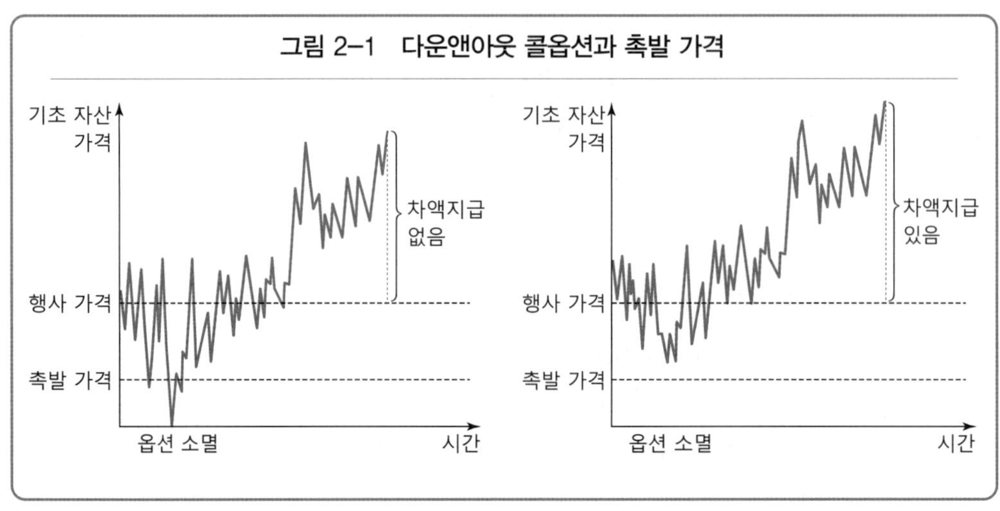

때 옵션은 무효가 된다(up-and-out). 반면 촉발 가격이 계약 시의 기초자산 가격보다 낮게 설정되었을 경우, 기초자산 가격이 촉발 가격 이하로 하락하면 옵션은 무효가 된다(down-and-out).

녹아웃 옵션의 가치는 현물 가격이 촉발 가격에 도달하지 않는 한 표준옵션과 동일하지만, 만약 기초자산 가격이 촉발 가격에 도달하면 즉시 소멸된다. 따라서 이렇게 옵션이 무효가 될 가능성 때문에 녹아웃 옵션의 가격은 일반적으로 표준옵션보다 저렴하다. 녹아웃콜옵션(down-and-out)의 손익구조를 식으로 표현하면 다음과 같다.

옵션계약기간 중 $S_t > H$이면, $Max[0, S_T - X]$
옵션계약기간 중 한 번이라도 $S_t \leqq H$이면, 0 혹은 일부 현금보상

여기서 H는 촉발 가격이다. 옵션이 녹아웃되면 옵션이 무효가 되어 아무런 대가가 없거나 때로는 약간의 현금보상(rebate)이 이루어진다. 그러므로 녹아웃 옵션은 기초자산의 가격 변동성이 너무 커서 표준옵션의 프리미엄이 매우 큰 경우에 사용될 수 있다. 〈그림 2-1〉은 다운앤아웃 유로피안 콜옵션의 사례이다. 왼쪽 그림은 촉발 가격이 현재 가격보다 낮은 수준에 설정되어 있는데, 기초자산 가격이 시간이 지나면서 촉발 가격을 건드렸기 때문에 만기 때 내가격으로 끝나도 이미 촉발 가격을 건드리면서 옵션이 소멸되기 때문에 만기 손익 지급이 없다. 오른쪽 그림도 동일한 수준의 촉발 가격이 설정되어 있지만, 옵션계약기간 중 촉발 가격을 건드린 적이 없기 때문에 내가격 상태로 끝난 옵션에 대하여 기초자산 가격과 행사 가격의 차액이 지급된다.

다운앤아웃 콜옵션은 프리미엄이 낮으므로 기초자산 가격이 촉발 가격 이상의 수준을 유지하면 절약된 옵션의 프리미엄만큼 표준옵션보다 더 큰 이익을 얻을 수 있다. 그러나 가격이 한 번이라도 촉발 가격 이하로 내려가면 옵션은 사라진다. 따라서 촉발 가격이 현재 가격과 가깝게 설정될수록 표준적인 옵션에 비해 절약되는 프리미엄은 커지지만 잠재적인 수익 가능성은 줄어든다.

다운앤아웃 콜옵션은 장래에 어떤 자산을 매입해야 할 경우에 유용하다. 예를 들어, 원유를 매입해야 하는 정유회사가 있다고 하자. 현재 배럴당 100달러 수준이고, 1개월 후에 배럴당 100달러에 살 수 있는 콜옵션을 매입하고자 하는데, 촉발 가격을 75달러에 설정한 다운앤아웃 콜옵션을 매입했다고 하자. 표준콜옵션을 구입하는 것보다 중도에 옵션이 소멸될 가능성이 있으므로 프리미엄이 저렴한 것은 당연하다. 옵션기간 중 원유 가격이 75달러 이하로 내려가는 일 없이 상승하게 되면 표준옵션과 같이 만기 시에 그 내재가치만큼 보상을 받으면 된다. 그런데 만일 옵션 체결 후 보름이 지난 후 석유가격이 75달러 이하로 내려가게 되면, 옵션은 소멸되지만 하락한 가격에 석유를 현물시장에서 매입함으로써 저렴한 가격에 석유를 확보할 수 있게 된다.

따라서 다운앤아웃 콜옵션의 보유자는 표준옵션 대신에 이것을 보유함으로써 헤지비용을 절감하면서도 가격 하락 시 낮은 가격에 기초자산을 확보할 수도 있게 됨으로써 옵션이 중간에 소멸되는 불이익을 상쇄시킬 수 있다.

다운앤아웃 콜옵션과 함께 많이 사용되는 장애옵션으로 업앤아웃 풋옵션이 있다. 업앤아웃 풋옵션은 행사 가격보다 높은 수준에 촉발 가격을 설정한 것으로 옵션계약기간 중 현물 가격이 촉발 가격을 건드리면 옵션이 소멸된다. 업앤아웃 풋옵션도 다운앤아웃 콜옵션과 같은 논리로 그 유용성을 이해할 수 있을 것이다. 예를 들어, 원유생산업자가 현재 배럴당 100달러 하는 원유를 1개월 후에 100달러에 팔 수 있는 풋옵션을 매입하되, 행사 가격보다 높은 수준인 125달러에 촉발 가격을 설정한 업앤아웃 풋옵션을 매입하였다고 하자. 가격이 125달러 수준까지 오르는 일 없이 만기에 도달하였다면 표준옵션과 동일하게 취급된다. 그런데 가격이 125달러 이상으로 오르면 풋옵션은 무효가 되지만 오른 가격으로 매도할 수 있어 옵션 효력이 상실된 것을 보상받을 수 있다.

이처럼 녹아웃 옵션의 보유자는 가격이 오르든 떨어지든 큰 손실 없이 일정한 수익을 확보할 수 있을 뿐 아니라, 녹아웃 조건이 가미되는 것만큼 프리미엄을 절감할 수 있다.

녹아웃 옵션은 촉발 가격에 도달하지 않는 한 유효한 반면, 녹인옵션은 촉발 가격에 도달하지 않는 한 효력이 없다가 촉발 가격에 도달하면 효력이 생긴다. 따라서 표준옵션은 다음과 같이 분해할 수 있다.

표준옵션(vanilla) = 녹아웃 옵션(knock-out) + 녹인옵션(knock-in)

이러한 관계식은 녹아웃 옵션의 가격과 녹인옵션의 가격을 둘 다 계산할 필요를 덜어준다. 즉, 하나를 알고 있으면, 다른 하나는 위의 관계로부터 계산할 수 있다.

3 룩백옵션(Lookback option)

룩백옵션은 보유자에게 옵션계약기간 동안 가장 유리한 기초자산 가격을 행사 가격으로 사용할 수 있도록 하는 경로의존형 옵션이다. 따라서

룩백 콜옵션의 가치 $= Max[S_T - S_{low}, 0]$

룩백 풋옵션의 가치 $= Max[S_{high} - S_T, 0]$

단, S_{low}는 계약기간 중 가장 낮은 기초자산 가격이고, S_{high}는 계약기간 중 가장 높은 기초자산 가격이다.

룩백옵션의 보유자는 미국식 옵션에 있는 모든 권리를 가질 뿐 아니라, 추가적인 권리도 가지고 있다. 즉, 룩백옵션에서는 행사를 할 것인가 여부에 대한 결정을 내리기에 앞서 그동안의 모든 가격 데이터를 검토하여 가장 유리한 가격을 선택할 수 있다. 따라서 룩백옵션의 가치는 미국식 옵션의 가치와 같거나 그보다 훨씬 커질 수밖에 없다.

4 클리켓옵션(Cliquet option)

클리켓옵션 혹은 래칫옵션(rachet option)은 표준옵션처럼 초기에 행사 가격을 정하여 두지만 일정한 시점이 되면, 그 시점의 시장 가격이 새로운 행사 가격이 되도록 하는 옵션이다. 행사 가격이 재확정될 때마다 그 시점에서의 옵션의 내재가치가 실현된 것으로 하여 차액 지급이 보장된다. 발행 당시 미리 일정을 정해 놓고 그 일정에 도달하면 당일의 시장 가격을 새로운 행사 가격으로 조정한다.

예를 들어, 초기의 행사 가격이 50인 3개월 만기 콜옵션에 대하여 1개월 후와 2개월

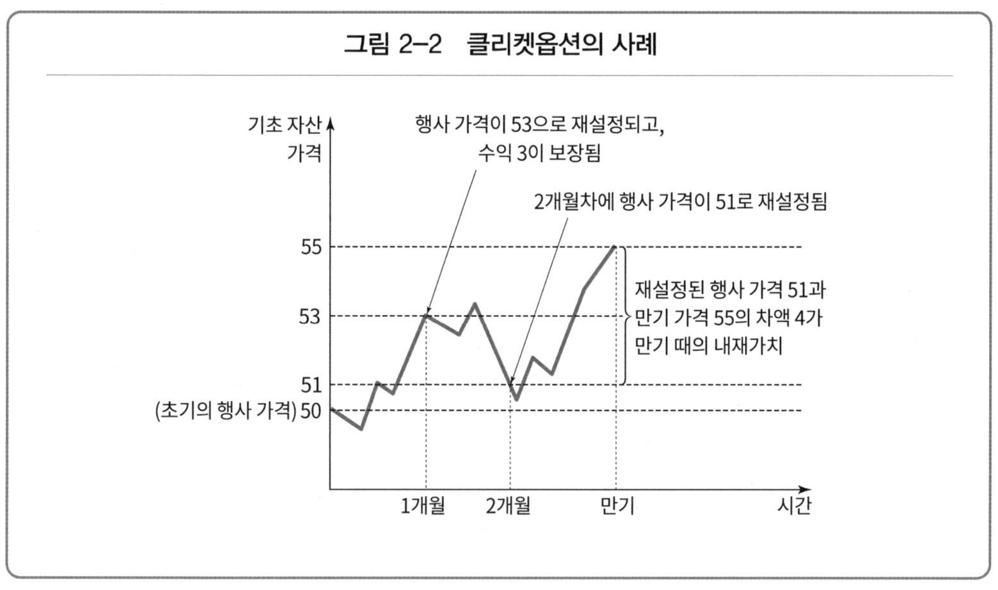

후에 당일의 시장 가격을 행사 가격으로 재확정하도록 하는 클리켓옵션을 생각해 보자. 〈그림 2-2〉를 보면 만일 1개월 후에 시장 가격이 53이라면 3의 이익이 보장되면서 행사 가격은 53으로 재확정된다. 2개월 후에 시장 가격이 51이라면 이 경우에는 이익은 없으며 행사 가격은 51이 된다. 만기일에 시장 가격이 55라면 4의 차액이 지급된다. 따라서 전체적으로 7의 이익이 발생한다. 표준옵션이었다면 5의 이익이 발생하였을 것이다.

section 03 첨점수익구조형 옵션(Singular payoff option)

첨점수익구조란 옵션의 수익구조가 불연속한 형태로 나타나는 경우를 의미한다. 여기서 'singular'라는 용어는 원래 수학에서 미분 불능점을 의미하는 용어로서, 불연속한 부분이 있을 경우, 그 점 주위에서는 미분이 불가능하다는 의미에서 유래되었다.

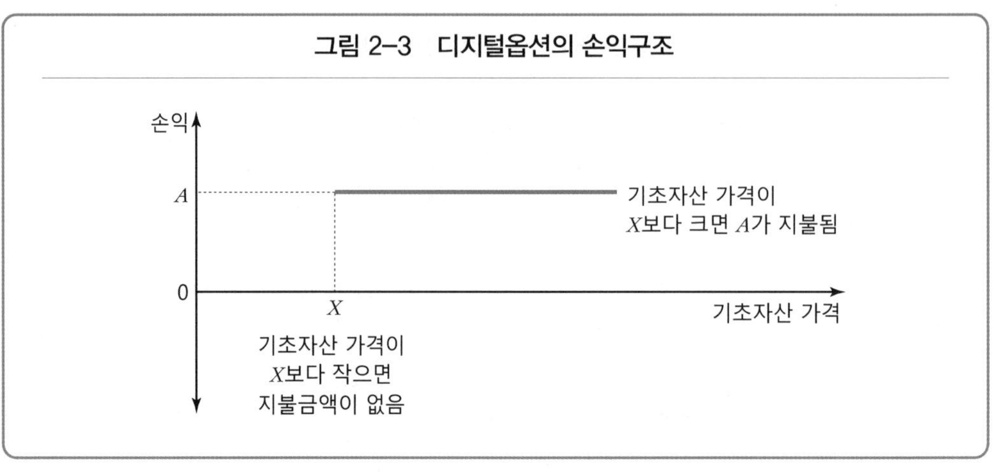

1 디지털옵션(Digital or Binary option)

일반적인 옵션의 수익은 만기일 당일에 기초자산 가격이 행사 가격 대비 얼마나 올랐느냐 혹은 떨어졌느냐에 따라 결정된다. 예를 들어, 콜옵션의 수익은 $\text{Max}(S_T - X, 0)$로 주어지는데, 여기서 S_T는 만기 시점 기초자산 가격, X는 행사 가격이다. 따라서 기초자산 가격이 오르면 오를수록 수익이 더 커지게 된다.

이에 비해 디지털옵션의 손익구조는 옵션이 만기일에 내가격 상태이면 사전에 약정한 금액 A가 지급되고 그렇지 않으면 아무것도 지급하지 않는 형태이다. 그러므로 디지털옵션은 만기일에 얼마만큼 내가격 상태에 있는가는 의미가 없고, 내가격 상태냐 아니냐만이 의미가 있게 되는 것이다. 디지털옵션의 형태로는 〈그림 2-3〉과 같이 일정한 금액 A를 지급하는 방식(cash-or-nothing)과 내가격으로 끝났을 때 기초자산을 지급하는 방식(asset-or-nothing)이 있다.

2 디지털배리어옵션(Digital barrier option)

디지털옵션의 변형으로 경로종속형 디지털옵션이 있는데, 이는 디지털옵션에 장애옵션이 내재되어 있는 원터치옵션(one-touch option)이다. 위의 디지털옵션과 같이 만기시점에서 기초자산 가격의 내가격 여부를 판별하는 것이 아니라 만기까지 한번이라도 내

가격 상태였으면 약정한 금액 A를 지급하는 방식이며, 약정한 금액 A를 내가격 상태가 되는 즉시 지급하는 방식과 만기에 지급하는 방식이 있다.

section 04 시간의존형 옵션(Time dependent option)

모든 옵션거래가 시간가치를 가지고 있지만, 다른 것에 비해 시간에 더욱 민감하거나 시간에 종속적인 옵션이 있다. 예컨대, 유럽식 옵션은 시간적으로 행사가 만기에 고정된 반면, 미국식 옵션은 만기일 이전에 아무 때나 행사될 수 있어 시간과 밀접한 관련을 가지고 있다. 이처럼 옵션 행사가 시간에 어떻게 종속되어 있는가에 따라 구분하는 유럽식 혹은 미국식 옵션 외에도 다른 방식으로 시간에 종속된 옵션이 있다.

1 버뮤다옵션(Bermudan option)

유럽식 옵션은 만기일 당일에만 행사가 가능하고 미국식 옵션은 어느 때나 행사가 가능한 반면, 버뮤다옵션은 유럽식과 미국식의 중간형태로 볼 수 있는 옵션으로서 미리 정한 특정 일자들 중에서 한 번 행사가 가능하다. 이러한 형태의 옵션이 유용한 예로는 상환요구채권(puttable bond)을 발행한 차입자가 여기에 따르는 위험에 대비하기 위해 스왑계약을 한 경우를 들 수 있다. 상환요구채권의 발행자는 금리가 크게 올라 채권가격이 떨어지면 채권 매입자가 이 채권의 액면가 혹은 미리 정한 가격에 조기 변제할 것을 요구하게 되므로, 일단 금리가 크게 오를 경우 수익을 얻을 수 있는 변동수취/고정지급 스왑계약을 체결할 필요가 있다.

문제는 채권의 조기변제가 끝나면 스왑계약은 필요가 없게 되므로 남아 있는 스왑계약을 폐기할 필요가 발생한다. 이런 상황에 대한 한 가지 해결책이 바로 채권상환을 요구할 수 있는 날짜와 동일하도록 약정한 행사 가능일이 경과할 때마다 기초 스왑의 만기가 줄어드는 버뮤다식 스왑션을 사용하는 것이다.

신주인수권부 전환사채(convertible bond) 또한 버뮤다옵션이 내장되어 있는 것이 있다. 예를 들어, 주식전환권이 매입일 이후부터 곧바로 주식으로 전환할 수 있는 것이 아니라 일정한 기일 후부터 일정 기일까지만 행사할 수 있도록 제한을 두는 것이다.

2 선택옵션(Chooser option)

선택옵션의 매입자는 만기일 이전에 미래의 특정 시점에서 이 옵션이 풋인지 콜인지 여부를 선택할 수 있는 권리를 가진다. 이 옵션은 스트래들과 비슷한 측면이 많은데, 비용면에서 유리하다. 왜냐하면 스트래들 매입자는 만기일까지 콜과 풋을 함께 계속해서 보유하는데 반해, 이 옵션 매입자는 일단 풋, 콜 여부에 대한 선택을 한 후에는 선택한 한 가지 종류의 옵션만 보유할 수 있기 때문이다.

이 옵션 매입자는 만기 전 일정 시점에서 풋인지 콜인지 여부를 결정할 수 있는데, 이 때 매입자는 결정 시점에 내가격인 상태에 있는 옵션을 선택하게 될 것이다. 예를 들어, 행사 가격만 100으로 정해 놓고 한 달 후에 풋, 콜 여부를 정할 수 있다고 할 때, 대부분의 경우 선택 시점에서 내가격인 옵션을 당연히 선택하게 된다. 물론 예외는 있을 수 있다. 향후 하락할 가능성이 무척 크다고 본다면 약간의 외가격이더라도 풋옵션으로 전환시킬 것이다.

section 05 다중변수의존형 옵션(Multi-factor dependent option)

지금까지 살펴본 장외옵션의 가치는 하나의 기초자산이 가격 변화에 따라 결정되는데 비해, 다중변수 의존형 장외옵션은 두 개 이상의 기초자산의 가격 변동과 가격의 상관관계에 의해 결정된다. 다중변수의존형 장외옵션의 대표적인 것으로는 레인보우옵션, 퀀토옵션 등이 있다. 이러한 다중변수의존형 옵션은 각 기초자산의 변동성뿐 아니라 상관관계에 의해서도 영향을 받는다.

1 레인보우옵션(Rainbow option)

레인보우옵션의 기본적인 형태는 둘 또는 그 이상의 자산 중 실적이 가장 좋은 것의 손익구조에 따라 가치가 결정되는 것이다. 이러한 레인보우옵션은 같은 종류의 자산을 여럿 포함하고 있는데, 이 자산들의 가격 중 가장 좋은 것을 매입자가 취하게 한다. 따라서 n개의 자산을 포함한 레인보우옵션의 콜옵션 가치는 다음과 같이 나타낼 수 있다.

n–레인보우옵션(n개의 기초자산)의 가치

Call : $Max[0,\ max(S_T^1,\ S_T^2,\ S_T^3,\ \cdots,\ S_T^n) - X]$

Put : $Max[0,\ X - min(S_T^1,\ S_T^2,\ S_T^3,\ \cdots,\ S_T^n)]$

예를 들어, 어떤 투자자가 독일 주가지수 *DAX*와 영국 주가지수 *FTSE* 사이에서 어느 것에 투자할지를 고민하고 있다면, 이 투자자는 두 주가지수 중 실적이 좋은 자산의 수익을 지불하는 레인보우옵션을 매수할 수 있다. 만약 *FTSE*가 13% 상승하고 *DAX*가 6% 상승하였다면, 투자자는 13%의 실적을 받게 된다. 따라서 이러한 레인보우옵션의 가치는 다음과 같다.

최선레인보우옵션(2개의 기초자산)의 가치 $= Max[DAX,\ FTSE]$

레인보우옵션은 서로 다른 종류의 자산을 포함하기도 한다. 주가지수의 실적과 채권의 실적을 포함하여 이 중 좋은 실적이 보유자에게 지불한다. 주식에 투자할지 아니면 채권에 투자할지에 대해 망설이던 투자자라면 일정 기간 후 양자 중 실적이 좋은 쪽의 성과를 지불하는 레인보우옵션에 투자할 수 있다. 옵션만기 때 주가지수가 10% 상승하고 채권은 5% 상승하였다면, 이 레인보우옵션의 보유자는 주가지수의 실적인 10%에 근거한 수익을 받게 될 것이다.

2 퀀토옵션(Quanto option)

퀀토옵션은 수량조절옵션(quantity adjusted option)의 약어로, 기초자산 A의 가격에 의해서 수익률이 결정되지만 위험에 노출된 정도나 크기는 다른 기초자산 B의 가격에 의해서 결정되는 형태를 가진다. 퀀토옵션은 한 통화로 표시된 기초자산에 대한 옵션의 수익이 다른 통화로 표시되는 경우가 주종을 이룬다. 예를 들어, 수익 지불이 달러로 이루어지는 Nikkei 225 지수에 대한 옵션이 있다고 하자. 계약에 의해 행사 가격은 16,000포인트이고 16,000보다 오를 경우 1포인트당 1달러의 수익을 지급하는 구조라 하자. 만약 Nikkei 225 지수가 만기일에 17,000으로 마감되면 행사 가격이 16,000인 콜옵션의 수익은 1달러×(17,000－16,000)＝1천 달러가 된다. 이 경우 미국의 투자자는 일본의 주가지수에 투자하지만 달러/엔 간 환율은 전혀 걱정하지 않고 단지 Nikkei 225 지수의 상승 잠재력에 대해서만 포지션을 취할 수 있다.

퀀토옵션의 형태가 아닌 일반 Nikkei 225 지수옵션의 경우 기초자산은 엔화로 표시된 일본 주식들이다. 따라서 옵션 발행자(매도자)는 가격 리스크 헤지를 위해 발행한 Nikkei 225 지수콜옵션에 옵션 델타(Δ)를 곱한 금액만큼 주식 바스켓을 매입해야 한다. 그러나 위험에 노출된 크기는 달러/엔 환율에 의해서도 좌우된다. 만약 주식 바스켓의 가치가 17,000엔이라면, 1달러＝100엔 환율로 환산하여 기초자산의 크기가 170달러가 된다. Nikkei 225 지수는 변화하지 않고 달러만 가치가 하락하여 1달러＝95엔이 되면 위험에 노출된 크기는 증가하여 178.95달러가 된다. 이와 같이 위험에 노출된 크기는 기초자산의 가격, 즉 Nikkei 225 지수가 전혀 변화하지 않았음에도 변화하며, 따라서 이로 인한 문제를 해결하기 위해 퀀토옵션을 이용하게 된다.

국내 투자자가 해외 주가지수 등 해외자산에 연계된 투자를 할 경우, 퀀토옵션은 유용하게 사용된다. 해외자산의 투자수익률이 발생하더라도, 달러/원 환율이 반대로 움직일 경우 최종 투자수익률은 낮아질 수밖에 없다. 따라서 해외자산의 수익률이 원화로 환산되는 퀀토옵션을 이용하면 수익률과 함께 환위험도 동시에 헤지된다.

chapter 03

통화 관련 장외파생상품

section 01 통화 관련 장외파생상품

통화 관련 장외파생상품이란 파생상품의 기초자산이 각 통화의 교환비율인 환율에 연계되어 장외시장에서 거래되는 파생상품을 말한다. 통화 관련 장외파생상품을 분류하면, 선도거래 형태인 선물환(Fx forward), 옵션거래인 통화옵션(Fx option), 스왑거래인 외환스왑(Fx swap)과 통화스왑(Currency swap)으로 나눌 수 있다.

기업 등의 경제주체가 자국 통화가 아닌 다른 통화로 표시된 자산, 부채 또는 현금흐름을 가지고 있을 때, 미래의 불확실한 환율 변동으로 인해 기업의 매출, 수익, 비용 등이 달라질 수 있다(이 경우 기업은 환위험에 노출되어 있다고 할 수 있으며, 노출된 금액을 외환포지션이라고 한다). 따라서 환율 변동에 따른 기업의 수익과 경제적 가치 감소를 최소화시키는 다양한 환위험 관리 수단이 필요하다. 특히 통화 관련 장외파생상품은 상품의 다양성과 유연성 때문에 기업의 환위험 관리 수단으로 효과적으로 이용되어 왔으며, 기업의 수요에 맞는 다양한 상품이 개발되고 성장해 왔다.

이번 장에서는 투자상품으로 이용되는 통화 관련 장외파생상품의 활용보다는 기업의 환위험관리 수단으로서의 통화 관련 장외파생상품의 활용에 대해 살펴보도록 하자.

1 선물환(Fx forward)과 환위험 관리

(1) 선물환 개요

선물환(Fx forward) 거래는 현물환 결제일(spot date) 이후의 특정일(forward date)에 미리 정한 환율(forward rate)로 외환거래를 하기로 약정하는 계약이다. 선물환 거래의 만기는 표준 만기(standard forward maturity)와 비표준 만기로 구분하는 데 표준만기는 주로 은행간 시장에서 활용되는 선물환 만기로서 미래의 무수하게 많은 모든 영업일(만기일)을 다 거래하기는 현실적으로 불편하기 때문에 1개월, 2개월, 3개월 등 표준화된 몇 가지 만기일을 선택하여 거래하는 방식이다. 국내 미달러화/원화 은행 간 외환시장에서는 주로 1년까지만 거래된다. 기업이나 개인고객은 환위험헤지를 위해 선물환 거래가 필요한 경우 기초거래의 성격에 따라 자신이 필요로 하는 미래의 특정 일자를 선택하여 선물환 만기를 정하게 되며, 이 경우 은행 간 시장의 표준 만기일 선물환율을 기준으로 보간법(interpolation)으로 비표준 만기의 선물환율을 구하여 거래한다.

선물환 거래는 일방향 선물환(Outright forward)과 스왑선물환(Swap forward)으로 나눌 수 있는데 Outright forward는 선물환으로 외화를 매입(수입업체의 경우)하거나 또는 매도(수출기업의 경우)하는 한쪽 방향의 거래를 말한다. 반면 Swap forward는 앞서 '스왑거래'에서 설명한 외환스왑(FX Swap)거래의 '현물환+선물환'의 양 방향 거래 중 선물환 쪽을 말한다. 선물환 거래는 기업의 가장 기본적인 환위험 관리 수단으로 활용되고 있으며, 선물환 환율은 기업의 사업계획을 수립하고 수익성을 분석하는 지표 환율로 활용될 수 있다.

(2) 선물환율 결정 원리

모든 금융상품 가격은 기본적으로 시장 내 그 상품의 수요와 공급에 의해 결정된다. 외환시장에서 거래되는 상품(외환)의 가격인 환율도 결정원리는 동일한데, 현물환에 비해 선물환율은 외환시장 전체의 수요와 공급 속에서 이론적 원리를 갖고 결정된다. 마치 상품(원자재) 선물시장의 선물 가격이 현재가격에 선물 만기 시점까지의 보관비용을 감안하여 결정되는 원리와 같다. 즉, 선물환 거래에 적용되는 선물환율은 현재 가격(현물환율)에 보관비용에 해당하는 두 거래통화의 이자율 차이를 감안하여 결정된다.

선물환율의 결정 원리를 개념적으로 이해하기 위해 다음과 같은 경우를 생각해 보자.

B기업은 A은행으로부터 3개월 만기 선물환 US$ 1백만 달러를 매입(원화 매도)하기로 계약한바, 시장 상황이 아래와 같다면 계약 선물환율은?

> (현재의 시장 상황)
> US$/원화 현물환율 : 1,120.00
> US$ 3개월 Libor : 연리 1.5%
> 원화 3개월 금리 : 연리 3.5%
> US$/원화 3개월 만기 선물환율 : ?

B기업이 A은행으로부터 달러화를 현물환으로 매입한다면 적용환율은 1,120원이 되지만, 선물환 거래의 경우 B기업은 매입한 달러화를 3개월 후에 A은행으로부터 인도받고 원화를 지급하는 조건이다. B기업이 선물환 거래를 한 경우와 현물환 거래 후 3개월을 유지하는 것을 비교하면, 현물환 거래에서 수취하는 저금리 통화인 달러화를 3개월 늦게 수취하고, 고금리 통화인 원화를 3개월 늦게 지급하므로, 금리차인 연 2% 만큼의 이익을 보게 된다. 3개월 후의 자금상황(달러 매입, 원화 매도)은 동일하므로, 이러한 금리차를 선물환의 거래환율에 반영되어야 한다.

A은행의 입장에서 현물환 거래와 선물환 거래를 비교하면, 저금리 통화인 달러화를 3개월 후에 지급하고 고금리 통화인 원화를 역시 3개월 후에 수취하므로 양 통화의 금리차이만큼 3개월간 손해를 본 셈이다. 즉, 1,120원에 상호 달러화와 원화를 교환한다는 전제 하에서 생각하면 B기업은 3개월간 금리차(연리 2.0%) 만큼 이익을 본 것이고, A은행은 3개월간 금리차만큼 손해를 본 셈이 된다. 따라서 3개월 뒤인 선물환 만기 시점에 달러화와 원화를 교환하려면 적용환율이 1,120원과는 달라져야 하며, 이 경우 B기업이 누린 이익과 A은행이 부담한 손해만큼 공정하게 보상되어야 한다.

B기업이 누린 이익을 A은행에게 지급해야 하는데 이는 현물환율 1,120원에서 그만큼 조정하면 되는 것이다. 두 통화의 금리차(연리 2.0%)를 환율로 환산하면,

$$1120.00 \times 2.0\% \times 3\text{개월} \div 12\text{개월} = 5.6$$

이 된다. 두 통화의 금리차를 환율단위로 환산한 수치(5.6)를 Forward Point 혹은 Swap Point라고 하며, 5.6원은 560points라고 읽는다. B기업이 누린 이익을 A은행에게 돌려주는 차원에서 B기업은 1,120원보다 비싸게 달러화를 매입하면 된다. 따라서 적용할 3개월 선물환율은 현물환율 1,120.00에서 5.6을 가산한 1,125.60이 된다.

반대로 B기업이 A은행에게 3개월 만기 선물환으로 달러화를 매도하였다면 B기업은 저금리 통화인 달러화를 3개월간 보유한 후 A은행에게 인도하게 된다. 따라서 B기업은 고금리 통화인 원화를 3개월 후에 수취하므로 3개월간 금리차만큼의 손해를 보게 되며, 따라서 손실 만회를 위해 현물환율에 Forward Point만큼 가산한 후(1,120원 보다 높게) 매도해야 양쪽이 공평하게 된다. 이상을 정리하면, 선물환율 산정 시 매입이나 매도에 관계없이 환율의 기초통화(달러/원 환율의 경우 달러화)가 저금리인 선물환율은 선물환 거래기간 동안 손실(Forward Point)만큼 추가(premium)되어야 하며, 반대로 기초통화가 고금리인 선물환율은 Forward Point만큼 차감(discount)되어야 한다.

이상은 선물환율의 결정 원리를 개념적으로 설명한 것이며 '금리평가이론(Interest parity theory)'에 의한 이론적인 선물환 결정 공식은 아래와 같다.

이론적으로 국내의 투자자가 US$ 1달러에 해당하는 원화(현물환율 : S) 를 국내에서 원화금리(i_{krw})로 선물환 만기 기간(t) 동안 투자하여 수취하는 원화의 원리금과 이 투자자가 US$ 1달러를 미국에 달러금리($i_{US\$}$)로 투자하여 얻게 되는 달러화 원리금을 원화로 환산한 금액(선물환율 $F(t)$를 곱한 금액)은 서로 같아야 한다. 이를 식으로 표현하면,

$$S \times (1 + i_{krw} \times t/365) = F(t) \times (1 + i_{US\$} \times t/360)$$

이며 이 식으로부터 t기간 후의 선물환율 $F(t)$을 아래와 같이 정리할 수 있다.

$$F(t) = S \times \frac{1 + i_{krw} \times t/365}{1 + i_{US\$} \times t/360}$$

(3) 선물환율 고시

〈표 3-1〉은 선물환시장에서 Two-way 방식으로 고시된 미달러화/원화와 미달러

화/일본 엔화의 Forward point가격이다. 아래의 표에서 미달러화와 원화 간 Forward point를 살펴보면 선물환 가격이 Premium(현물환율에 Forward point만큼 가산)이라는 것은, 즉 달러화의 선물환 가격이 현물환 가격보다 비싸다는 것은 미달러화의 금리가 원화보다 낮다는 것을 의미한다. 한편 미달러화/엔화의 선물환율은 미달러화가 엔화 대비 고금리 통화이므로 미달러화의 선물환율은 현물환율보다 Discount(현물환율에서 Forward point만큼 차감)하여 미달러화의 선물환 가격이 현물환 가격보다 저렴해진다.

통화 간 금리차이를 환율단위로 환산한 Forward point를 표기할 때 현물환 가격과 마찬가지로 Bid와 Offer 양쪽으로 표시한다. 이 때 Two-way로 표시된 Forward point의 Bid 가격이 Offer 가격보다 절대값이 작으면(Bid 가격 절대값<Offer가격 절대값), Forward point는 현물환율에 가산(premium)된다. 즉, Forward point two-way 가격의 절대값이 'Low/High'로 표시되면 기준통화(미달러화)의 선물환율 결정 시 현물환율에 Forward point가 가산(premium)되는 것(미달러화의 선물환 가격이 현물환 가격보다 비싸진다는 의미)이다.

한편 미달러화/엔화 간 가격의 경우처럼 Two-way로 표시된 Forward point의 Bid 가격이 Offer가격보다 절대값이 크면(Bid 가격 절대값>Offer 가격 절대값), Forward point는 현물환율에서 차감(discount)된다. 즉, Forward point two-way 가격의 절대값이 'High/Low'로 표시되면 기준통화(미달러화)의 선물환율 결정 시 현물환율에서 Forward point가 차감(discount)되는 것(미달러화의 선물환 가격이 현물환 가격보다 저렴해진다는 의미)이다. 〈표 3-1〉의 6개월물 미달러화/원화 간 선물환율은 Bid가격의 경우 현물환율 1,120.00원에 6개월물 Forward bid point '+550포인트'(5.5원)이 가산되어 1,125.50이 되며, Offer 가격은 현물환율 1,121.00원에 6개월물 Forward offer point '+700포인트'(7.0원)이 가산되어 1,128.00이 된다.

표 3-1 달러화/원화 및 달러화/엔화의 Forward point 가격고시 예

	US$/원화	US$/엔화
SPOT	1,120/1,121	83.15/83.20
1 개월	+100/+150	−3/−2
2 개월	+250/+300	−8/−6
3 개월	+300/+400	−13/−10
6 개월	+550/+700	−26/−20
12 개월	+1000/+1200	−61/−46

예시

아래와 같이 H중공업의 선물환 거래를 통한 환위험 관리 사례를 살펴보자.

(H중공업의 환위험 노출)

H중공업은 유럽의 E선주와 1억 달러에 해당하는 LNG선 건조계약을 체결하였다. 인도예정일은 2년 후이고, 인도 시 US$1억 달러의 유입이 예상된다. 현재 환율은 1,120원/US$이다. 2년 후 현재 환율이 유지된다면, 원화 1,120억 원의 매출이 가능하지만, 환율 하락 시 손실이 예상된다.

따라서 H중공업은 A은행과 아래와 같은 선물환 거래를 통해 환위험을 관리하고자 한다(A은행과 체결한 선물환 계약의 선물환율 1,140원/US$은 선물환시장에서 결정되는데, 은행 간 시장은 만기 1년 이내의 거래만 고시되므로 통상 만기 1년 이상의 선물환율은 통화스왑시장을 통해 결정됨).

(H중공업의 2년 만기 달러/원 선물환 매도거래조건)

선물환 만기일 : 2년 후

선물환 거래금액 : US$100,000,000

선물환율 : KRW 1,140/US$

선물환(달러) 매도자 : H중공업

선물환(달러) 매입자 : A은행

H중공업은 달러/원 환율 하락 위험에 노출되어 있고, 이 경우 외환포지션은 달러 long포지션(원화 short포지션)의 상황이다. 따라서 환위험을 헤지하기 위한 선물환 거래는 달러 short포지션에 해당하는 선물환 매도거래가 필요하다.

〈그림 3-1〉은 H중공업이 수취하게 될 달러의 만기 환율에 따른 손익과 선물환 매도거래의 손익 변화를 나타낸 것이다.

계약 체결된 선물환율이 1,140원/US$이므로 만기 환율이 1,180원/US$이라면 기초자산(선박대금)은 +40원/US$의 이익이 발생한다. 반면 A은행과 체결한 선물환 매도거래는 −40원/US$의 손실이 발생하고, 전체적인 손익은 0이다.

결과적으로 H중공업은 선물환 매도거래를 통해 만기 환율에 관계없이 LNG선의 수출단가를 선물환율인 1,140원/US$에 확정시킬 수 있다.

앞서 선물환율은 기업의 사업계획을 수립하고 수익성을 분석하는 지표 환율로 활용될 수 있다고 했다. 만약 H중공업의 LNG선 수주에 대한 원가분석에서 원가환율이 1,140원/US$을 초과하고, 선물환 매도거래를 통해 환위험을 헤지한다면 1억 달러의 LNG선 수주는 이익이 되는 사업이 아니다.

그림 3-1 H중공업의 달러/원 선물환을 이용한 환위험 관리

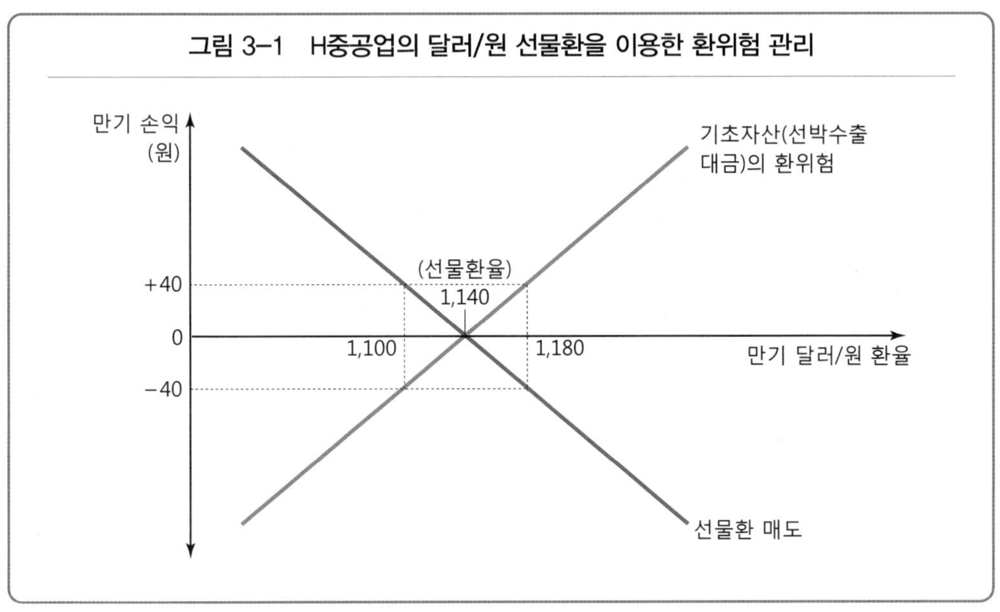

H중공업과 같이 외화를 대가로 수출하는 기업은 외화 선물환 매도거래를 통해 환위험을 헤지하고, 반대로 외화를 대가로 수입하는 기업은 외화 선물환 매입거래를 통해 환위험을 헤지하게 된다. 요약하면,

수출 기업 ⇒ 외화 선물환 매도 헤지
수입 기업 ⇒ 외화 선물환 매입 헤지

가 된다.

2 외환스왑(Fx swap)을 이용한 환위험 관리

외환스왑 거래를 통화스왑(currency swap) 거래와 흔히 혼동하는 경우가 많은데, 외환스왑은 동일한 거래상대방과 동일 금액의 두 외환거래(현물환 거래와 선물환 거래)를 거래방향을 반대로 하여 체결하는 한 쌍의 외환거래이다. 통화스왑 또한 현물환 거래에 해당하는 초기 원금 교환과 선물환 거래에 해당하는 만기 원금 교환이 발생하지만, 스왑기간이 장기(통상 1년 이상)이고 스왑기간 중에 주기적으로 이자교환이 발생한다는 점에서 서로 구별된다. 외환스왑은 주로 만기가 단기(통상 1년 이하)이며 선물환 거래의 한 종류로 외환시장에서 주로 이용된다.

외환스왑거래에 사용하는 환율을 살펴보면 두 개의 조합거래 중 현물환 거래쪽에는 거래 당시 현물환율을 적용하고, 선물환 거래쪽에는 만기별로 일반 선물환 거래(Outright forward)에 적용하는 선물환율을 그대로 적용한다.

외환스왑거래는 환위험 관리를 위해 매우 유용하게 사용되는데 아래의 거래 사례들을 통해 외환스왑의 활용사례를 살펴보도록 하자.

▶ 외환스왑을 이용한 외환의 수취, 지급 시점의 불일치 해소

A기업은 수출과 수입거래를 동시에 행하는 무역업체이다. 2영업일 후에 수출대금 US$1백만 달러의 입금이 예정되어 있고, 3개월 후 US$1백만 달러의 수입대금의 결제가 예정되어 있다. 현재 현물환 환율은 1,120원/US$이고, 3개월 선물환 환율은 1,123원/US$이라고 가정하자.

A기업의 외환포지션은 동일 금액의 매입 포지션과 매도 포지션이 있으므로 순포지션은 '0'이다(이를 square포지션이라 함). 그러나 외환의 수취와 지급 시점의 불일치로 인해 환위험을 관리할 필요가 있다.

만일 A기업이 2영업일 후에 입금 예정인 US$1백만 달러를 현물환 시장에 매도하여 원화자금을 이용하고, 3개월 후에 수입대금(US$1백만 달러)을 당시의 시장 환율에 매입하여 결제하고자 한다면, 3개월 후의 환율 변동 위험에 노출되게 된다. 따라서 3개월 후의 수입대금에 대한 환위험을 헤지하기 위해서는 3개월 달러 선물환 매입거래가 필요하다.

A기업이 개별적인 현물환 매도거래와 선물환 매입 헤지거래를 체결하는 것보다, 현물환 매

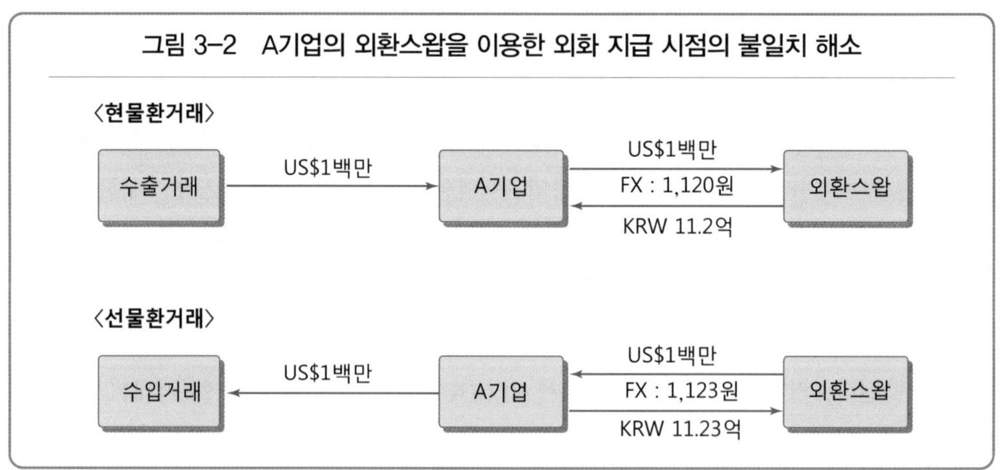

도와 선물환 매입 거래가 한 쌍으로 체결되는 외환스왑을 이용하면 거래비용 또한 절약할 수 있다.

〈그림 3-2〉는 A기업의 외환스왑 거래를 나타낸 것이다. 2영업일 후에 수취하는 US$1백만 달러를 외환스왑 상대방에게 지급하고, 원화 11억 2천만 원을 수취하게 된다. 원화 11억 2천만 원의 자금을 3개월간 활용한 후, 약정한 외환스왑 환율이 1,123원/US$이므로 원화 11억 2천 3백만 원을 지급하고 US$1백만 달러를 수취하여 수입대금 결제에 이용하면 된다.

3 통화옵션(Fx option)을 이용한 환위험 관리

선물환과 외환스왑을 이용한 환위험 관리는 미래의 환율 움직임에 관계없이 외환포지션을 선물환 환율에 고정시킨다. 앞서 살펴본 H중공업의 선물환 매도 헤지거래는 기초자산인 달러 long포지션(원화 short포지션)의 만기 환율 하락에 대한 위험을 헤지하지만, 만기 환율 상승에 따른 기회이익마저도 제거해 버린다. 반면 통화옵션을 이용한 환위험 관리는 외환포지션에 대한 선택적인 헤지를 가능하게 한다.

〈그림 3-3〉과 같이 H중공업은 달러 선물환 매도거래 대신 행사 가격이 1,140원/US$이고 프리미엄이 30원/US$인 달러 풋옵션을 매입함으로써 환위험을 관리할 수도 있다. 그림에서 회색 실선은 달러 풋옵션 매입의 만기 손익을 나타낸 것이고, 점선은

그림 3-3 H중공업의 달러/원 통화옵션을 이용한 선택적 환위험 관리

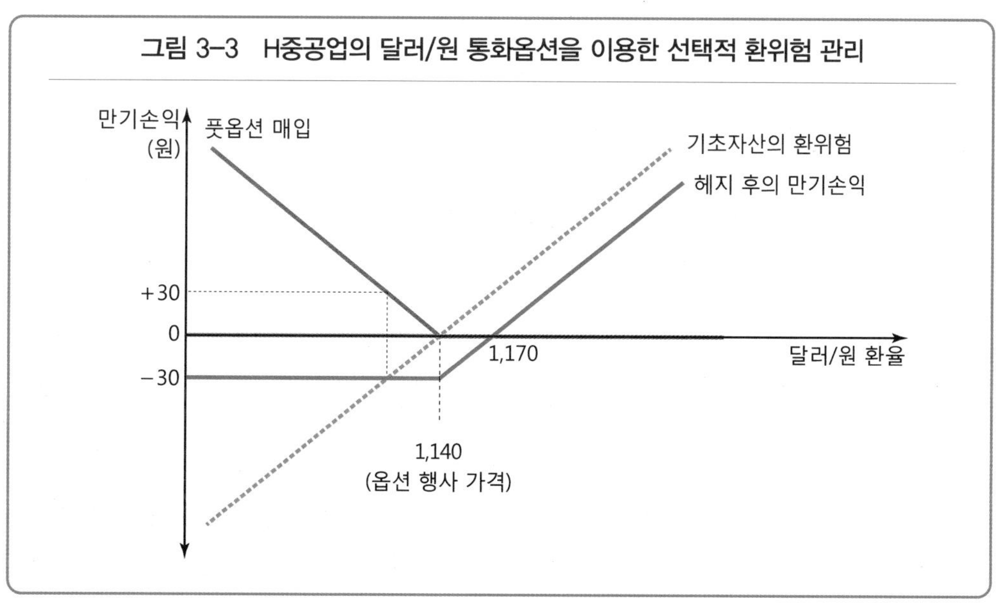

기초자산인 달러 롱포지션의 만기 손익을 나타낸 것이다. 풋옵션의 프리미엄이 30원/US$이므로 옵션비용을 감안한 헤지 후의 전체 손익은 실선이 된다. 만기 환율 하락 시 최대 −30원/US$의 손실로 환위험을 헤지하게 되고, 만기 환율 상승 시 달러화 평가절상에 대한 이익을 얻을 수 있다.

통화옵션을 이용한 환위험 관리전략은 위에서 언급한 단순 풋옵션 이외에도 각종 스프레드 거래전략과 변동성 이용전략 등이 있다. 뿐만 아니라, 각종 이색옵션(exotic option)을 이용하여 기업이 원하는 다양한 형태의 위험과 손익구조(risk-return structure)를 선택적으로 만들어 낼 수도 있다. 그 대표적인 예가 2006년초 이후 국내에서 환율하락기에 국내 기업들에게 널리 이용되었다가 200]8년 하반기 국제적인 금융위기 이후 환율 급등으로 크게 문제가 되었던 키코(KIKO : knock-in knock-out)와 같은 상품이다.

이 장에서는 국내 시장에서 기업들의 환위험 관리에 이용된 이색적인 형태의 통화옵션 상품에 대해 간단히 살펴보자. 국내 시장의 US$/원화 간 통화옵션의 경우 기업이 옵션비용(옵션 premium)을 지불하고 통화옵션을 매입하기보다는 옵션비용 절감목적으로 옵션 매입자의 권리인 무한의 이익(unlimited profit)기회를 일부 포기하는 대신 옵션비용을 지불하지 않는 형태의 'Zero-cost옵션'상품들이 많이 거래된다.

(1) 통화옵션을 이용한 일반 선물환의 복제(합성 선물환)

수출기업의 경우 선물환 매도를 통한 환위험 헤지를 알아보았는데, 통화옵션을 이용하여 일반 선물환(Outright forward)을 그대로 복제할 수 있는데 이를 '합성 선물환'이라고 부른다. 현재 외환시장의 현물환율이 1,120원이고 만일 A수출기업이 3개월 후 수취예정인 수출대금 US$50만 달러를 3개월 만기 선물환으로 1,125원에 매도가 가능한 상황이라면 아래와 같이 통화옵션을 거래하는 경우 동일한 거래효과를 거둘 수 있다. 또한 수입업체의 경우 환위험헤지를 위해 거래하는 선물환 매입거래는 콜옵션의 매입과 풋옵션의 매도를 통해 복제될 수 있다.

선물환 매도＝풋옵션(행사환율 1,125원) 매입＋콜옵션(행사환율 1,125원) 매도
선물환 매입＝콜옵션(행사환율 1,125원) 매입＋풋옵션(행사환율 1,125원) 매도

물론 통화옵션을 거래하는 경우 옵션비용인 옵션 프리미엄을 수수해야 하는데 선물환 매도효과를 위한 합성 선물환의 경우 풋옵션매입 시 지급하는 프리미엄과 콜옵션매도 시 수취하는 프리미엄이 동일하여 Net premium이 제로(0)인 제로코스트 옵션이 된다.

그림 3-4 통화옵션을 이용한 일반 선물환의 복제

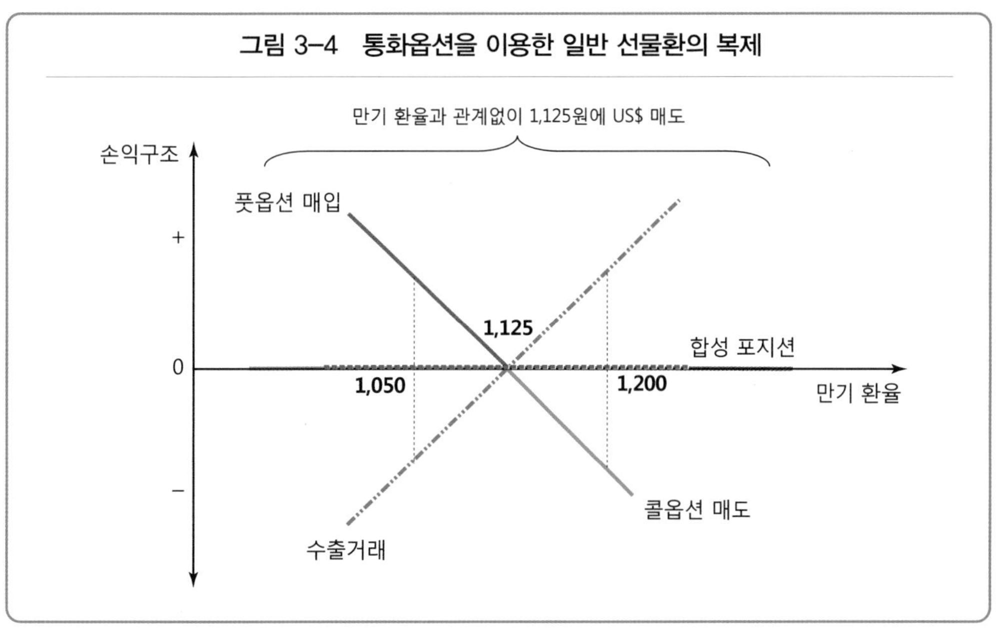

(2) 범위 선물환(Range forward)

기본적인 합성 선물환이 일반 선물환 가격을 행사 가격으로 하는 콜 옵션과 풋 옵션 거래로 구성(복제)되는 반면 레인지 포워드는 두 옵션의 행사 가격을 달리하는 구조로 설계된다. 매입 옵션과 매도 옵션의 프리미엄이 같게 설계되므로 일반 선물환 거래와 마찬가지로 초기 옵션비용이 발생하지 않는다. 수출업체에게 레인지 포워드의 장점은 일반 선물환 거래가 미래의 거래 환율을 확정시킴으로써 환율 변동에 따른 이익 기회까지 차단하는데 비해 최저 환율~최고 환율의 범위를 구성하여 환율 상승 시 일정 수준의 이익 실현이 가능하다는 것이다. 물론 환율 하락 시에는 일정 수준까지의 손실을 감수해야 한다.

A수출업체가 일반 선물환 거래 대신 범위 선물환 매도거래를 이용하는 경우 아래의 두 가지 통화옵션거래를 통해 합성할 수 있다.

구성 옵션	행사 가격	거래 금액	매입/매도
유러피언 풋 옵션	1,050원(최저환율)	50만불	매입
유러피언 콜 옵션	1,195원(최고환율)	50만불	매도

A수출기업은 3개월 후 만기 시의 시장 환율에 따라 다음과 같이 범위 선물환의 결제

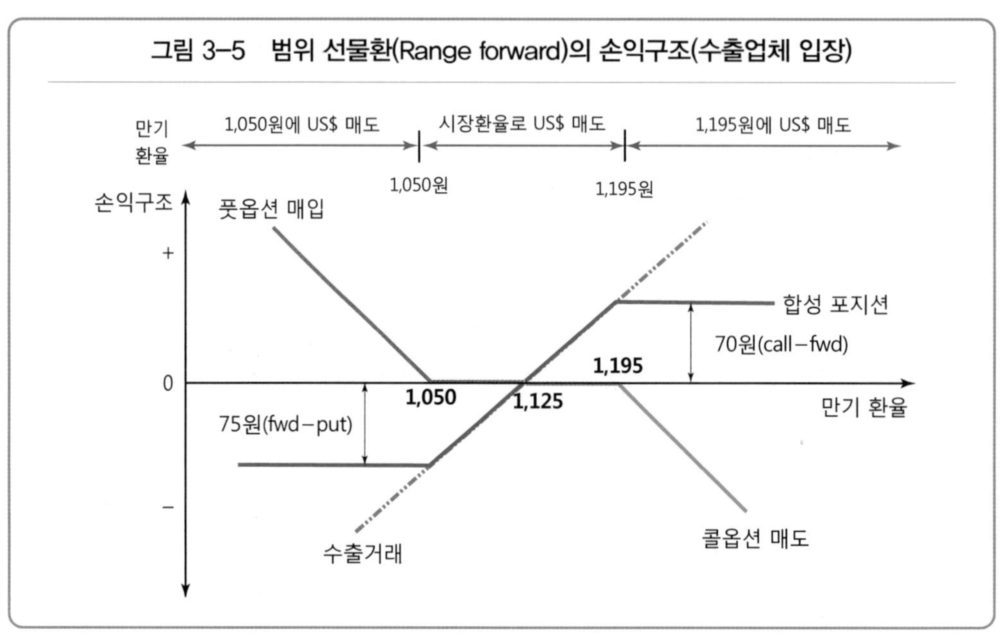

그림 3-5 범위 선물환(Range forward)의 손익구조(수출업체 입장)

를 하게 된다.

만기 현물환율	행사되는 옵션	만기 결제 내용
1,050원 이하	풋옵션	A업체가 US$50만불을 1,050원에 매도
1,050원~1,195원	없음	행사되는 옵션이 없으므로 A업체는 시장 환율로 매도
1,195원 이상	콜옵션	A업체가 US$50만불을 1,195원에 매도

A수출기업이 일반 선물환을 이용하는 경우 만기 환율과 관계없이 1,125원의 확정 가격에 수출대금을 매도할 수 있으나, 만기 환율이 1,150원이 되면 US$ 1불당 25원의 추가 이익을 포기해야 한다. 만일 Range forward를 이용하는 경우 만기 환율이 1,150원이라면 수출대금도 1,150원에 매각하게 되어 추가 이익 확보가 가능하다. 하지만 만기 환율이 1,100원이 되면 수출대금을 1,100원에 매각해야 하므로 일반 선물환 대비 US$1불당 25원의 손실이 발생하게 된다.

한편 수입업체의 경우에는 콜옵션을 매입(행사환율 예 1,200원)하고 풋옵션을 매도(행사환율 예 1,055원)하여 범위 선물환 매입거래를 구성할 수 있다.

(3) 인핸스드 포워드(Enhanced forward)

인핸스드 포워드 매도거래는 일반 합성 선물환 거래에 행사 가격이 낮은 외가격(OTM : Out-of-the-Money) 풋옵션을 추가로 매도하여 가격 조건을 개선한 상품이다. 옵션의 추가 매도에 따른 옵션 프리미엄은 가격 조건 개선에 이용되므로 초기 옵션거래비용은 발생하지 않는다. 인핸스드 포워드 매도거래는 환율이 크게 하락하지 않는 한 일반 선물환 거래에 비해 유리한 반면 환율 급락으로 인한 손실 확대는 방어하지 못한다. 즉, 수출업체 입장에서 환율 급락 시 환차손을 일부 보전받기는 하지만 환헤지 효과를 완전히 기대하기 어려운 단점이 있다.

A수출업체가 일반 선물환 거래 대신 Enhanced forward 매도거래를 이용하는 경우 아래의 세 가지 통화옵션거래를 통해 합성할 수 있다.

구성 옵션	행사 가격	거래 금액	매입/매도
유러피언 풋 옵션	1,100원	50만불	매도
유러피언 풋 옵션	1,135원	50만불	매입
유러피언 콜 옵션	1,135원	50만불	매도

A수출기업은 3개월 후 만기 시의 시장 환율에 따라 아래와 같이 범위 선물환의 결제를 하게 된다.

만기 현물환율	행사되는 옵션	만기 결제 내용
1,100원 이하	풋옵션(행사 가격 1,100원) 풋옵션(행사 가격 1,135원)	A업체가 수출대금을(시장환율+35원)에 매도
1,100원~1,135원	풋옵션(행사 가격 1,135원)	A업체가 US$50만불을 1,135원에 매도
1,135원 이상	풋옵션(행사 가격 1,135원) 콜옵션(행사 가격 1,135원)	A업체가 US$50만불을 1,135원에 매도

A수출기업이 Enhanced forward 매도거래를 이용하는 경우 일반 선물환(환율 1,125원)과 비교해 만기 환율이 1,100원 이상이라면 US$1불당 10원의 가격 개선(enhanced) 효과가 있지만, 만일 만기 환율이 1,100원 이하라면 헤지하지 않은 경우보다는 US$1불당 35원의 보상이 있으나 환율 급락 시 환위험에 그대로 노출되는 특징이 있다.

그림 3-6 Enhanced forward의 손익구조(수출업체 입장)

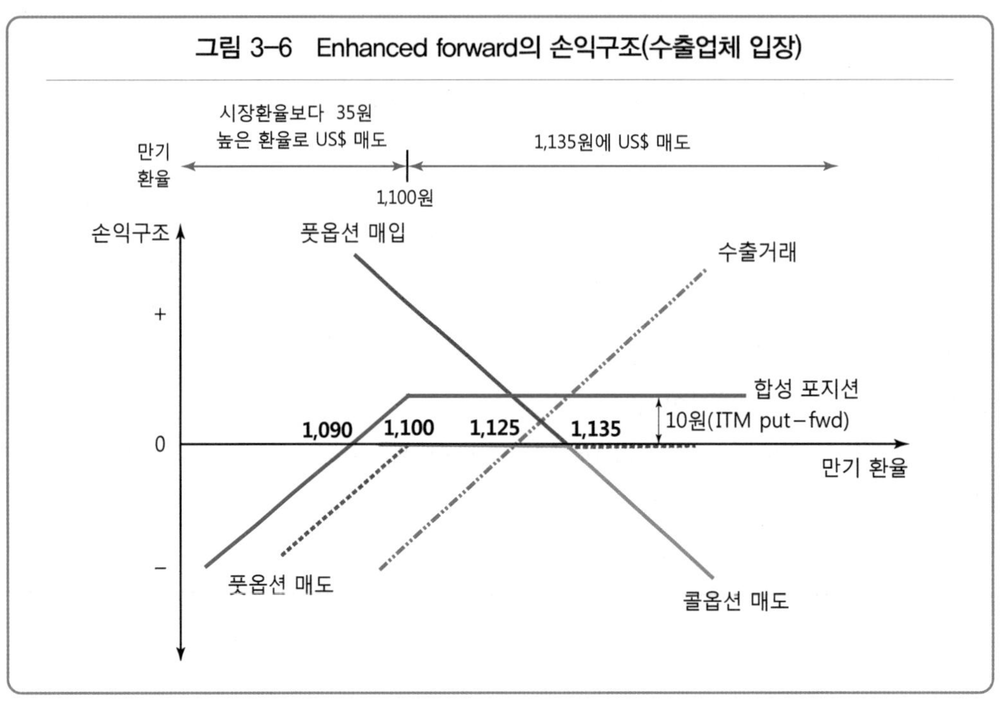

(4) 목표 선물환(Target forward)

목표 선물환 매도거래는 일반 합성 선물환 거래에 콜 옵션을 추가로 매도하여 가격 조건을 개선한 상품이다. 옵션의 행사 가격(목표 환율)보다 만기 환율이 상승할 경우 통상 2배수의 콜 옵션이 모두 행사되므로 두 배의 일반 선물환을 거래한 것과 동일한 효과가 나타나게 된다. 가격 개선 효과를 위해 수출기업의 경우 매도하는 콜옵션의 금액을 배수로 늘이는(레버리지 효과) 특징을 가진 상품으로 그만큼 투기적 성격이 포함되어 있다. 앞의 상품들과 마찬가지로 초기 옵션비용은 발생하지 않는다. 목표 선물환은 추가로 매도하는 콜 옵션의 가치가 상대적으로 높기 때문에 일반 선물환 대비 가격 개선 효과도 큰 편이지만 반면 환율이 큰 폭으로 상승할 경우 시장 환율에 비해 낮은 가격으로 두 배에 해당하는 거래를 이행해야 하는 위험을 부담한다.

A수출업체가 일반 선물환 거래 대신 Target forward 매도거래를 이용하는 경우 다음의 두 가지 통화옵션거래를 통해 합성할 수 있다.

구성 옵션	행사 가격	거래 금액	매입/매도
유러피언 풋 옵션	1,145원	50만불	매입
유러피언 콜 옵션	1,145원	100만불	매도

A수출기업은 3개월 후 만기 시의 시장 환율에 따라 아래와 같이 Target forward의 결제를 하게 된다.

만기 현물환율	행사되는 옵션	만기 결제 내용
1,145원 이하	풋옵션(행사 가격 1,145원)	A업체가 US$50만불을 1,145원에 매도
1,145원 이상	콜옵션(행사 가격 1,145원)	A업체가 US$100만불을 1,145원에 매도

A수출기업이 Target forward 매도거래를 이용하는 경우 일반 선물환(환율 1,125원)과 비교해 US$1불당 20원의 가격 개선 효과가 있지만, 만일 만기 환율이 1,145원을 초과하는 경우 2배수의 금액을 매도해야 하므로 만일 이 2배수 금액이 수출금액을 초과하게 되면 당시 시장에서 부족한 US$를 매입하여 결제하게 되어 환차손이 발생하므로 Target forward상품을 이용하는 경우에는 계약금액 결정에 신중해야 한다.

그림 3-7 목표 선물환(Target forward)의 손익구조(수출업체 입장)

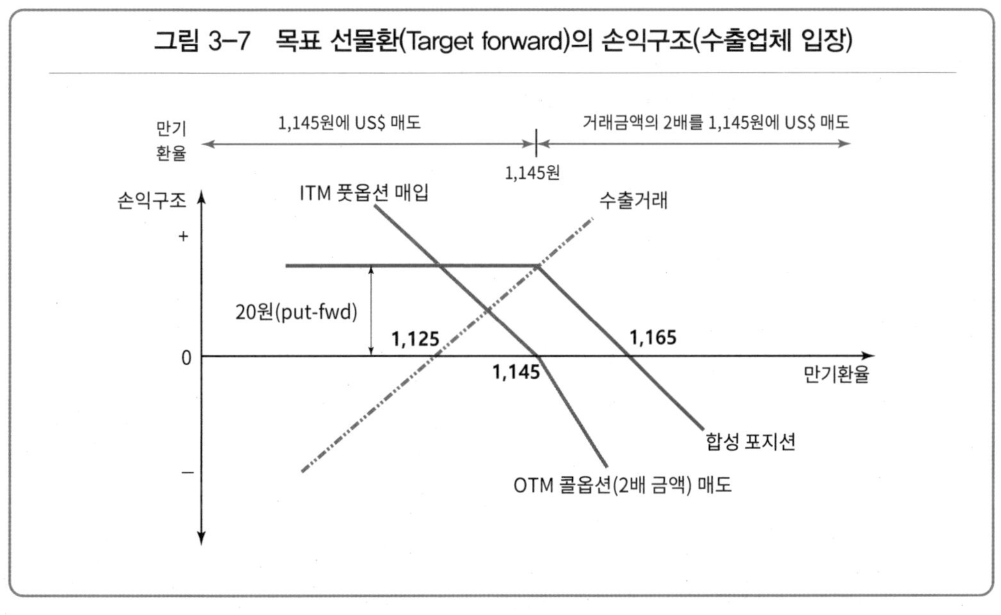

chapter 04

신용파생상품

section 01 신용파생상품 개요

신용파생상품(credit derivatives)이란 채권이나 대출 등 신용위험이 내재된 부채에서 신용위험만을 분리하여 거래당사자 간에 이전하는 금융계약을 말한다. 신용파생상품 중 가장 기본적이고 대표적인 거래는 신용디폴트스왑(CDS : credit default swap)이다. CDS는 준거기업 혹은 준거자산(reference entity)에 대한 신용위험을 보장매입자(protection buyer)가 보장매도자(protection seller)에게 일정한 프리미엄을 지불하고 이전하는 계약이다.

만약 만기 이전에 서로 정한 신용사건이 발생할 경우 보장매도자는 손실금(채무원금－회수금액)을 보장매입자에게 지급해야 한다. 손실금의 지급방법은 현금으로 정산(cash settlement)할 수도 있고, 미리 정한 준거자산을 직접 이전(physical settlement)할 수도 있다.

신용위험의 인수대가인 CDS 프리미엄은 준거자산의 신용사건 발생 가능성, 신용사건 발생 시 예상되는 준거자산의 회수율(recovery rate), 보장매도자의 신용도 등에 따라 결정된다. 여기서 주의할 점은 보장매입자는 준거기업에 대한 신용위험을 이전하는 대신 보장매도자의 신용위험을 인수하게 된다는 것이다.

최근 신용파생지수(credit index)를 거래소에 상장하여 표준화된 거래를 시도하고 있으나, 신용파생상품은 전통적으로 장외시장에서 거래되는 장외파생상품이므로 다양한 형태의 상품이 존재한다.

신용파생상품 시장의 참여자는 다음과 같다.

첫째, 은행 및 대출 금융기관들이다. 특히 은행은 신용위험을 관리할 목적으로 CDS 시장을 형성한 것이 신용파생상품 시장 발전의 근간이 되었다. 둘째, 투자은행들은 신용파생상품을 설계하고 거래 참여자들을 연결시킴에 따라 수수료 수입을 얻을 수 있다. 셋째, 보험회사 등의 기관투자자들은 보장매도(protection sell)를 통해 신용위험을 인수함으로써 고수익을 얻을 수 있다. 마지막으로 자산운용사나 헤지펀드들도 신용파생상품 시장에 참여하고 있다. 이들은 신용위험의 보장매입과 매도(CDS거래)를 통해 다양한 차익거래를 추구한다. 특히 헤지펀드는 레버리지 기법 등 다양한 신용파생상품 전략을 통해 고수익을 창출한다.

그림 4-1 CDS의 구조

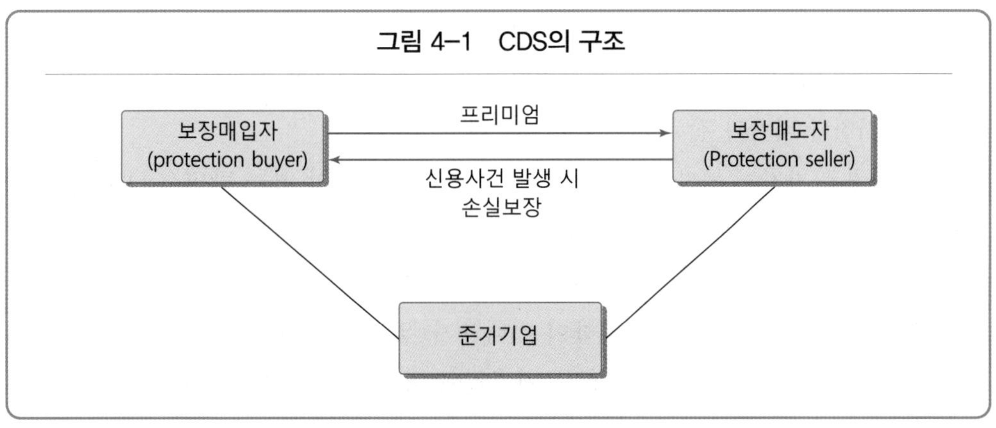

신용파생상품 시장의 주요 용어

① 준거기업(reference entity) : 신용파생상품의 거래대상이 되는 채무(채권 · 대출 등)를 부담하는 주체로 은행, 기업 등의 개별 기업뿐만 아니라, 국가나 신용 포트폴리오 또한 준거기업이 될 수 있다. 예를 들어, 대한민국 국채를 기초자산으로 하는 CDS가 거래된다.

② CDS 프리미엄 · 신용스프레드 : 보장매입자가 보장매도자에게 지급하는 비용으로 매년 일정 스프레드를 지급하거나 특정 시점(거래 시점)에 지급한다.

③ 신용사건(credit event)은 준거기업의 파산(bankruptcy), 지급불이행(failure to pay), 채무재조정(restructuring), 채무불이행(obligation default), 기한의 이익상실(obligation acceleration), 지급이행거절(repudiation)과 모라토리엄 선언(moratorium)으로 구성된다.

④ 회수율(recovery rate) : 준거기업의 신용사건 발생 시 자산의 회수비율을 회수율이라고 한다. 어떤 기업에 신용사건이 발생할 경우 부채의 선순위 여부에 따라 채권자들 간에 채권의 회수순위가 결정되고, 회수율 또한 달라지게 된다.

section 02 신용파생상품의 특징과 유용성

1 신용파생상품의 특징

신용파생상품은 기존의 신용위험을 대상으로 한 채권이나 대출과 다른 특징을 갖고 있다. 대표적인 신용파생상품인 CDS와 기업이 발행한 회사채를 비교해 보자. CDS 프리미엄은 준거기업의 신용위험만을 분리한 가치로 준거기업이 발행한 회사채 신용스프레드와 유사하나 다음과 같은 차이점을 갖는다.

첫째, 채권 투자자는 투자 시점에 반드시 원금을 지불해야 하는 반면, CDS의 보장매도자는 신용사건이 발생하는 경우에만 손실금(채무원금 – 회수금액)을 지급하면 되므로 원금의 투자 없이 레버리지 효과를 거둘 수 있다. 둘째, CDS거래는 실물채권을 직접 갖고 있지 않아도 신용위험만을 분리하여 거래할 수 있으므로 채권시장의 유동성에 직접적으로 영향을 미치지 않는다. 셋째, 준거기업에 대한 부정적 전망으로 신용위험의 증가가 예상될 경우 회사채 공매도 전략을 생각할 수 있으나 현실적인 어려움이 있는 반면 신용파생상품의 경우 보장매입(protection buy)을 통해 신용위험에 대한 매도 포지션을 쉽게 취할 수 있다.

2 신용파생상품의 유용성과 위험성

신용파생상품은 금융기관과 투자자들의 서로 반대되는 신용 관련 수요를 충족시키기 위해 만들어진 상품이다. 금융기관(보장매입자)은 신용파생상품을 통해 신용위험을 회피할 수 있으며, 투자자(보장매도자)는 신용위험을 떠안음으로써 새로운 투자기회를 제공받는다.

따라서 신용파생상품의 유용성을 다음과 같이 요약할 수 있을 것이다.

❶ 금융기관에게는 효율적인 신용위험 관리수단이 된다. 신용위험만을 분리하여 거래할 수 있으므로, 앞서 설명했듯이 기존 자산을 그대로 보유하면서 신용위험을 관리할 수 있다. 따라서 신용위험 이전에 따른 위험자산의 감소로 추가적인 신용공여 여력을 창출하게 된다.

❷ 유동성이 떨어지는 자산의 유동성을 증가시킬 수 있다. 신용파생상품은 대출과 같이 매각하기 힘든 자산에 비해 쉽게 거래할 수 있으므로 유동성이 상대적으로 높다.

❸ 신용위험에 대한 새로운 투자기회를 제공한다. 보장매도자는 추가적인 자산 획득 없이 특정 신용위험을 인수하고 고수익을 올릴 수 있다. 즉, 신용파생상품 거래를 통해 실제 신용공여 없이 신용위험을 인수하는 대가로 프리미엄 수입을 올릴 수 있다. 또한 어떤 법적 규제나 제약으로 인해 직접적으로 시장에 진입하지 못할 때에도 간접적으로 시장에 참여할 수 있다.

❹ 신용위험의 가격발견(price discovery) 기능이 제고될 수 있다. 신용파생상품을 통해 시장 간 신용위험에 대한 차익거래가 가능하므로, 신용위험에 대한 합리적인 시장 가격이 형성되고 활발한 매매를 통해 시장효율성이 더욱 강화된다.

하지만 이러한 유용성에도 불구하고 신용파생상품은 아래와 같은 위험성을 내포하고 있다.

❶ 신용파생상품에 대한 금융기관과 금융당국의 리스크 관리가 소홀할 경우 금융 시스템의 안정성이 저해될 여지가 높다. 금융기관의 경우 리스크 관리가 미흡한 가운데 고수익만을 추구하여 보장매도(protection sell)를 확대할 경우 대규모의 손실 혹은 부도위험에 노출될 수 있다. 금융당국의 입장에서도 신용파생상품의 경우 부외거래가 많아 규제와 감독의 틀을 벗어날 수 있어 적시에 대응하기 힘들다.

❷ 은행 등 금융기관의 경우 신용위험이 이전되면, 신용공여의 사후관리 소홀 등의 도덕적 해이 현상이 발생할 수 있다.

❸ 신용구조화 상품은 구조가 복잡하여 정보의 비대칭현상이 발생할 수 있고, 이로 인해 몇몇 대형 투자자들에 의해 가격과 변동성이 왜곡될 수 있다.

❹ 신용위험에 대해 상대적으로 이해도가 낮은 일반투자자들에게 위험자산을 복잡한 구조 등으로 가공함으로써 잠재적인 위험을 간과하게 만드는 결과를 가져온다.

section 03 주요 신용파생상품

신용파생상품은 거래소에 상장되어 표준화된 형태로 거래되기보다는 대부분 장외시장에서 거래되므로 다양한 상품이 존재할 수 있다. 따라서 구조 또한 대단히 복잡하여 그 내용을 파악하기가 쉽지 않은 거래가 많다. 그러나 상품내용을 분류할 때 이전되는 신용위험의 준거자산 수에 따라 단수 준거기업(single-name)상품과 복수 준거기업(multi-name)상품으로 나누거나, CDS나 TRS와 같은 개별 신용파생상품과 구조화를 통해 변형된 신용구조화 상품(structured credit products)으로 나누는 등의 방법으로 상품의 특성을 파악할 수 있다. 이 장에서는 시장에서 거래되는 대표적인 상품에 대해서 살펴보도록 하자.

1 총수익률스왑(TRS : Total Return Swap)

TRS는 보장매입자가 준거자산에서 발생하는 이자, 자본수익(손실) 등 모든 현금흐름을 보장매도자에게 지급하고, 보장매도자로부터 약정한 수익(예를 들어, Libor+spread)을 지급받는 계약이다. 준거자산에서 발생하는 모든 현금흐름을 이전하기 때문에 현금흐름 측면에서 준거자산을 매각하는 것과 동일하다.

따라서 CDS는 신용사건이 발생하는 경우에만 준거자산에서 발생하는 손실의 결제가 일어나는 반면, TRS는 신용사건이 발생하지 않는 평상시에도 준거자산의 시장가치를 반영한 현금흐름이 발생한다. 즉, TRS는 신용위험뿐만 아니라, 시장위험까지도 동시에 이전하는 형태의 상품이다.

스왑기간 동안 보장매입자는 자신이 보유한 준거자산에서 발생하는 이자소득을 보장매도자에게 지급하고, 보장매도자는 보장매수자에게 Libor 금리에 고정 스프레드를 더한 이자를 준다. 계약 만기 시에 준거자산의 시장 가격이 계약 당시의 가격보다 상승한 경우 보장매입자가 보장매도자에게 차액을 지불하고, 가격이 하락한 경우 반대 방향의 현금흐름이 발생한다. 만약 계약기간 중에 준거자산이 도산하게 되는 경우에는 CDS의 경우와 같이 보장매도자가 보장매수자에게 준거자산의 액면가에서 시장 가격을 뺀 만큼을 지급하거나(현금정산의 경우), 준거자산의 액면 가격만큼을 지급하고 도산한 준거자산을 인도받게 된다(실물인도의 경우). TRS의 준거자산은 개별 기업의 특정 자산이 될 수

그림 4-2 TRS의 구조

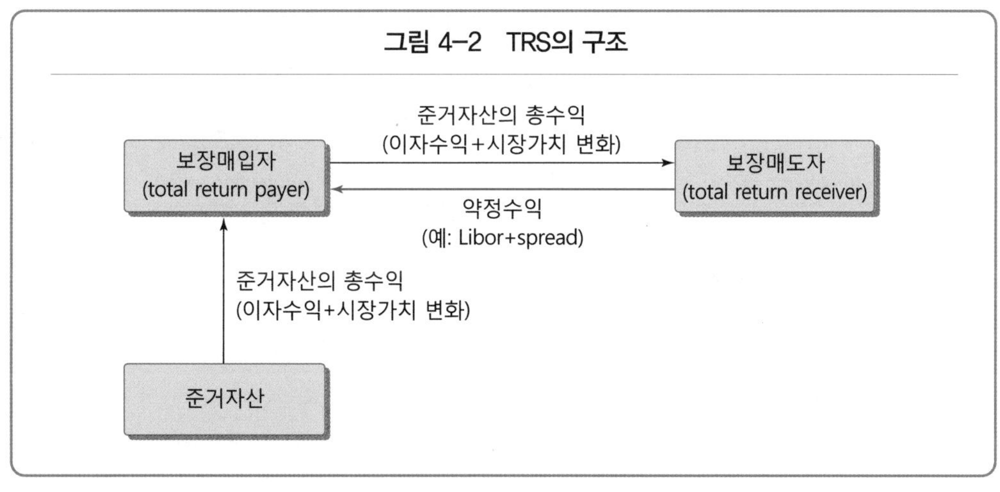

도 있고, 여러 자산으로 구성된 포트폴리오를 대상으로 할 수도 있다.

2 신용연계채권(CLN : Credit Linked Note)

신용연계채권은 일반적으로 고정금리채권에 신용파생상품이 내재된 형태의 신용구조화 상품(structured credit products)이다. 즉 채권에 TRS, 신용스프레드(credit spread)상품 또는 CDS 등의 신용파생상품이 추가된 형식이다. 현재 시장에서는 CDS가 추가된 CLN이 가장 일반적으로 거래되고 있다. CDS의 경우 투자자금 없이 프리미엄만 받는 구조였다면, CLN은 초기 채권 매입에 원금을 투자하고 CLN 발행자 외의 다른 준거기업(CDS)에 대한 신용위험을 추가로 인수하여 그 준거자산의 신용사건이 발생하는 경우 채권 투자원금을 손실 보는 대신, 연계된 준거기업의 자산을 인수받게 된다. CLN 투자자는 CLN발행자의 일반채권보다 더 높은 투자수익률을 기대할 수 있고, 발행자는 CLN발행을 통해 자금조달 비용을 낮출 수 있다. 한편 CLN을 설계하고 거래를 중개하는 투자은행은 수수료 수익을 얻을 수 있다.

CLN은 발행 형태에 따라 크게 두 가지로 나눌 수 있다. 첫째, CLN 발행자(보장매입자)가 보유자산 등을 기초로 하여 준거기업에 대한 CDS가 내재된 CLN을 직접 발행하는 형태이다. 이 때 CLN 투자자(보장매도자)는 준거기업의 신용사건 발생 시 손실을 부담하

그림 4-3 CLN의 구조

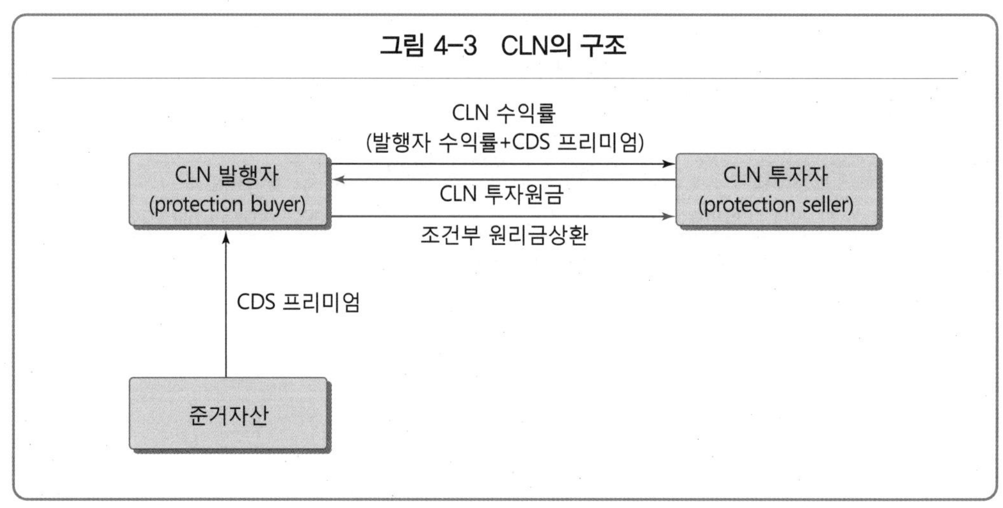

는 대신 발행자의 일반채권보다 높은 투자수익을 얻을 수 있다. CLN의 원리금 상환조건은 발행자의 신용뿐만 아니라 준거기업의 신용사건 발생 여부(신용사건의 발생조건은 준거기업의 파산, 지급불이행, 채무재조정 등으로 CLN 발행조건에 명시됨)에 따라 결정된다. 신용사건이 발생하지 않으면 정상적으로 만기에 원리금이 상환되지만, 신용사건이 발생하면 원금상환은 준거기업의 손실이 감안된 정산절차에 따라 원리금이 결정된다. 다시 말해 CLN투자는 발행자의 신용위험 뿐만 아니라, 내재된 준거기업의 신용위험 또한 감수하게 된다는 것이다. 따라서 투자자는 발행자의 일반채권 수익률에 준거기업에 대한 신용프리미엄(CDS 프리미엄)이 추가된 수익을 얻을 수 있다.

둘째, 특수목적회사(SPC or SPV : special purpose company/vehicle)를 통해 CLN을 발행하는 경우이다. CLN 투자자는 준거기업의 신용위험뿐만 아니라 발행자의 신용위험 역시 감수하여야 한다. 따라서 만약 투자자가 준거기업의 신용위험은 인수할 수 있으나 발행자의 신용위험 인수에 제한적일 경우, 특수목적회사를 통해 발행한 CLN에 투자하면 이러한 문제를 어느 정도 해결할 수 있다.

원금수반된 구조(funded structure)와 원금 비수반된 구조(unfunded structure)

CDS거래는 초기 원금이 수반되지 않고 신용위험 인수에 대한 대가로 프리미엄만이 수수되는 unfunded 형태의 스왑거래이다. 반면 CLN은 투자자금이 수반되므로 funded 형태의 거래이다. CDS거래에서 보장매입자는 신용사건 발생 시 보장매도자에게 준거기업의 손실금을 보전받아야 하므로 거래상대방(보장매도자)에 대한 위험에 노출되게 된다. 반면 CLN의 경우, 보장매입자인 CLN 발행자는 준거기업의 부도 시 CLN 발행대금에서 손실금을 회수할 수 있으므로 거래상대방에 대한 위험이 없다. 따라서 보장매입자의 입장에서는 투자자와 직접 CDS거래를 하는 데는 제한이 있을 수 있고, CLN을 통한 신용보장 매입을 선호하게 된다.

이 경우 〈그림 4-4〉와 같이 SPV를 설립하여 CLN을 발행하고, 투자자의 투자원금으로 신용위험이 낮은 국채 등의 우량 담보채권(collateral)을 매입하게 된다. 그리고 보장매입자는 SPV와 CDS거래를 체결하여 준거기업의 신용위험을 SPV에 이전한다. 따라서 보장매입자는 준거기업의 신용사건 발생 시 담보채권으로 손실보전이 가능하다. 투자자의 입장에서도 준거기업의 신용사건 발생 시에는 당연히 준거기업의 손실을 부담하지만, 보장매입자의 신용사건 발생 시에는 SPV가 담보채권을 보유하고 있으므로 CLN

의 원리금 상환이 보존된다. 결과적으로 SPV가 발행한 CLN의 수익률은 담보채권의 수익률과 보장매입자로부터 수취하는 CDS 프리미엄의 합이 된다.

그림 4-4 SPV를 통한 CLN의 구조

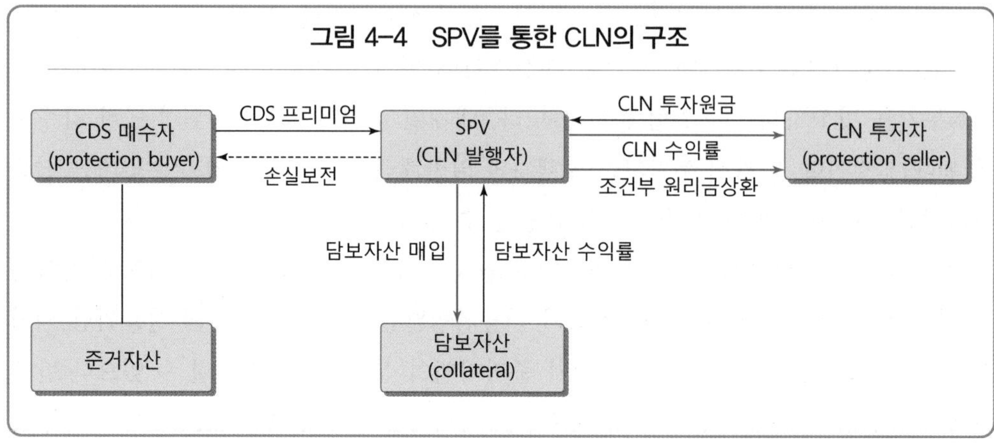

[참고] ESG 투자에 대한 이해

1 ESG와 책임투자의 기본 이해

1) ESG의 기본 개념과 대두 배경

ESG는 기존의 재무정보에 포함되어 있지 않으나 기업의 중장기 지속가능성에 영향을 미칠 수 있는 요인들을 환경, 사회, 지배구조로 나누어 체계화한 기준으로 자본시장에서 기업을 평가하는 새로운 프레임워크(Framework)로 발전되었다. 기업이나 조직 관점에서 이를 반영한 경영을 ESG 경영이라 하고 금융의 관점에서 이를 반영한 투자는 ESG 투자 혹은 책임투자 등으로 일컬어진다.

ESG(Environmental, Social, Governance)는 금융기관을 중심으로 발전된 개념으로 1900년대 초반 이후 유럽시장을 중심으로 발전해 왔다. 2005년 UN 코피아난 사무총장이 대형 금융기관에 서신을 보내 ESG를 반영한 책임투자에 앞장서 줄 것을 요청했고 금융기관들이 이에 응하면서 2006년 책임투자 원칙을 실행하고자 하는 금융기관의 이니셔티브인 PRI(Principal of Responsible Investment)가 결성되면서 본격적으로 확산되었다.

2008년 금융위기를 겪으며 금융자본의 바람직한 역할이 강조되고, 2020년 COVID-19의 전 세계적인 유행으로 위기에 대한 대응 능력이 회복 탄력성(resilience)의 개념으로 대두되면서 ESG가 회복 탄력성의 중요한 요소로 강조되고 있다.

한편, 2021년 파리기후협약 이행기가 도래함에 따라 각국 정부의 탄소중립안에 따른 다양한 관련 정책 및 법제가 정비·발효됨에 따라 환경을 중심으로 기업경영에 실질적으로 미치는 영향이 증가하면서 ESG에 대한 중요성은 점차 확대될 전망이다.

2) ESG 투자 방식과 시장 규모

ESG 요소를 반영한 투자는 책임투자(Responsible Investing) 혹은 지속가능투자(Sustainable Investing)로 일컬어지는데 책임투자가 조금 더 보편적으로 사용되고 있는 용어이다. 2014년 주요국의 기관투자자 연합이 함께 결성한 GSIA(Global Sustainable Investment Association)는 매 2년 ESG 투자 방식을 적용한 펀드의 규모를 통해 책임투자 시장 규모를 발표하고 있다.

시장 규모를 논하기 전 먼저 살펴봐야하는 것은 ESG 투자를 규정하는 방식이다. GSIA는 ESG의 투자방식을 대표적으로 7가지 방식으로 정의하고 이 중 하나 이상의 투자 기준을 적용하고 있는 펀드를 책임투자로 정의하고 있다.

표 1 국민연금 책임투자 활성화 방안(2019.11) 주요 내용

구분	내용
책임투자 대상 자산군 확대	–주식 패시브 운용(21년부터), 해외주식 및 국내채권(21년부터) –대체투자(사모, 부동산, 인프라) : 도입 시기 추가 검토 예정 –2022년까지 전체 자산의 50%에 ESG 반영 계획
책임투자 추진 전략 수립	–ESG 통합전략의 확대적용(국내외 주식 및 채권) –기업과의 대화(Engagement)의 확대(해외주식으로 확대추진) –다만, 네거티브 스크리닝 전략의 경우 추가 검토 필요
위탁운용의 책임투자 내실화	–2020년 SRI형 위탁운용을 위한 ESG 중심의 벤치마크 신규개발 및 적용계획 –책임투자형 위탁펀드의 운용보고서에 책임투자 관련 사항을 포함하도록 의무화 추진 –2022년에는 적용대상을 국내외 주식 및 채권의 전체 위탁 운용사의 운용보고서로 확대 –위탁운용사 선정평가 시 가점부여 제도 추진 검토
책임투자 활성화 기반 조성	–기업 ESG 정보 공시 개선을 위한 인센티브 제공 검토 –지속적인 ESG 지표 개발 및 활용 강화 방안 마련

자료 : 국민연금

GSIA에 따른 투자 방식은 크게 아래 7가지 방식으로 나뉜다(표 1 참조).

7가지 투자 방식 중 하나 이상을 적용한 투자에 대한 기관투자자의 서베이를 기초로 한 GSIA의 2021년 7월 발표에 따르면 2020년 글로벌 지속가능투자 시장 규모는 35.3조 달러로 2018년 대비 15% 성장한 것으로 조사되었다.

이 자료에서 흥미로운 점은 유럽의 지속가능투자 시장 규모가 감소한 것으로 나타났다는 것이다.

2018년 주요 대륙별 비중에서 47%로 가장 높은 비율을 차지했던 유럽의 책임투자 규모가 2020년 들어 감소한 것은 유럽이 EU Taxonomy 정비 등을 통해 환경과 관련한 기준을 정비하고 SFDR1 규제 등을 금융기관에 지속가능투자와 관련한 공시를 의무화함에 따라 기타 지역에서의 친환경에 대한 분류기준이나, 이에 따른 공시제도가 유럽에 비해 미미하다는 점에서 동일 기준으로 비교하는 것은 다소 무리가 있다.

따라서 2020년 유럽시장의 책임투자 규모 감소를 시장의 감소로 해석하기보다는 시장의 자정작용을 통한 보다 실질적이고 체계적인 시장 정립을 위한 진통으로 이해하는 것이 바람직하다.

유럽뿐만 아니라 타지역에서도 분류체계 수립 및 금융기관의 ESG 상품에 대한 공시의 강화가 예상됨에 따라 과거에는 ESG 투자로 분류되던 성격도 향후 분류기준이 명확해지고 이를 공시하게 될 경우 시장 규모 수치에 불확실성이 내포될 수 있다.

한국의 경우, 책임투자의 시작은 2006년 9월 국민연금 책임투자형 위탁펀드 운용이라 볼 수 있다. 국민연금을 시작으로 이후 사학연금, 공무원연금 등 일부 연기금의 위탁형 사회책임투자 펀드에서 술 · 도박 · 담배 등에 대한 네거티브 스크리닝 등의 제한적이나마 ESG를 반영한 투자가 적용되었으나 수익률 위주의 평가와 적절한 벤치마크의 부재 등으로 이러한 사회책임형 투자 펀드의 성장은 제한적이었다.

그러나, 2018년 이후 국민연금의 ESG 투자 확대를 위한 정책 및 제도 정비가 빠르게 진행되었다. 국민연금은 2018년 7월 수탁자 책임에 관한 원칙을 도입하고, 2019년 11월 책임투자 활성화 방안을 수립하고 책임투자 원칙을 도입했다. 그리고, 2019년 12월 국민연금기금 수탁자 책임에 관한 원칙 및 지침을 개정하고 국민연금기금의 적극적 주주활동 가이드라인을 마련하였다. 또한 2020년 1월에는 「국민연금기금운용지침」 제4조 5대 기금운용 원칙에 '지속가능성 원칙'을 추가하여 ESG 확산을 위한 제도적 기반을 확충하였다.

2017년 9월부터 직접운용 주식자산 일부에 ESG를 고려해 온 국민연금은 2019년 11월 책임투자 활성화 방안을 통해 기존 국내주식 액티브형에 한정되어 온 ESG 고려를 2021년 이후 국내주식 패시브형, 해외주식과 채권 자산 등으로 순차적으로 확대하고 있다.

2020년 국내주식의 국민연금기금 연차보고서에 따른 ESG 고려 방식은 투자가능종목군 신규편입 종목 검토시 ESG 세부정보를 확인해 하위등급에 해당할 경우 검토보고서에 운용역 의견 및 ESG 보고서를 첨부하는 방식이다. 또한, 투자가능종목군 점검시 C등급에 해당하는 종목에 대해서 벤치마크 대비 초과 편입여부를 확인하여 초과 편입 유지시 사유와 투자의견을 검토보고서에 작성하는 것이다.

ESG 고려가 100%로 확대되었으나 ESG 통합의 고도화라기보다는 기초적인 수준에서 ESG를 점검하는 수준이다. 한편, 공모펀드 시장에도 주식형, 채권형, 혼합형 등의 많은 ESG 펀드가 출시되었으나 실제 그 활용정도나 적용방법 등에 대해서는 구체적인 평가가 어려운 상황이다.

책임투자의 실질적이고 효과적인 적용을 위해서는 전문인력으로 구성된 전담조직, 외부 리소스 활용 등 상당한 자원의 투자가 필요하다는 점에서 최근의 국내 ESG 펀드의 ESG 반영방식은 아직은 매우 기초적인 수준일 것으로 추정된다.

2 ESG 정보 공시

1) ESG 공시 제도

ESG를 반영한 투자가 확산되는 만큼, ESG 워싱(washing) 논란도 함께 확대되고 있다. 앞서 살펴본 바와 같이 ESG 투자를 결정하는 기준이 명확하지 않으며 이를 확인할 수 있는 공시 등의 제도적 장치가 미비함에 따라 마케팅 목적 중심의 ESG 워싱이 확대되고 있어 주의가 필요하다.

2021년 DWS(도이체방크의 자산운용 부문)의 전직 지속가능책임자의 내부 고발을 통해 "DWS가 실제 자산의 50% 이상에 ESG를 적용한다는 것은 허위이며, DWS의 ESG 리스크 관리 시스템은 구식이며 외부 평가기관의 ESG 등급에 의존해 ESG 자산을 편의적으로 평가하고 있다"고 밝혔다. 이러한 폭로로 독일 금융당국은 감사에 착수했으며 한때 DWS의 주가는 14% 이상 급락하기도 했으며 대표이사가 사임하기도 했다.

또한, 세계최대 자산운용사인 블랙록의 전직 지속가능책임자 역시 월스트리트의 ESG 전략이 과대광고와 홍보로 얼룩져 있으며 불성실한 약속에 지나지 않는다고 폭로하기도 하였다.

해외를 중심으로 ESG 목표나 활동을 과장하거나 모호한 내용을 ESG로 포장한 기업들의 경우 시민단체 등으로부터 소송을 당하기도 하는 사례가 증가하며 그린워싱(Green Washing) 논란이 확대되고 있다.

이에 따라 각국은 기업의 지속가능정보 공시에 대한 규정을 강화하고, 금융당국에 의한 ESG 상품에 대한 기준 수립 및 공시제도를 정비하고 있다.

이러한 제도정비에 가장 앞서 있는 지역은 유럽이다. EU는 환경, 사회에 대한 분류체계(Taxonomy)를 수립해 ESG의 기준을 제시하고, 일정 규모 이상 기업에 지속가능정보 공시를 규정하는 기업지속가능성 보고지침(CSRD, Corporate Sustainability Reporting Directive)를 확대 시행하고, 지속가능금융공시규제(SFDR, Sustainable Finance Disclosure Regulation)를 통해 금융기관의 ESG 전략 및 반영 방식, ESG 투자 규모 등의 공시를 의무화했다.

미국 또한 2022년 3월 증권거래위원회(SEC, Securities and Exchange Commission)가 등록신고서와 정기 공시에 기후 관련 항목을 포함시키는 공시 규칙 개정안(Regulation S－K, Regulation S－X)을 제안하고 6월 17일까지 공개 의견을 수렴한데 이어 2022년 말까지 기후 공시안 확정을 목표로 하고 있다.

2022년 5월 SEC는 그린워싱 방지 및 투자자에 대한 정확하고 일관성 있는 정보 제공을 위해 ESG 펀드명 규칙 제정과 함께 ESG 투자상품의 새로운 공시 규정안(ESG Disclosures)을 발표하였다.

국내에서도 정보공시 확대를 위해 환경기술산업법에 따른 환경정보 공시 대상을 녹색기업, 공공기관 및 환경영향이 큰 기업 외에도 연결기준 자산 2조원 이상 기업으로 확대하고, 2025년 이후 자산 2조원 이상 기업을 시작으로 코스피 상장 기업에 대해 단계적으로 기업지속가능보고서 작성이 의무화되었다. 그러나, 금융기관의 ESG 투자 및 상품 관련 정보 공시에 대한 제도화 논의는 미진하다.

이하에서는 금융기관 대상 상품과 정책에 대한 포괄적인 공시 기준인 유럽의 지속가능금융공시 규제(SFDR)와 각국 및 ISSB[1]의 기후 공시안의 초석으로 기후 공시 표준화 프레임워크 역할을 하고 있는 TCFD에 대해 보다 상세히 살펴보고자 한다.

2) SFDR (Sustainable Finance Disclosure Regulation)

유럽에서는 2021년 3월부터 지속가능금융공시규제(SFDR) 1단계가 시행되면서 일정규모 이상의 금융기관은 주체단위, 상품단위의 ESG 정보를 공시해야 한다.

주체 단위에서는 지속가능성 위험 정책과 주요 부정적인 지속가능성의 영향에 대해 설명하고, 이에 대한 실사정책을 설명해야 한다. 또한, 지속가능성 위험을 통합하는 것이 보수정책에 반영된 방식 등에 대해 설명해야 한다.

상품단위로는 상품을 지속가능성의 반영 정도에 따라 ESG 투자 무관상품과 라이트 그린 펀드, 다크 그린 펀드로 나누어 그 비중 등을 공시해야 한다.

표 2 SFDR에 따른 금융기관 1단계 공시 사안

구분	항목	내용
주체 단위	지속가능성 리스크 정책(제3조)	투자 의사결정 프로세스에 지속가능성 리스크 통합(RMP) 혹은 지속가능성 리스크 정책(SRP)
	주요 부정적인 지속가능성 영향(제4조)	지속가능성 요인에 대한 투자결정 시 주요 부작용(Principal Adverse Impact) 고려사항
		실사 정책(due diligence) 설명
	보수 정책(제5조)	보수 정책이 지속가능성 리스크 통합과 어떻게 일관성을 가지는지에 대한 정보
상품 단위	ESG 투자 무관 상품(제6조)	투자결정에 지속가능성 리스크 통합 방법, 해당 상품의 지속가능성 리스크에 대한 잠재적 영향 평가
	라이트 그린 펀드(제8조)	환경, 사회적으로 긍정적 영향을 미치거나 (혹은 네거티브 스크리닝 실시) 지배구조가 우수한 기업에 대한 투자상품의 ESG 정보
	다크 그린 펀드(제9조)	ESG 임팩트 펀드, 지속가능성 투자, 탄소배출 감축 목표 투자 상품 등의 ESG 정보

1 IFRS 재단이 지속가능성 보고 표준화 작업을 위해 구성한 국제지속가능성기준위원회(International sustainability Standard Board).

SFDR은 단계적으로 시행되는데, 2단계는 2023년 1월에 적용되며 2단계가 적용되면 자율적인 방식으로 설명하던 주요한 부정적 영향을 정해진 기준에 따른 18개 항목으로 나누어 공시해야 한다. 기업에 대한 투자 시 14개 항목, 국가 및 초국가적 주체에 대해서는 2개 항목, 부동산에 대해 2개 항목의 부정적 영향을 공시해야 한다.

주요 공시 지표들은 온실가스 배출량, 온실가스 집약도, 에너지 사용량, 화석연료 노출 등 주로 환경적인 지표들이며 인권, 이사회의 성별 다양성, 논란이 되는 무기에 대한 노출도 등 사회 지표들이 포함되어 있다.

표 3 SFDR에 따른 금융기관의 2단계 공시 사안(2단계, 2023.1월 적용)

주제	대분류	투자 대상에 적용되는 지표
기업 투자에 대한 적용 지표		
환경	온실가스 배출	1. 온실가스 배출량
		2. 단소 빌자국
		3. 투자대상 기업의 온실가스 집약도
		4. 화석연료 부문 노출도
		5. 비재생 에너지 소비와 생산 비율
		6. 기후 고영향 부문별 에너지 소비 강도
	생물다양성	7. 생물다양성 민감한 지역에 부정적인 영향을 미치는 활동
	물	8. 오염수 배출
	폐기물	9. 유해 폐기물 비율
사회	인권존중, 반부패, 다양성 등	10. UNGC 원칙 및 다국적기업에 대한 OECD 지침 위반
		11. UNGC 원칙 및 다국적기업에 대한 OECD 지침 준수 모니터링 프로세스 및 컴플라이언스 장치 여부
		12. 조정되지 않은 성별 임금 격차
		13. 이사회의 성별 다양성
		14. 논란성 무기에 대한 노출도(대인지뢰, 집속탄, 생화학 무기 등)
국가 및 초국가적 주체에 대한 투자 시 적용 지표		
환경		15. 온실가스 집약도
사회		16. 사회적 폭력에 노출된 투자대상국
부동산자산 투자 시 적용 지표		
환경		17. 부동산 자산을 통한 화석연료 노출도
		18. 에너지 비효율 부동산 자산에 대한 노출도

출처 : EU Commission

3) TCFD (Task Force on Climate-Related Financial Disclosure)

TCFD는 파리협약 목표 이행 요구와 금융시장 참여자들로부터 기후 관련 정보 수요가 증가하면서 G20 정상이 금융안정위원회(FSB)에 기후변화 관련 위험과 기회에 대한 정보공개 프레임을 요청함에 따라 2015년 설립된 이니셔티브이다.

영국, 뉴질랜드, 홍콩 등 개별 국가에서 TCFD에 따른 기업 및 금융기관의 정보공시를 의무화하고 있으며 글로벌 차원에서도 TCFD에 따른 기후 공시 의무화 논의가 계속되고 있다. 최근 ESG 정보공시 표준화 움직임이 강화되며 IFRS 재단 산하 ISSB가 공시 초안을 발표했는데, 이 지표 역시 TCFD에 기반하고 있다.

2017년 6월 발표된 초안에서는 지배구조, 경영전략, 리스크 관리, 지표 및 목표의 네 가지 구분에 따라 기후변화와 관련된 정보공개 지침을 제시했고, 금융의 4개 산업 및 비금융기관 4개 산업에 대해서는 추가적인 보충 지침을 발표했다.

이 후, 2021년 10월 개정된 지침에서는 전산업에 대한 세부 기후 공시 지표를 제시하고, 4개 금융산업의 보충지침 중 관련 자산의 탄소배출량 등에 대한 공시 규정을 세분화해 제시하였다.

개정안에서는 전산업에 걸친 기후공시의 주요 지표로 탄소배출량, 전환위험과 물리적 위험에

표 4 TCFD에 따른 기후변화 공시 프레임워크

구분	내용
지배구조	–기후변화의 위험과 기회에 관한 이사회의 감독 역할 –기후변화의 위험과 기회를 평가하고 관리하는 경영진의 역할
경영전략	–조직이 단기, 중기, 장기에 걸쳐 파악한 기후변화의 위험과 기회에 대한 설명 –기후변화의 위험과 기회가 조직의 사업, 경영전략, 재무계획에 미치는 영향 설명 –조직의 사업, 전략, 재무계획에 미치는 기후 변화 시나리오별 영향(2℃ 시나리오 포함)
리스크관리	–기후변화의 위험을 식별하고 평가하기 위한 조직의 절차 –기후변화의 위험을 관리하기 위한 조직의 절차 –조직의 전사적 위험 관리 프로세스와 기후 변화 위험 파악, 평가 및 관리방법 프로세스의 통합
지표 및 목표	–조직이 경영전략 및 위험관리 절차에 따라 기후변화의 위험과 기회를 평가하기 위해 사용한 지표 –Scope1,2,3 온실가스 배출량 및 관련 리스크 공개 –기후변화의 위험 및 기회, 목표 달성도를 관리하기 위해 조직이 채택한 목표 및 목표대비 성과

자료 : TCFD

표 5　TCFD 전산업에 적용되는 기후관련 지표 가이드(2021. 10월)

구분	지표	단위	목적
탄소배출량	Scope 1, Scope 2, Scope 3; 배출량 집약도	MT of CO_2e	밸류체인에 걸친 절대 배출량과 배출량 집약도는 기후변화에 따른 정책, 규제, 시장, 기술 대응에 따라 조직이 영향을 받을 수 있는 정도를 가늠할 수 있음
전환위험	전환위험에 취약한 자산과 비지니스 활동	양 또는 %	자산의 손상 및 좌초 가능성, 자산과 부채의 가치에 대한 추정 제품과 서비스에 대한 수요 변화 추정
물리적 위험	물리적 위험에 취약한 자산과 비지니스 활동	양 또는 %	자산의 손상 및 좌초 가능성, 자산과 부채의 가치에 대한 추정 비지니스 중단 등에 대한 비용 추산
기후관련 기회	기후관련 기회가 될 수 있는 매출, 자산, 비지니스 활동	양 또는 %	동종 산업(Peer Group) 대비 포지션이나 전환경로, 매출 및 수익성에 대한 잠재적인 변화가능성의 추정
자본 배치	기후관련 자본지출, 금융조달, 투자	보고 통화	장기적인 기업가치 변화 정도를 가늠하는 지표
내부 탄소가격	내부적으로 이용하는 톤당 탄소가격	보고통화 /MT of CO_2e	내부적인 기후 위험과 기회 전략의 합리성과 전환리스크에 대한 탄력성을 가늠할 수 있는 지표
보상	기후 요인과 연계된 경영진 보상 비율	%, 가중치, 설명, 보고 통화 기준 금액 등	조직의 기후관련 목표 달성을 위한 인센티브 정책 측정 기후 관련 이슈를 관리하는 책임, 감독, 지배구조 체계 등에 대한 실효성 등을 분석할 수 있음

자료 : TCFD, 2021 Guidance on Metrics, Targets, and Transition Plans

노출된 자산 및 비즈니스 활동의 규모 및 비율, 기후관련 자본지출 및 투자. 내부 탄소가격, 기후요인과 연계된 경영진의 보상 비율 등의 지표를 제시했고, 이는 ISSB의 기후공시 초안의 지표와 동일하다.

자산운용사에 대해서는 파리협정 온도 경로에 부합하는 포트폴리오 부합성, 자금배출지표 등 정보 공시 내용 및 수준이 크게 심화되었다.

표 6 TCFD 전산업에 적용되는 기후관련 지표 가이드(2021. 10월)

세부 산업	항목	내용
은행	전략	– 탄소관련 자산에 대한 노출도 보고 목적으로, 제안된 자산의 정의를 TCFD의 2017년 보고서에서 식별된 모든 비금융 그룹을 포함하도록 확장함
	지표 및 목표	– 2도씨 이하 시나리오에 부합하는 대출 및 금융 중개 활동의 정도에 대한 공시 – 대출 및 금융 중개 활동의 온실가스 배출량(데이터와 방법론이 허용하는 한에서 공시)
보험	지표 및 목표	– 2도씨 이하 시나리오와 부합하는 보험 언더라이팅 활동 정도에 대한 공시 – 상업 부동산 및 특별 사업의 가중평균 탄소집약도 혹은 탄소배출량에 대한 공시(데이터와 방법론이 허용하는 한에서 공시)
자산소유자	지표 및 목표	– 2도씨 이하 시나리오에 부합하는 소유자산, 펀드, 투자전략의 규모 공시 – 소유한 자산에 대한 탄소배출량 공시(데이터와 방법론이 허용하는 한에서 공시)
자산운용사	지표 및 목표	– 관련성이 있는 경우, 2도씨 이하 시나리오에 부합하는 운용중인 자산, 상품, 투자전략의 규모 공시 – 운용중인 자산의 탄소배출량(데이터와 방법론이 허용하는 한에서 공시)

PART 2 실전예상문제

01 다음 중 장외파생상품의 주요 기능에 대한 설명으로 적절하지 않은 것은?

① 이용자들은 장외파생상품을 통해 보유 포트폴리오의 리스크를 효율적으로 관리할 뿐만 아니라 안정적인 수익을 확보할 수 있다.
② 장외파생상품은 리스크 관리수단으로 이용될 수 있으나, 투자수단으로서는 적절하지 못하다.
③ 장외파생상품은 채권 발행 형태로 이루어져 자금조달 수단으로 활용될 수 있다.
④ 장외파생상품을 이용하여 고객의 욕구에 맞는 맞춤형 상품을 제공할 수 있다.

02 다음 옵션 중 현재 시장가치가 가장 낮은 것은?

① 현재 기초자산 가격이 knock-out 콜옵션의 촉발 가격(trigger level)에 근접했을 때
② 현 룩백 콜옵션 계약기간 중 최저가와 종가가 상당히 벌어졌을 때
③ 두 개 기초자산의 레인보우콜옵션에서 각 기초자산이 행사 가격보다 각각 10%와 20% 상승했을 때
④ 만기가 얼마남지 않은 디지털 콜옵션의 기초자산 가격이 행사 가격보다 상당히 높은 수준을 유지할 때

03 기초자산의 만기 시점 가격이 옵션수익 구조의 기본이 되는 것이 아니라, 일정기간 동안의 평균 가격이 옵션의 수익구조를 결정하는 옵션은?

① 아시안옵션(Asian option)
② 선택옵션(chooser option)
③ 유럽식옵션(European option)
④ 미국식옵션(American option)

해설

01 ② 장외파생상품 자체로 투자수단이 될 수 있다. 예를 들어, 금리 상승이 예상될 경우 고정금리를 지급하고 변동금리를 수취하는 이자율스왑을 체결하면 이익을 볼 수 있다.
02 ① 기초자산 가격이 knock-out 옵션의 trigger level에 도착하면 옵션이 무효화되므로 가치가 없어진다.
03 ① 평균 옵션(혹은 아시안옵션)의 정의

04 다음 중 선물환(FX forward)에 대한 설명으로 옳은 것은?

① 일방향(Outright forward) 선물환은 외화를 매입하는 한쪽 방향의 거래를 의미한다.
② 스왑(Swap forward) 선물환은 외환스왑(FX Swap) 거래를 의미한다.
③ 현물환 결제일에 외환거래를 하기로 약정하는 계약이다.
④ 표준만기와 비표준만기로 구분하며 모두 거래가 가능하다.

05 다음 중 총수익률스왑(TRS)에 대한 설명으로 옳은 것은?

① 보장매도자가 준거자산에서 발생하는 이자, 자본수익(손실)을 모두 지급한다.
② 보장매입자는 약정한 수익(libor 등)을 지급한다.
③ 신용사건이 발생하지 않아도 시장가치에 따른 현금흐름이 발생한다.
④ 신용위험만을 분리하여 전가하는 신용파생상품이다.

06 기초자산의 가격 움직임이 다음과 같은 때 보기는 만기 시 정산손익을 계산한 결과이다. 적절하지 않은 것은?

초기 가격 : 1,000원	만기 가격 : 1,200원
최고 가격 : 1,600원	최저 가격 : 800원
평균 가격 : 1,200원	행사 가격 : 1,100원

① 표준 콜옵션 : Max(1200 − 1100, 0) = 100
② 평균 가격 콜옵션 : Max(1200 − 1000, 0) = 200
③ 평균 행사 가격 콜옵션 : Max(1200 − 1200, 0) = 0
④ 룩백 풋옵션 : Max(1600 − 1200, 0) = 400

해설

04 ④ 일방향(Outright forward) 선물환은 외화를 매입하거나 매도하는 한쪽방향의 거래를 의미하고, 스왑(Swap forward) 선물환은 외환스왑(FX Swap) 거래에서의 선물환을 의미하며, 현물환 결제일 이후에 외환거래를 하기로 약정하는 계약이다.

05 ③ 보장매입자가 준거자산에서 발생하는 이자, 자본수익(손실)을 모두 지급하고, 보장매도자는 약정한 수익(libor 등)을 지급하며, 신용위험과 시장위험을 모두 전가하는 상품이다.

06 ② 표준 콜옵션은 Max(만기 가격−행사 가격, 0), 평균 가격 콜옵션은 Max(평균 가격−행사 가격, 0), 평균 행사 가격 콜옵션은 Max(만기 가격−평균 가격, 0), 룩백 풋옵션은 Max(최고 가격−만기 가격, 0)이다.

07 다음 중 장애옵션(barrier options)의 설명으로 옳지 않은 것은?

① 장애옵션은 경로의존형(path dependent) 옵션이라 할 수 있다.

② 장애옵션을 분류하면 크게 녹아웃옵션(knock-out)과 녹인옵션(knock-in)으로 분류할 수 있다.

③ 장애옵션의 프리미엄은 표준옵션보다 프리미엄이 저렴하다.

④ 녹아웃 풋옵션과 녹아웃 콜옵션을 합성하면 표준옵션과 동일하다.

08 다음 옵션 중 다른 조건이 동일하다면 풋옵션의 가격(프리미엄)이 가장 높은 것은?

① 유럽식옵션 ② 미국식옵션

③ 버뮤다옵션 ④ 장애옵션

09 다음 중 신용파생상품에 대한 설명으로 적절하지 않은 것은?

① 채권이나 대출 등 신용위험이 내재된 부채에서 신용위험만을 분리하여 거래당사자 간에 이전하는 금융계약을 말한다.

② 신용파생상품 중 가장 대표적이고 거래가 많은 상품을 총수익률스왑(TRS : Total Return Swap)이다.

③ 신용 보장매입자는 일정한 프리미엄을 지급하고 준거자산의 부도위험으로부터 벗어날 수 있다.

④ 신용구조화 상품과 같이 복잡한 구조에서 정보의 비대칭현상이 발생할 수 있고, 이로 인해 몇몇의 투자은행들과 전문투자자들에 의해 가격과 위험분산이 왜곡될 수 있다.

해설

07 ④ 녹아웃옵션과 녹인옵션의 합성은 표준옵션과 동일하다.

08 ② 버뮤다옵션은 유럽식과 미국식옵션의 사이일 것이다. 장애옵션은 일반적으로 표준옵션보다 가격이 저렴하다.

09 ② 가장 대표적이고 거래가 많은 상품은 신용디폴트스왑(CDS)이다.

10 다음 중 ESG 요소를 반영한 책임투자에 대한 설명으로 옳은 것은?

① 책임투자 방식은 국제 금융 감독기구에 의해 규정되며 책임투자 방식별 세부기준도 제공됨에 따라 이를 준수하는 경우에만 책임투자로 인정된다.

② 책임투자는 선량한 관리자의 의무와는 무관하며 마케팅 목적이 중요하다.

③ 글로벌지속가능투자 연합에 따르면 유럽의 책임투자 펀드 규모는 2020년 감소를 기록했는데 이는 책임투자 시장의 축소를 반영하고 있다.

④ 그린워싱 논란이 확대되면서 유럽을 선두로 환경영역을 중심으로 금융기관의 상품에 대한 ESG 공시 규정이 강화되고 있다.

11 다음 중 국내외 ESG 공시에 대한 옳은 것은?

① 유럽의 금융기관의 지속가능금융공시규제는 2단계에 걸쳐 시행되며 2단계에서는 주요한 부정적 영향에 대한 18개 지표를 공시해야 한다.

② IFRS 재단이 글로벌 공시 표준화 작업을 주도하기 위해 결성된 ISSB는 기존 TCFD와는 별개로 기후 공시 기준을 수립해 제시하고 있다.

③ TCFD는 2021년 개정을 통해, 기후영향이 큰 금융산업과 비금융의 4가지 산업에만 추가적으로 적용되는 기후변화 세부지표 7가지를 제시했다.

④ 국내에서도 자산기준 일정 규모 이상의 금융기관은 포트폴리오의 ESG 공시를 의무적으로 공개해야 한다.

해설

10 ④
11 ①

정답 01 ② | 02 ① | 03 ① | 04 ④ | 05 ③ | 06 ② | 07 ④ | 08 ② | 09 ② | 10 ④ | 11 ①

part 03

파생결합증권

chapter 01

파생결합증권의 개요

section 01 파생결합증권의 정의

자본시장법에서 파생결합증권은 '기초자산의 가격, 이자율, 지표, 단위 또는 이를 기초로 하는 지수등의 변동과 연계하여 미리 정하여진 방법에 따라 지급금액 또는 회수금액이 결정되는 권리가 표시된 것'(법 제4조 제7항)으로 정의하고 있다.

기존 증권거래법상 유가증권의 개념이 열거주의에 의해 새로운 기초자산이나 유형의 증권에 대응할 수 없었던 반면에, 파생결합증권은 기초자산의 범위를 확대하여 금융투자상품, 통화, 일반상품, 신용위험, 그 밖에 자연적, 환경적, 경제적 현상 등에 속하는 위험으로서 평가가 가능한 것으로 매우 포괄적으로 정의한다(법 제4조 제10항).

대표적 파생결합증권으로는 ELS, ELW, ETN이 있다.

❶ ELS(Equity Linked Securities, 주가연계파생결합증권 또는 주가연계증권)는 주식의 가격이나 주가지수의 변동과 연계하여 사전에 정해진 수익조건에 따라 상환금액을 지급하는 유가증권(파생결합증권)이다. DLS(Derivatives Linked Securities, 기타 파생결합증권)는 이자율, 환율, 원자재, 신용위험 등의 변동과 연계하여 사전에 정해진 수익조건에 따라 상환금액을 지급하는 유가증권(파생결합증권)이다. 또한 적정한 방식으로 가격이나 이자율 등을 산정할 수 있다면 기후와 같은 자연환경의 변화도 DLS의 형태로 만들 수 있다.

❷ ELW(Equity Linked Warrant, 주식워런트증권)는 특정 주가 또는 주가지수를 미리 일정 시점에 사전에 정해진 조건에 따라 매매할 수 있는 권리가 주어진 유가증권이다.

❸ ETN(Exchange Traded Note, 상장지수증권)은 기초지수 변동과 수익률이 연동되도록 증권회사가 발행한 파생결합증권으로 주식처럼 거래소에 상장되어 거래되는 증권이다.

파생결합증권에 속하였으나 2013년 5월 자본시장법 개정으로 발행과 동시에 투자자가 지급한 금전 등에 대한 이자, 그 밖의 과실에 대하여만 해당 기초자산의 가격·이자율·지표·단위 또는 이를 기초로 하는 지수 등의 변동과 연계된 증권, 즉 파생결합사채는 파생결합증권이 아닌 채무증권으로 재분류되었다. 파생결합사채는 발행회사인 증권사의 신용위험을 제외하면 투자자에게 원금이 보장되면서 기초자산의 변동과 연계하여 금리만 변동하는 채무증권이라고 할 수 있다. 현재 파생결합사채는 ELB(주가연계파생결합사채), DLB(기타 파생결합사채)라고 불리고 있다.

section 02 파생결합증권의 발행

1 파생결합증권의 취급인가

자본시장법에서는 금융투자업 인가(변경인가 포함)를 받지 아니한 금융투자업(투자자문업

표 1-1 파생결합증권 관련 인가업무단위

인가업무단위	금융투자업의 종류	금융투자상품의 범위	투자자의 유형	최저 자기자본(억 원)
1−1−1	투자매매업	증권	일반투자자 및 전문투자자	500
1−1−2	투자매매업	증권	전문투자자	250
1−3−1	투자매매업	장외파생상품	일반투자자 및 전문투자자	900
1−3−2	투자매매업	장외파생상품	전문투자자	450

및 투자일임업을 제외) 영위를 금지(법 제11조)하고 있으며, 일부 파생결합증권(사업자금 조달을 목적으로 하는 등 시행령 제7조제1항 각 호의 요건을 모두 충족) 이외는 파생결합증권의 발행을 투자매매업으로 보고(법 제7조)[1] 있으므로 금융투자회사가 ELS·DLS, ELW, ETN 발행을 영업으로 하기 위해서는 해당 인가를 받아야 한다. 이와 관련하여 자본시장법 시행령 별표 1(인가업무 단위 및 최저자기자본)에서는 파생결합증권의 발행은 증권에 대한 투자매매업(인가업무단위 1−1−1 또는 1−1−2)과 함께 장외파생상품에 대한 투자매매업(1−3−1 또는 1−3−2) 인가를 받은 경우로 한정하고 있다.

2 파생결합증권의 발행구분

(1) 공모 · 사모 발행 정의

파생결합증권의 발행방법은 공모와 사모로 구분될 수 있다. 통상 공모란 증권을 발행하는 방법의 하나로 청약대상의 수 여하에 따라 사모와 구분하여 왔다.

자본시장법에서는 공모라는 용어 대신 '모집과 매출'이라는 용어를 사용하고 있다. 모집은 '대통령령으로 정하는 방법에 따라 산출한 50인 이상의 투자자에게 새로 발행되는 증권의 취득의 청약을 권유'하는 것을 말하며, 매출이란 '대통령령으로 정하는 방법에 따라 산출한 50인 이상의 투자자에게 이미 발행된 증권의 매도의 청약을 하거나 매수의 청약을 권유하는 것'을 말한다.

---

1 자본시장법 제7조에서는 금융투자업의 적용 배제대상을 열거하고 있다.

사모는 '새로 발행되는 증권의 취득의 청약을 권유하는 것으로서 모집에 해당하지 아니하는 것'으로 정의하고 있다.

(2) 증권신고서

파생결합증권의 모집과 매출을 위해서는 공시규제를 따라야 한다. 기본적으로 파생결합증권의 발행자는 증권신고서를 작성하여 제출한다. 증권신고서의 기재사항은 모집 또는 매출에 관한 일반사항, 증권의 권리내용, 투자위험요소, 기초자산에 관한 사항이다.

파생결합증권의 증권신고서는 수리된 날로부터 15일(영업일)이 경과한 후에 효력이 발생한다. 파생결합증권의 발행기간을 단축하고 발행편의를 도모하기 위해서는 일괄신고서를 이용할 수 있다. 일괄신고서는 발행인이 당해 발행인의 실체와 증권발행내용에 관한 사항과 일정기간 동안의 모집·매출 예정 물량을 금융위원회에 일괄하여 사전에 신고하는 것을 말한다. 신고 후 수리된 경우에는 그 기간 중에 실제 발행하는 경우 발행금액·가격 등 모집의 조건에 관한 일괄신고추가서류만을 제출하면 즉시 증권을 모집·매출을 할 수 있다. 일괄신고서의 발행 예정기간은 일괄신고서의 효력발생일로부터 2개월 이상 1년 이내의 기간이 된다.

자본시장법 시행령(제121조제4항)에서는 파생결합증권의 일괄신고서를 제출하기 위해서는 다음의 3가지 요건을 모두 충족하도록 정하고 있다.

❶ 동종 증권을 최근 1년간 모집 또는 매출실적이 있으면서
  ㄱ. 최근 1년간 사업보고서와 반기보고서를 제출한 자
  ㄴ. 최근 1년간 분기별 업무보고서 및 월별 업무보고서를 제출한 금융투자업자
❷ 최근 사업연도의 재무제표에 대한 회계감사인의 감사의견이 적정일 것
❸ 최근 1년 이내 금융위원회로부터 증권발행을 제한받은 사실이 없을 것

그리고 일괄신고서를 제출한 경우 발행예정기간 중 3회 이상 그 증권을 발행하여야 한다.(자본시장법 시행령 제121조제3항)

한편, 2019년 해외금리연계 DLF 사태에 따른 후속조치로 '20년 4월 6일부터 금융감독원의 행정지도로 파생결합증권 중 일괄신고서 제출 대상이 제한되었다. 동 행정지도는 공모 고난도 파생결합증권은 원칙적으로 일괄신고서 제출을 금지하되, 오랫동안 반복적으로 발행된 것으로서 기초자산이 국내 증권시장 및 해외주요시장(금융투자업규정시행세칙<별표5> 중 <표2>의 적격시장)의 주가지수 또는 이를 구성하는 개별종목만으로 이

루어지고 손실배수가 1 이하인 파생결합증권에 한하여 허용하였다. 이후 21년에 동 행정지도와 동일한 내용으로 자본시장법 시행령(제121조제1항) 및 증권의 발행 및 공시 등에 관한 규정이 개정·시행되어 규제가 유지되고 있다. 따라서 ELS는 고난도 금융투자상품에 해당하더라도 손실배수가 1 이하이면 주요 주가지수(코스피200, S&P500, EuroStoxx50, HSI, NIKKEI225 등) 또는 해당 지수에 포함되어 있는 종목들을 기초자산으로 하여 일괄신고서 제출이 가능하지만, DLS는 주식 또는 주가지수 이외의 기초자산을 포함하므로 일체의 고난도 DLS가 일괄신고서 제출이 불가능하다.

표 1-2 적격시장 및 유동성 인정지수

국 가	적격시장(증권시장, 선물 · 옵션시장)	유동성 인정지수
한 국	한국거래소(KRX)	• KOSPI200 • KOSPI100 • KOSDAQ150
미 국	뉴욕증권거래소(New York Stock Exchange) NASDAQ(National Association of Securities Dealer Automatic Quotation, Inc.) 미국증권거래소(American Stock Exchange) 시카고상품거래소(Chicago Board of Trade) 시카고상업거래소(Chicago Mercantile exchange) 시카고옵션거래소(Chicago Board Options Exchange)	• Dow Jones Industrial Average • Nasdaq Composite Index • S&P 500
일 본	동경증권거래소(Tokyo Securities Exchange) 오사카증권거래소(Osaka Securities Exchange)	• TOPIX Index • Nikkei 225
독일·스위스	유럽선물거래소(EUREX)	• EURO STOXX 50
영 국	런던증권거래소(London Stock Exchange)	• FTSE 100 • FTSE mid-250
독 일	도이치증권거래소(Deutche Borse AG)	• DAX
프랑스	파리증권거래소(Euronext Paris)	• CAC 40
홍 콩	홍콩증권거래소(The Stock Exchange of Hongkong Ltd.) 홍콩선물거래소(Hongkong Futures Exchange Ltd.)	• Hang Seng 33 • Hang Seng Index • HSCEI
싱가포르	싱가폴증권거래소(Singapore Exchange)	• Straits Times Index
호 주	호주증권거래소(Australian Securities Exchange)	• S&P ASX 200 Index
캐나다	캐나다증권거래소(Tronto Stock Exchange)	• S&P TSX 60

스위스	스위스증권거래소(SWX Swiss Exchange)	• SMI
벨기에	벨지움증권거래소(Euronext Brussels)	• BEL 20
오스트리아	오스트리아증권거래소(Vienna Stock Exchange)	• ATX
스웨덴	스웨덴증권거래소(Stockholm Stock Exchange)	• OMX
네덜란드	네덜란드증권거래소(Euronext Amsterdam)	• AEX Index
스페인	스페인증권거래소(Madrid Stock Exchange)	• IBEX 35

파생결합증권의 일괄신고서 제출 관련 법령(발췌)

자본시장법 시행령

제121조(일괄신고서) ① 법 제119조제2항에 따른 일괄신고서(이하 "일괄신고서"라 한다)를 제출할 수 있는 증권은 다음 각 호의 증권으로 한다. 다만, 법 제165조의11에 따른 조건부자본증권은 제외한다.

1. 주권
2. 주권 관련 사채권 및 이익참가부사채권
3. 제2호의 사채권을 제외한 사채권
4. 다음 각 목의 어느 하나에 해당하는 파생결합증권
   가. 고난도금융투자상품이 아닌 파생결합증권
   나. 고난도금융투자상품 중 오랫동안 반복적으로 발행된 것으로서 기초자산의 구성 및 수익구조가 금융위원회가 정하여 고시하는 기준에 부합하는 파생결합증권
5. 다음 각 목의 어느 하나에 해당하는 집합투자증권(이하 이 장에서 "개방형 집합투자증권"이라 한다)
   가. 환매금지형집합투자기구가 아닌 집합투자기구의 집합투자증권
   나. 가목에 준하는 것으로서 법 제279조제1항에 따른 외국 집합투자증권

③ 일괄신고서를 제출한 자는 발행예정기간 중 3회 이상 그 증권을 발행하여야 한다.

④ 제1항제3호 및 제4호(금적립계좌등은 제외한다)의 증권에 대한 일괄신고서를 제출할 수 있는 자는 다음 각 호의 요건을 모두 갖춘 자로 한다.

1. 다음 각 목의 어느 하나에 해당하는 자로서 제1항제3호 또는 제4호에 따른 증권 중 같은 종류에 속하는 증권을 최근 1년간 모집 또는 매출한 실적이 있을 것
   가. 최근 1년간 사업보고서와 법 제160조에 따른 반기보고서(이하 "반기보고서"라 한다)를 제출한 자
   나. 최근 1년간 분기별 업무보고서 및 월별 업무보고서를 제출한 금융투자업자
2. 최근 사업연도의 재무제표에 대한 회계감사인의 감사의견이 적정일 것
3. 최근 1년 이내에 금융위원회로부터 증권의 발행을 제한하는 조치를 받은 사실이 없을 것

증권의 발행 및 공시 등에 관한 규정
제2-4조(일괄신고서 및 추가서류 관련사항) ① 영 제121조제1항제4호나목의 "기초자산의 구성 및 수익구조가 금융위원회가 정하여 고시하는 기준에 부합하는 파생결합증권"이란 국내 증권시장 및 제2-2조의2제2항제3호다목에 따른 해외주요시장의 주가지수 또는 이를 구성하는 개별종목만을 기초자산으로 하는 파생결합증권으로서 손실배수가 1 이하인 것을 말한다.

일괄신고서 제출이 가능한 경우 대부분의 발행 증권사들은 보통 1년 단위로 일괄신고서를 제출하고, 실제 모집 또는 매출에 앞서 일괄신고추가서류를 제출하여 반복적으로 공모 파생결합증권을 발행하여 원활한 상품 공급이 이루어지도록 하고 있는 상황이다.

section 03 파생결합증권의 투자권유

1 개요

본래 자본시장법에서는 투자에 따른 위험감수능력 여부에 따라 위험감수능력을 구비한 전문투자자와 그렇지 못한 일반투자자로 구분하고, 일반투자자의 경우 설명의무, 적합성원칙, 적정성 원칙 등을 통해 투자자를 보호토록 하고 있었는데, 2021년 3월 25일 금융소비자보호법 시행에 따라 이러한 내용이 금융소비자보호법으로 이관·정비되었다.

(1) 금융소비자의 구분

금융소비자보호법에서는 금융소비자를 전문금융소비자와 일반금융소비자로 구분한다. 전문금융소비자는 금융상품에 관한 전문성 또는 소유자산규모 등에 비추어 금융상품 계약에 따른 위험감수능력이 있는 금융소비자로서 국가, 한국은행, 모든 금융회사(법 제2조제6호에서 정하는 회사), 주권상장법인(장외파생상품에 대한 계약의 체결 등을 하는 경우에는 전문금융소비자와 같은 대우를 받겠다는 의사를 금융상품판매업자등에게 서면으로 통지하는 경우만 해당), 그 밖에 금융상품의 유형별로 대통령령으로 정하는 자이다. 따라서 금융소비자보호법에서는 금융상품 유형에 따라 전문금융소비자 여부가 달라지며, 투자성 상품(자본시장법에 따른 금융투자상품, 연계투자, 신탁계약, 투자일임계약 등)의 경우 자본시장법 시행령(제10조제3항제16호)에 따라 전문투자자로 인정되는 법인·단체, 자본시장법 시행령(제10제3항제17호)에 따른 개인 전문투자자, 투자성 상품을 취급하는 금융상품판매대리·중개업자, 금융지주회사, 한국수출입은행, 한국투자공사, 온라인투자연계금융업자, 집합투자업자, 증권금융회사 등이 "그 밖에 금융상품의 유형별로 대통령령으로 정하는 자"에 해당하며, 장외파생상품에 대한 계약의 체결 등을 하는 경우에는 전문투자자와 같은 대우를 받겠다는 의사를 서면으로 알린 경우로 한정한다.(금소법 시행령 제2조제10항제3호)

전문금융소비자 중 대통령령으로 정하는 자가 일반금융소비자와 같은 대우를 받겠다는 의사를 금융상품판매업자 또는 금융상품자문업자(이하 "금융상품판매업자등"이라 한다)에게 서면으로 통지하는 경우 금융상품판매업자등은 정당한 사유가 있는 경우를 제외하고는 이에 동의하여야 하며, 금융상품판매업자등이 동의한 경우에는 해당 금융소비자는 일반금융소비자로 본다. 여기서 "대통령령으로 정하는 자"란 투자성 상품의 경우 주권상장법인(장외파생상품에 대한 계약의 체결 등을 하는 경우에는 전문금융소비자와 같은 대우를 받겠다는 의사를 금융상품판매업자등에게 서면으로 통지하는 경우만 해당), 자본시장법 시행령(제10조제3항제16호)에 따라 전문투자자로 인정되는 법인·단체, 자본시장법 시행령(제10조제3항제17호)에 따른 개인 전문투자자, 주권을 외국 증권시장에 상장한 법인, 지방자치단체 등을 말한다.(금소법 시행령 제2조제7항제2호)

(2) 일반금융소비자에 대한 보호 의무

금융소비자보호법에서는 일반금융소비자에게 금융상품에 관한 계약의 체결을 권유(금융상품자문업자가 자문에 응하는 것을 포함)하거나 일반금융소비자가 설명을 요청하는 경우에는 법령에서 정한 금융상품에 관한 중요 사항(일반금융소비자가 특정 사항에 대한 설명만을 원하는 경우 해당 사항으로 한정)을 일반금융소비자가 이해할 수 있도록 설명토록 하는 설명의무(법 제19조), 법령에서 정한 일반금융소비자의 정보를 파악하여 일반금융소비자에게 적합하지 아니하다고 인정되는 계약 체결의 권유를 금지하는 적합성원칙(법 제17조), 일반금융소비자에게 계약 체결을 권유하지 아니하고 금융상품 판매 계약을 체결하려는 경우에도 미리 면담·질문 등을 통하여 일반금융소비자의 정보를 파악한 후, 해당 금융상품이 그 일반금융소비자에게 적정하지 아니하다고 판단되는 경우에는 그 사실을 알리도록 하는 적정성원칙(법 제18조) 등을 통하여 일반금융소비자에 대한 보호를 의무화하고 있다.

또한 자본시장법령에서는 고난도 금융투자상품 판매과정에 대한 녹취, 숙려제도 등을 통하여 강화된 투자자 보호장치를 적용하고 있다.

2 투자권유의 적합성 확보

금융소비자보호법상 적합성원칙(제17조)에 따라 금융투자회사의 임직원 등은 파생결합증권에 관한 계약체결등(계약의 체결 또는 계약 체결의 권유를 하거나 청약을 받는 행위)을 하거나 자문업무를 하는 경우에는 상대방인 금융소비자가 일반금융소비자인지 전문금융소비자인지를 확인하여야 하며, 일반금융소비자에게 파생결합증권의 계약 체결을 권유(금융상품자문업자가 자문에 응하는 것을 포함)하는 경우에는 면담·질문 등을 통하여 일반금융소비자의 해당 금융상품 취득 또는 처분 목적, 재산상황, 취득 또는 처분 경험, 일반금융소비자의 연령, 금융상품에 대한 이해도, 기대이익 및 기대손실 등을 고려한 위험에 대한 태도 등을 파악하고, 일반금융소비자로부터 서명(전자서명을 포함), 기명날인, 녹취 등의 방법으로 확인을 받아 이를 유지·관리하여야 하며, 확인받은 내용을 일반금융소비자에게 지체 없이 제공하여야 한다. 금융투자회사의 임직원 등은 이러한 정보를 고려하여 그 일반금융소비자에게 적합하지 아니하다고 인정되는 계약 체결을 권유해서는 아니 된다. 이러한 적합성원칙과 관련하여 한국금융투자협회의 표준투자권유준칙에서는 ELS·DLS를 신규투자자, 고령투자자(65세 이상)·초고령투자자(80세 이상)에게 투자권유 하고자 하는 경우 투자자의 올바른 투자판단을 유도하기 위하여 추천사유 및 유의사항 등을 기재한 적합성보고서를 계약체결 이전에 투자자에게 교부토록 하고 있다.

아울러 금융소비자보호법에서는 투자성 상품 중 파생상품 및 파생결합증권(금적립계좌등은 제외), 고난도 금융투자상품, 고난도 투자일임계약, 고난도 신탁계약 등에 대하여 적정성원칙(제18조)을 적용하고 있는 바, 금융투자회사의 임직원 등이 일반금융소비자에게 파생결합증권(금적립계좌등은 제외)에 대한 계약의 체결을 권유하지 아니하고 판매계약을 체결하려는 경우에도 사전에 면담·질문 등을 통하여 일반금융소비자의 정보를 파악하고 해당 상품이 그 일반금융소비자에게 적정하지 아니하다고 판단되는 경우에는 그 사실을 알리고, 그 일반금융소비자로부터 서명(전자서명을 포함), 기명날인, 녹취 등의 방법으로 확인을 받아야 한다.

3 설명 및 위험고지

금융소비자보호법령에 따라 금융투자회사의 임직원 등은 일반금융소비자에게 파생결합증권의 계약 체결을 권유(금융상품자문업자가 자문에 응하는 것을 포함)하거나 일반금융소비자가 설명을 요청하는 경우 상품의 내용, 투자에 따르는 위험, 금융상품직접판매업자가 정하는 위험등급, 금융소비자가 부담해야 하는 수수료, 계약의 해지·해제, 증권의 환매 및 매매에 관한 사항, 계약기간, 금융상품의 구조, 손실이 발생할 수 있는 상황 및 그에 따른 손실 추정액 등을 일반금융소비자가 이해할 수 있도록 설명하고 이에 필요한 설명서를 제공하여야 한다. 이 경우 금융소비자 감독규정(제13조제1항제5호)에 따라 일반금융소비자의 계약 체결여부에 대한 판단이나 권익 보호에 중요한 영향을 줄 수 있는 사항을 요약하여 설명서의 맨 앞에 두어야 하며, 동 요약설명서에는 유사한 금융상품과 구별되는 특징, 금융상품으로 인해 발생 가능한 불이익에 관한 사항(위험등급의 의미 및 유의사항을 반드시 포함), 민원 또는 상담 요청시 이용가능한 연락처를 포함하여야 한다. 금융투자회사의 임직원 등은 이렇게 설명한 내용을 일반금융소비자가 이해하였음을 서명(전자서명 포함), 기명날인, 녹취 등의 방법으로 확인을 받아야 한다.

아울러 자본시장법에 따라 파생결합증권을 모집 또는 매출하고자 하는 경우에는 투자설명서, 예비투자설명서, 간이투자설명서 중 어느 하나를 사용하여야 하며, 투자자(전문투자자, 그 밖에 대통령령으로 정하는 자를 제외)가 공모의 방법으로 발행된 파생결합증권을 취득하고자 하는 경우 투자설명서를 미리 교부하여야 한다. 이는 공모 파생결합증권에 대한 청약의 권유는 투자설명서, 예비투자설명서, 간이투자설명서 중 선택하여 이용할 수 있지만, 판매에 따른 교부는 선택이 불가하며 투자설명서만 허용하는 것이다. 다만, 전문투자자 이외에도 "그 밖에 대통령령으로 정하는 자"(투자설명서를 받기를 거부한다는 의사를 서면, 전화·전신·팩스, 전자우편 및 이와 비슷한 전자통신 등의 방법으로 표시한 자, 공인회계사법에 따른 회계법인, 신용평가회사, 발행인에게 회계, 자문 등의 용역을 제공하고 있는 공인회계사·감정인·변호사·변리사·세무사 등 공인된 자격증을 가지고 있는 자, 발행인의 최대주주, 발행인의 임원 및 우리사주조합원, 발행인의 계열회사와 그 임원 등)에게는 투자설명서 교부 의무가 면제된다. 금융소비자보호법 시행령에서는 자본시장법에 따른 투자설명서를 교부하는 경우 일반금융소비자에게 제공하여야 할 설명서에서 해당 내용을 제외할 수 있도록 하고 있다.

또한 자본시장법 시행령(제68조제5항제2호의3)에 따라 고난도 파생결합증권의 경우, 해당 상품의 내용 및 투자위험 등을 투자자가 쉽게 이해할 수 있도록 요약한 설명서를 개인인 투자자(개인 전문투자자 포함)에게 제공하여야 한다. 동 설명서에는 상품의 특성과 손실위험에 대한 시나리오 분석결과, 목표시장의 내용 및 설정 근거가 포함(금융투자업규정 제4-20조의2제3항)되어야 한다. 다만, 이 경우에도 투자자가 해당 설명서를 받지 않겠다는 의사를 서면, 전신, 전화, 팩스, 전자우편 등의 방법으로 표시한 경우에는 교부 의무가 면제된다.

파생결합증권의 판매 후에는 한국금융투자협회의 "금융투자회사의 영업 및 업무에 관한 규정"에 따라 일반투자자에 대한 정보 제공 의무를 준수하여야 한다. 금융투자회사는 공모의 방법으로 발행된 파생결합증권(ELW, ETN 및 금적립계좌등은 제외)이 만기일 이전에 최초로 원금손실 조건(기초자산의 가격이 만기평가일 기준으로 원금손실조건에 해당되는 경우를 포함한다)에 해당되는 경우 일반투자자에게 원금손실 조건에 해당되었다는 사실, 기초자산의 현재 가격, 자동조기상환조건 및 자동조기상환시 예상수익률, 만기상환조건 및 만기상환시 예상수익률, 중도상환 청구 관련 사항, 공정가액 등을 통지하여야 하며, 자동조기상환조건을 충족하지 못한 경우에는 자동조기상환의 순연사실을 통지하여야 한다. 또한 일반투자자에게 분기 1회 이상 정기적으로 파생결합증권의 공정가액 및 기초자산의 가격 등에 관한 정보를 통지하여야 한다. 이러한 통지는 일반투자자가 미리 지정한 서신, 전화, 전자우편 및 그 밖에 이와 유사한 전자통신의 방법으로 하여야 한다. 다만, 이 경우에도 해당 일반투자자가 서명 등의 방법으로 수령을 거부한 경우에는 통지 의무가 면제된다.

4 고난도 금융투자상품 및 투자자 보호 강화

(1) 규제체계 도입 배경

금융당국은 2019년 해외금리연계 DLF에서의 대규모 투자자 손실 발생에 따른 개선방안으로 "고위험 금융상품 투자자 보호 강화를 위한 종합 개선방안(최종안)"을 발표(2019년 12월 12일)하였으며, 이에 따라 고난도 금융투자상품에 대한 규제체계 도입 및 녹취·숙려제도 강화가 추진되었다. 이와 관련하여 21년 중 자본시장법 시행령 및 금융투자업규정 등이 개정되어 2021년 5월 10일에 시행되었다.

(2) 고난도 금융투자상품의 정의

고난도 금융투자상품이란 "최대 원금손실 가능금액"이 원금의 20%를 초과하는 파생결합증권(은행등이 발행한 금적립계좌 또는 은적립계좌는 제외), 파생상품, 투자자가 이해하기 어려운 펀드·투자일임·금전신탁계약 등을 말한다. 다만, 거래소(해외 증권·파생상품시장 포함)에 상장되어 해당 시장에서 투자자가 직접 매매하거나 전문투자자(주권상장법인, 해외상장법인, 자본시장법 시행령 제10조제3항제16호에 따른 법인·단체, 자본시장법 시행령 제10조제3항제17호에 따른 개인 전문투자자 등은 제외)만을 대상으로 하는 상품은 고난도 금융투자상품에서 제외된다. "최대 원금손실 가능금액"은 상품 매매·계약을 위해 기지급 또는 지급해야할 금전 총액(원금)으로부터 기회수 또는 회수가 보장된 금전 총액을 차감하여 산정하며, '회수가 보장된 금전 총액'의 경우 환매·해지수수료, 세금 등을 포함하므로 환매·해지수수료 등을 별도로 차감하지 아니한다.

따라서 ELS·DLS는 상품의 손익구조상 별도의 손실 제한이 없는(회수 보장금액이 원금의 0%) 경우 고난도 금융투자상품에 해당하며, 손익구조상 손실을 원금의 20% 이내로 제한(회수 보장금액이 원금의 80% 이상)하는 경우에만 고난도에서 제외된다. 거래소 상장 상품인 ETN, ELW의 경우 투자자가 시장에서 직접 매매하는 경우에는 손실 제한 여부와 상관없이 고난도에서 제외되지만, 펀드·일임·신탁 등에 편입되어 거래되는 경우에는 손실 제한이 없으면 고난도에 해당한다. 아울러 전문투자자이지만 개인 전문투자자를 대상으로 하는 파생상품인 CFD도 고난도 금융투자상품에 해당한다.

고난도 금융투자상품 정의 관련 법령(발췌)

자본시장법 시행령

제2조(용어의 정의)

7. "고난도금융투자상품"이란 다음 각 목의 어느 하나에 해당하는 금융투자상품 중 금융위원회가 정하여 고시하는 방법으로 산정한 최대 원금손실 가능금액이 원금의 100분의 20을 초과하는 것을 말한다. 다만, 거래소시장, 해외 증권시장, 해외 파생상품시장(법 제5조제2항제2호에 따른 해외 파생상품시장을 말한다. 이하 같다)에 상장되어 거래(투자자가 해당 시장에서 직접 매매하는 경

우로 한정한다)되는 상품 또는 전문투자자[법 제9조제5항제1호부터 제3호까지의 어느 하나에 해당하는 자, 이 영 제10조제3항제1호부터 제6호까지, 제6호의2, 제7호부터 제14호까지의 어느 하나에 해당하는 자(이에 준하는 외국인을 포함한다) 또는 같은 항 제18호가목부터 다목까지의 어느 하나에 해당하는 자로 한정한다]만을 대상으로 하는 상품은 제외한다.

가. 파생결합증권(제7조제2항제1호에 따른 파생결합증권은 제외한다)

나. 파생상품

다. 집합투자증권 중에서 운용자산의 가격결정의 방식, 손익의 구조 및 그에 따른 위험을 투자자가 이해하기 어렵다고 인정되는 것으로서 금융위원회가 정하여 고시하는 집합투자증권

라. 그 밖에 기초자산의 특성, 가격결정의 방식, 손익의 구조 및 그에 따른 위험을 투자자가 이해하기 어렵다고 인정되는 것으로서 금융위원회가 정하여 고시하는 금융투자상품

금융투자업규정

제1-2조의4(고난도금융투자상품 등) ① 영 제2조제7호 각 목 외의 부분 본문에서 "금융위원회가 정하여 고시하는 방법으로 산정한 최대원금손실 가능금액"이란 다음 각 호와 같다.

1. 영 제2조제7호 가목의 파생결합증권 및 영 제2조제7호 나목의 파생상품 : 해당 금융투자상품의 매매 또는 계약을 위하여 지급하였거나 지급하여야 할 금전 등의 총액(영 제3조제1항 각 호의 금액을 제외한다)으로부터 회수하였거나 만기시까지(중도해지 시점을 포함한다) 회수가 보장된 금전 등의 총액(영 제3조제2항 각 호의 금액을 포함한다)을 제외한 금액

(3) 고난도 금융투자상품에 대한 주요 판매규제

고난도 금융투자상품의 판매와 관련하여 자본시장법 시행령(제68조제5항제2호의3)에서는 개인 일반투자자에 대한 ❶녹취·❷숙려제도와 개인 투자자에 대한 ❸요약설명서 교부 의무를 부과하고 있으며, 금융투자업규정(제4-20조제1항제15호)에서는 ❹이사회 의결(내부통제기준에 따라 이를 위임한 경우를 포함)에 따른 판매승인 의무를 부과하고 있다. 여기서 유의할 점은 녹취·숙려제도는 개인 일반투자자를 대상으로 하지만, 요약설명서 교부는 개인 투자자를 대상으로 하고, 이사회의 판매승인은 대상을 구분하지 않아서 투자자에 따라 제도의 적용 여부가 상이할 수 있다는 점이다. 일례로 고난도 ELS·DLS를 개인 일반투자자에게 판매하는 경우에는 상기 4가지 제도를 모두 준수하여야 하지만, 개인 전문투자자에게 판매하는 경우에는 요약설명서 교부와 이사회 승인만 준수하면 된다. 상기 제도의 구체적인 내용은 다음과 같다.

❶ 녹취의무 : 고난도 금융투자상품의 판매과정을 녹취하여야 하며 투자자가 요청하는 경우 녹취파일을 제공하여야 함.

❷ 숙려제도 : 투자자에게 청약등(청약 또는 주문)을 철회할 수 있는 숙려기간을 2영업일 이상 보장하여야 하며, 동 숙려기간 중 투자 위험, 원금손실 가능성, 최대 원금손실 가능금액을 고지하여야 하며, 숙려기간이 지난 후에 투자자가 서명, 기명날인, 녹취 등으로 청약등의 의사를 다시 표현하는 경우에만 청약등을 집행하여야 함.

❸ 요약설명서 교부 : 고난도 금융투자상품시 해당 상품의 내용 및 투자위험 등을 투자자가 쉽게 이해할 수 있도록 요약한 설명서를 제공하여야 하며, 동 설명서에는 해당 상품의 특성과 손실위험에 대한 시나리오 분석결과와 목표시장의 내용 및 설정 근거를 포함하여야 함. 단, 투자자가 해당 설명서를 받지 않겠다는 의사를 서면, 전신, 전화, 팩스, 전자우편 등의 방법으로 표시한 경우 교부하지 아니할 수 있음.

❹ 이사회의 판매 승인 : 고난도금융투자상품에 대해서는 원칙적으로 이사회에서 판매 여부를 결정하되, 각 회사 사정 등을 고려하여 내부통제기준에 따라 적절히 위임할 수 있음.

(4) 고령자 · 부적합 투자자 녹취 · 숙려제도

2021년 이전에도 일반투자자 중 고령자(70세 이상) 또는 부적합자를 대상으로 ELS 등 [①파생결합증권(금적립계좌등 제외), ②집합투자재산의 50%를 초과하여 파생결합증권에 투자하는 펀드, ③앞의 '①'·'②'에 운용하는 특정금전신탁]의 판매시 녹취의무(자본시장법 시행령)와 청약시 숙려제도(금감원 행정지도. 단 공모 상품만 적용)가 시행되고 있었으나 21년 자본시장법 개정을 통해 고난도 금융투자상품에 대한 규제체계 도입과 함께 강화된 녹취·숙려제도가 2021년 5월 10일 부로 시행되었다.

현행 자본시장법 시행령에서는 개인인 일반투자자 중에서 65세 이상 고령 투자자 또는 부적합 투자자에게 금융소비자보호법에 따른 '적정성원칙 적용대상 상품'[파생결합증권(금적립계좌등 제외), 파생상품, 파생결합펀드, 조건부자본증권, 고난도금융투자상품 등]을 판매하는 경우 고난도 금융투자상품과 동일하게 녹취·숙려제도를 부과하되, 요약설명서 교부는 부과하지 아니한다. 따라서 ELS·DLS, ELW, ETN은 파생결합증권이므로 고난도에 해당하지 않더라도 개인 일반투자자 중 고령자·부적합자에 대한 녹취·숙려가 적용되며, 고난도에 해당하는 경우에는 개인 일반투자자 전체에 대한 녹취·숙려 및 요약설명서 교부(개인 전문투자자 포함)가 적용된다.

고난도 금융투자상품 및 고령자 · 부적합자 판매규제 관련 법령(발췌)

자본시장법 시행령

제68조(불건전 영업행위의 금지)

⑤ 법 제71조제7호에서 "대통령령으로 정하는 행위"란 다음 각 호의 어느 하나에 해당하는 행위를 말한다.

2의2. 개인인 일반투자자 중「금융소비자 보호에 관한 법률」제17조제2항 또는 제18조제1항에 따라 투자목적 · 재산상황 및 투자경험 등의 정보를 파악한 결과 판매 상품이 적합하지 않거나 적정하지 않다고 판단되는 사람 또는 65세 이상인 사람을 대상으로 금융투자상품(투자자 보호 및 건전한 거래질서를 해칠 우려가 없는 것으로서 금융위원회가 정하여 고시하는 금융투자상품은 제외한다)을 판매하는 경우 다음 각 목의 어느 하나에 해당하는 행위
 가. 판매과정을 녹취하지 않거나 투자자의 요청에도 불구하고 녹취된 파일을 제공하지 않는 행위
 나. 투자자에게 권유한 금융투자상품의 판매과정에서 금융투자상품의 매매에 관한 청약 또는 주문(이하 "청약등"이라 한다)을 철회할 수 있는 기간(이하 이 호에서 "숙려기간"이라 한다)에 대해 안내하지 않는 행위
 다. 투자권유를 받고 금융투자상품의 청약등을 한 투자자에게 2영업일 이상의 숙려기간을 부여하지 않는 행위
 라. 숙려기간 동안 투자자에게 투자에 따르는 위험, 투자원금의 손실가능성, 최대 원금손실 가능금액 및 그 밖에 금융위원회가 정하여 고시하는 사항을 고지하지 않거나 청약등을 집행하는 행위
 마. 숙려기간이 지난 후 서명, 기명날인, 녹취 또는 그 밖에 금융위원회가 정하여 고시하는 방법으로 금융투자상품의 매매에 관한 청약등의 의사가 확정적임을 확인하지 않고 청약등을 집행하는 행위
 바. 청약등을 집행할 목적으로 투자자에게 그 청약등의 의사가 확정적임을 표시해 줄 것을 권유하거나 강요하는 행위

2의3. 고난도금융투자상품(투자자 보호 및 건전한 거래질서를 해칠 우려가 없는 것으로서 금융위원회가 정하여 고시하는 고난도금융투자상품은 제외한다)을 판매하는 경우 다음 각 목의 어느 하나에 해당하는 행위
 가. 개인인 일반투자자를 대상으로 하는 제2호의2 각 목의 어느 하나에 해당하는 행위
 나. 개인인 투자자에게 고난도금융투자상품의 내용, 투자에 따르는 위험 및 그 밖에 금융위원회가 정하여 고시하는 사항을 해당 투자자가 쉽게 이해할 수 있도록 요약한 설명서를 내어 주지 않는 행위. 다만, 다음의 어느 하나에 해당하는 경우는 제외한다.
  1) 투자자가 해당 설명서를 받지 않겠다는 의사를 서면, 전신, 전화, 팩스, 전자우편 또는 그 밖에 금융위원회가 정하여 고시하는 방법으로 표시한 경우
  2) 집합투자증권의 판매 시 법 제124조제2항제3호에 따른 간이투자설명서(이하 "간이투자설명서"라 한다)를 교부한 경우

14. 그 밖에 투자자의 보호나 건전한 거래질서를 해칠 염려가 있는 행위로서 금융위원회가 정하여 고시하는 행위

금융투자업규정

제4-20조의2(녹취의무 · 숙려기간 부여의 예외 등) ① 영 제68조제5항제2호의2에서 "금융위원회가 정하여 고시하는 금융투자상품"이란 다음 각 호의 따른 상품을 제외한 상품(제2항에 따른 상품을 포함한다)을 말한다.

1. 영 제68조제5항제2호의2 가목, 라목부터 바목의 경우 : 「금융소비자 보호에 관한 법률 시행령」 제12조제1항제2호에 해당하는 투자성 상품[거래소시장, 해외증권시장, 해외 파생상품시장에 상장되어 거래(투자자가 해당 시장에서 직접 매매하는 경우로 한정한다)되는 상품을 제외하며, 이하, 이 항에서 "투자성 상품"이라 한다.]
2. 영 제68조제5항제2호의2 나목 및 다목의 경우 : 투자성 상품으로서, 투자권유(금융투자상품의 안내·추천·소개 및 설명, 투자자 정보 파악, 상품의 가격 제시, 청약의 접수 및 승낙 등 금융투자상품의 판매를 목적으로 투자자를 상대로 수행하는 행위를 말하며, 영 제99조제4항제1호의2의 나목 및 다목과 제109조제3항제1호의2 나목 및 다목에서의 권유를 포함한다)를 통해 판매한 상품

② 영 제68조제5항제2호의3에서 "금융위원회가 정하여 고시하는 고난도금융투자상품"이란 영 제186조의2에 따른 위험회피대상(보유 또는 보유할 예정일 것을 포함한다)에 대하여 미래에 발생할 수 있는 경제적 손실을 부분적 또는 전체적으로 줄이기 위한 거래를 하고자 하는 목적의 투자자만을 대상으로 한 장외파생상품으로서 판매과정이 녹취된 상품을 말한다.

③ 영 제68조제5항제2호의3나목에서 "그 밖에 금융위원회가 정하여 고시하는 사항"이란 다음 각 호와 같다.

1. 해당 상품의 특성과 손실위험에 대한 시나리오 분석결과
2. 해당 상품 목표시장의 내용 및 설정 근거

제4-20조(불건전 영업행위의 금지) ① 영 제68조제5항제14호에서 "금융위원회가 정하여 고시하는 행위"란 다음 각 호의 어느 하나에 해당하는 행위를 말한다.

15. 이사회의 의결(내부통제기준에 따라 이를 위임한 경우를 포함한다)에 따른 별도의 판매승인을 거치지 않고 영 제2조제7호에 따른 고난도금융투자상품에 대한 판매여부를 결정하는 행위

5 불초청권유 금지 강화

「금융소비자 보호에 관한 법률」(이하 금소법이라 함)에서는 금융소비자의 구체적 · 적극적인 요청이 없는 불초청권유의 경우, ❶ 방문 전 소비자의 동의를 확보한 경우에만 예외적으로 허용하되, ❷ 일반금융소비자에게 장외파생상품, 연계투자, 장내파생상품, 사모펀드, 고난도금융투자상품, 고난도투자일임계약, 고난도금전신탁계약의 계약체결을, 전문금융소비자에게 장외파생상품 및 연계투자의 계약체결을 권유하는 경우는 ❶에서 제외토록 하고 있다.

따라서 일반금융소비자로부터 계약체결의 권유를 해줄 것을 요청받지 않은 경우에는 사전 동의 여부와 상관없이 고난도금융투자상품 등에 대하여 방문 · 전화 등 실시간 대화의 방법으로 계약체결의 권유를 하여서는 안 되며, 전문금융소비자의 경우 장외파생상품, 연계투자에 대해서만 사전 동의 여부와 상관없이 불초청권유가 금지된다.

chapter 02

ELS

section 01 기본 개념

1 개요

ELS(주가연계파생결합증권 또는 주가연계증권)는 주식의 가격이나 주가지수의 변동과 연계하여 사전에 정해진 수익조건에 따라 상환금액을 지급하는 유가증권(파생결합증권)이며, DLS(Derivatives Linked Securities, 기타 파생결합증권)는 이자율, 환율, 원자재, 신용위험 등의 변동과 연계하여 사전에 정해진 수익조건에 따라 상환금액을 지급하는 유가증권(파생결합증권)이다. ELS는 2003년에, DLS는 2005년에 국내에 도입되었는데, 상품설계가 매우 유연하여 다양한 지급구조 및 기초자산의 선택이 가능하다는 장점을 가지고 있다. 더욱이 저금리가 지속되고 저축은행과 같은 고수익 예금의 안정성이 사라지자 ELS는 추가

수익을 기대할 수 있는 유력한 대체투자수단으로 인식되었다. 비록 ELS와 DLS는 그 기초자산이 다르지만 상품구조는 유사한 경우가 많다.

2 특징

주가지수 및 개별 주식에 연동되어 수익이 지급되는 금융상품으로는 주가연동예금(Equity Linked Deposit : ELD)과 주가연계펀드(Equity Linked Fund : ELF)가 존재한다. 2002년 하반기부터 은행권이 판매하기 시작한 ELD는 예금으로 분류되고 있어 예금자 보호를 받을 수 있는 장점이 있다. 실제, 운용은 투자원금의 일정 부분을 원금이 보장될 수 있는 이자가 발생하는 정기예금에 넣은 뒤 나머지 돈으로 주가지수옵션 등 파생상품에 투자하는 형태로 이루어진다.

ELF는 자산운용사가 운용하는 집합투자기구(투자신탁, 투자익명조합, 투자회사 등 다양한 형태가 가능하나, 투자신탁이 가장 일반적임)의 집합투자증권(집합투자기구에 대한 출자지분으로 투자신탁의 경우 수익권을 의미)으로, 자산의 대부분을 안정적인 채권에 투자하고 동 채권에서 발생하는 이자발생액만큼을 ELW나 기타 옵션에 투자하여 원금보존을 추구하거나 최대 손실액을 원금 일부에 국한되도록 설계된 증권(투자신탁 형태의 집합투자기구가 일반적이므로 일반적으로 수익증권)이다. 그러나 대다수의 ELF는 증권사가 사모로 발행하는 ELS에 펀드 자산의 대부분을 투자하는 형태이다. 이 경우 집합투자재산의 운용제한에 따라 동일 종목의 파생결합증권에 집합투자기구 자산총액의 100분의 30을 초과하여 투자할 수 없으므로(자본시장법 시행령 제80조제1항제2호) 일반적으로 ELF는 4개 발행사의 ELS를 편입하고 있다. 이러한 ELF(ELS펀드)는 실제 운용사의 별도 운용이 필요하지 않아 수익증권으로 재포장될 경우 불필요한 운용수수료가 발생될 가능성이 있지만, 발행 증권사의 판매

표 2-1 ELD, ELS, ELF의 비교

구분	ELD	ELS	ELF
발행기관	은행	증권사	집합투자기구
투자형태	예금	파생결합증권	수익증권
예금보호	보장	–	–
원금보장	100% 보장	사전약정	보장없음
만기수익률	사전약정수익률	사전약정수익률	실적배당

망 확보차원에서 사모로 발행하여 증권회사, 은행 등 대규모 판매사를 통하여 개인투자자에게 공모펀드로 팔리거나 사모유가증권의 직접투자가 어려운 보험, 신협, 새마을금고 등 제2금융권 기관투자자의 맞춤형 사모펀드로 소화되고 있다.

2009년 이후에는 ELS를 투자자의 요청에 따라 신탁에 편입하여 운용하는 ELT(ELS신탁)와 랩(Wrap)에 편입하여 운용하는 ELS랩의 형태도 많이 활용되고 있으며 특히, ELT의 경우에는 은행 신탁고객 계정 등을 활용한 거래가 크게 성장하면서 2011년에는 전체 ELS 시장에서 가장 큰 수요처로 급부상한 바 있다. 다만, 2019년 DLF 사태에 따른 개선방안으로 신탁(ELT)을 통한 고난도 금융투자상품 판매를 중지하되, 기초자산이 5개 대표 주가지수(KOSPI200, S&P500, Eurostoxx50, HSCEI, NIKKEI225)이고 공모로 발행되었으며 손실배수가 1이하인 ELS에 한하여 '19.11월말 기준 각 은행별 신탁재산에 편입된 공모 ELS·DLS 잔액 이내로 신탁을 통한 판매를 유지하고 있다.

3 시장구조

ELS의 발행시장은 ELS가 파생결합증권으로 분류되므로 일반적인 증권의 발행시장과 전체적으로 동일하다고 할 수 있다. 차이점은 다른 증권과 달리 ELS는 발행사가 자금조달목적으로 발행하기보다는 다양한 위험선호도를 갖고 있는 투자자에게 위험을 이전하

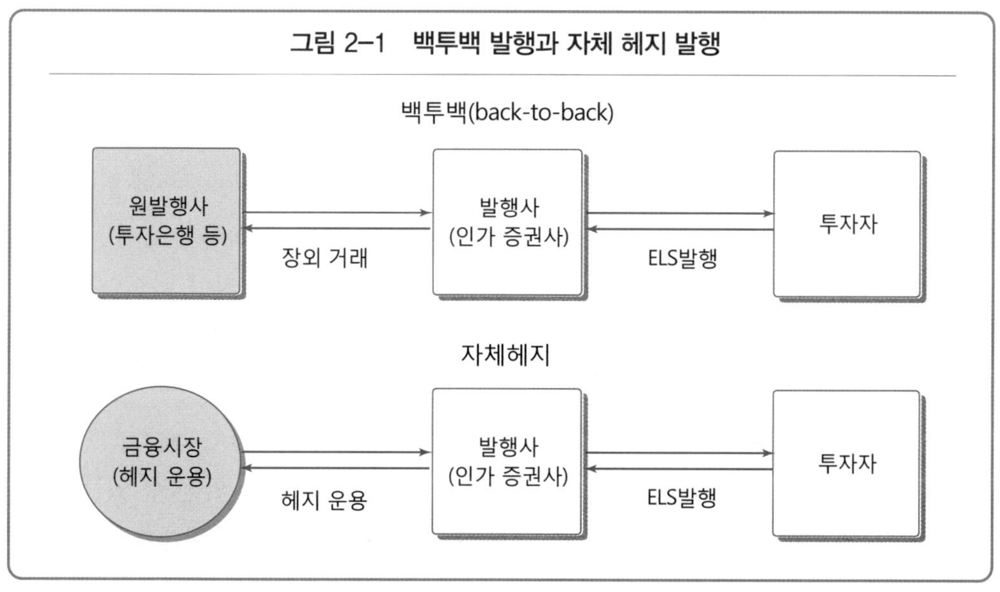

고 그 대가를 받는 형태이다.

따라서 잠재적인 투자자의 위험선호도를 파악하여 거기에 알맞는 상품을 발행하는 것이 무엇보다 중요하며, 발행을 통해 들어온 투자금은 대부분 상환금을 준비하는 목적으로 사용되고 있다.

발행을 하기 위해 상환금을 준비하는 방법으로는 첫째, 국내외 다른 금융기관으로부터 동일한 상품을 매입하는 방법이 있으며, 이를 '백투백(back-to-back)'이라고 부른다.

둘째, 현물주식, 장내파생상품, 장외파생상품의 매매를 통하여 ELS의 지급구조(pay-out)를 복제하는 헤지방법이 있으며, 이를 '자체 헤지'라고 부른다.

section 02 대표 상품구조

1 만기상환형 ELB

(1) 녹아웃 옵션(Knock-Out Option)형

녹아웃 옵션(Knock-Out Option)은 원금비보장형 파생결합증권(ELS)보다는 파생결합사채(ELB)에 주로 사용되는 대표 상품구조이다. 파생결합사채는 금융투자상품 투자위험도 분류상 저위험 상품으로 분류되어 비보장형 ELS보다 안정성이 보강된 상품으로 인식되고 있다.

녹아웃 옵션은 상방 배리어(Barrier) 이상으로 상승하면 원금만 주는 경우와 원금과 일정금액의 리베이트(Rebate) 수익을 주는 경우가 활용된다. 따라서, 녹아웃 옵션형 ELS는 만기까지 기초자산의 가격이 상방 배리어 수준 이상으로 올라간 적이 없으면 원금과 상승 수익률을 수취하고, 만기까지 기초자산의 가격이 상방 배리어 수준 이상으로 올라간 적이 있으면 원금 또는 원금과 리베이트 수익률을 수취한다.

녹아웃 옵션은 상승 시 수익을 얻을 수 있는 녹아웃 콜옵션(Knock-Out Call Option)과 하락시 수익을 얻을 수 있는 녹아웃 풋옵션(Knock-Out Put Option)이 있을 수 있는데, 주식투자와 같은 방향으로 상승 시 수익을 얻을 수 있는 녹아웃 콜옵션 형태가 주로 판매되고 있다. 녹아웃 콜옵션은 업앤아웃 콜옵션(Up-and-Out Call Option), 녹아웃 풋옵션은 다운앤아웃 풋옵션(Down-and-Out Put Option)이라고도 표현한다.

예시

녹아웃 옵션형 ELB

다음은 녹아웃 옵션 ELB 상품의 만기수익구조 그래프이다. KOSPI 200지수를 기초자산으로 하여 1년 만기로 발행된 만기상환형 ELB 예시이며 만기 수익구조는 아래와 같이 3가지 경우로 표현된다.

녹아웃 옵션 ELB의 만기 시 수익구조는 다음과 같다.

수익구조 (만기상환)	
① 만기평가일에 기초자산 만기평가 가격이 최초 기준 가격의 100% 미만인 경우	원금 지급 (100% 원금보장)
② 만기평가일에 최초 기준 가격의 100≤기초자산의 만기평가 가격≤최초 기준 가격의 120%인 경우	원금+상승수익 지급 (상승수익=기초자산 상승률×50%(참여율))
③ 발행 후 투자기간 중 한번이라도 기초자산 가격이 최초 기준 가격의 120%를 초과하여 상승한 적이 있는 경우	원금+2% 수익 지급 (녹아웃 발생하여 2%(리베이트) 지급)

그림 2-2 녹아웃 옵션형 ELB의 만기수익 그래프

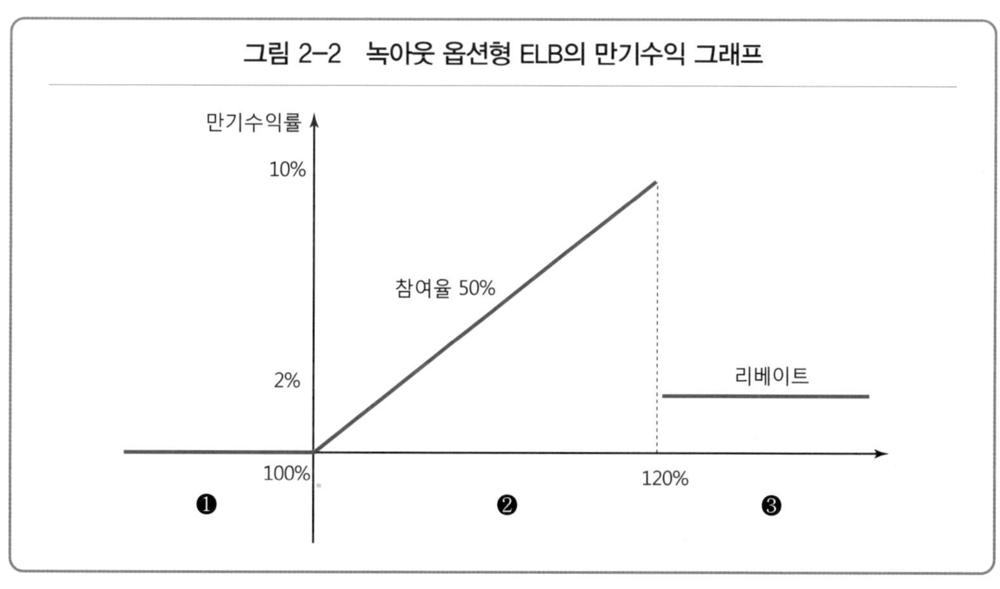

녹아웃 옵션 ELB·DLB는 주가지수, 주식, 유가, 금, 은 등 여러 가지 기초자산을 활용하여 설계할 수 있다. 앞서 수익구조 그래프와 만기수익구조표를 정리하여 보면 다음과 같다.

첫째, ①의 경우는 만기평가일에 기초자산이 최초 기준 가격의 100% 미만인 경우는 기초자산 가격이 많이 하락하더라도 그래프에 있는 것처럼 원금이 지급된다.

둘째, ②의 경우는 만기평가일에 만기평가 가격이 최초 기준 가격의 100%~120% 사이에 있는 경우로 원금과 상승수익이 지급된다. 예를 들어, 만기평가 가격이 10% 상승했다면, 그래프에서 보이는 것처럼 상승수익의 참여율이 50%이므로 10%상승분의 반(50%)인 5%가 최종 상승수익분이다.

셋째, ③의 경우 투자기간 중에 한번이라도 기초자산 가격이 최초 기준 가격의 120%(상방배리어)를 초과하여 상승한 적이 있으면(녹아웃 조건이 발생한 적이 있으면), 원금과 2%(리베이트 수익률)의 수익이 만기에 지급된다.

(2) 기타 옵션형 구조 비교

녹아웃 옵션(Knock-Out Option) 구조가 만기상환형 파생결합사채(ELB/DLB)에 대표적으로 많이 사용되는 상품구조이지만, 그 외에 콜스프레드(Call Spread)형, 디지털(Digital)

그림 2-3 옵션형 ELB의 만기수익 그래프 비교

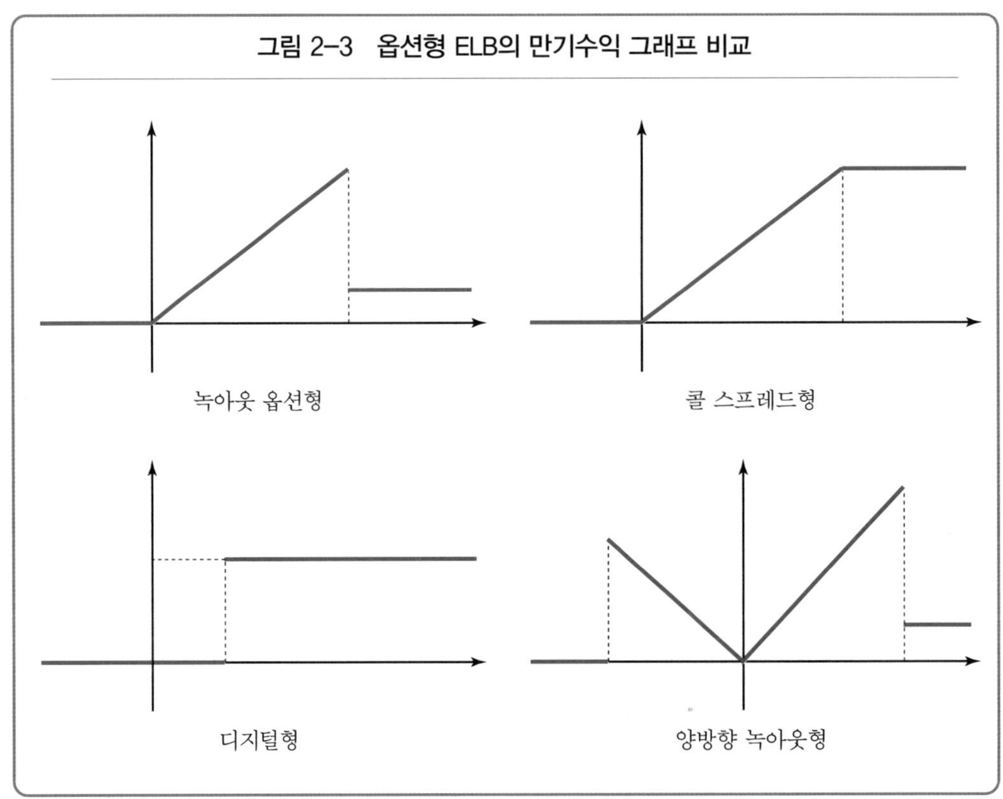

형, 양방향 녹아웃형도 출시되고 있는 상품구조이다. 각 상품의 만기수익 그래프는 다음과 같다.

앞서 만기수익 그래프를 비교해보면, 각 옵션 구조에 따라 수익구조가 조금씩 다른 형태로 적용되는 것을 알 수 있다. 첫째, 녹아웃 옵션형은 일정 구간까지는 상승수익을 지급하고, 상승배리어를 초과한 적이 있으면 미리 정한 리베이트 수익을 지급하는 형태이다. 둘째, 콜 스프레드형은 만기 기초자산 가격에 따라 일정 구간까지는 상승수익을 지급하고, 그 이상은 고정된 최대 수익을 지급하는 형태이다. 셋째, 디지털형은 미리 정한 행사 가격 미만에서는 원금을 지급하고, 그 행사 가격 이상에서는 미리 정한 고정수익을 지급하는 형태이다. 넷째, 양방향 녹아웃형은 상승 시 수익을 얻을 수 있는 녹아웃 콜옵션과 하락 시 수익을 얻을 수 있는 녹아웃 풋옵션을 합쳐놓은 형태이다.

2 조기상환형 ELS

(1) 조기상환형 스텝다운 ELS

2004년 하반기에 본격적으로 등장한 조기상환형 ELS는 통상 만기가 2년이나 3년으로 설계되었으며, 발행 후 6개월 단위로 기초자산의 주가가 사전에 정해진 조기상환 가격 수준 이상으로 상승하면 사전에 약정한 수익을 액면금액과 함께 투자자에 지불하고 계약이 종료되는 형태이다. 만약 6개월 후 조기상환 시점에 기초자산의 주가가 조기상환 가격 수준 미만이면 다음 조기상환 시점으로 순연되며, 계속 조기상환이 되지 않고 만기까지 간다면 만기상환조건에 따라 상환금액이 결정된다. 만기 시점에 만기수익상환조건을 달성하지 못한다면 원금손실이 발생하게 된다. 조기상환구조는 저금리 상황에서 원금보장형 구조의 설계가 어렵게 되면서 좀 더 매력적인 추가 수익을 투자자에게 제시하고자 만기를 장기화하여 제시수익률을 높이되, 다양한 장외파생상품을 사용하여 조기상환조건을 삽입함으로써 시장에서 주력상품으로 성장하였다.

조기상환형 스텝다운 ELS는 대표적인 원금비보장형 ELS이므로 금융투자상품 투자위험도 분류상 보통 고위험 또는 초고위험 상품으로 분류된다. 일반적으로 원금까지 손실을 볼 수 있는 원금비보장형 금융투자상품은 고위험 이상으로 분류하여 투자자들이 해당 상품의 투자위험을 사전적으로 판별할 수 있도록 고지한다.

최초의 조기상환형 ELS는 KOSPI 200지수 또는 시가총액 최상위 주식 등 1개의 기초자산으로 설계되었으나, 본격적으로 조기상환형 ELS가 판매되기 시작하는 2006년 이후에는 기초자산 개수가 2개인 경우가 대부분이었다. 기초자산이 2개인 조기상환형 ELS는 보통의 경우 두 기초자산 중 주가가 더 낮은 기초자산의 가격을 기준으로 수익상환조건이 결정되는 'worst performer'의 조건을 주로 사용한다. 2013년부터는 기초자산이 3개인 경우도 점점 더 증가하고 있다.

ELS와 ELB의 기초자산으로는 2008년 글로벌 금융위기와 2011년 유로존 금융위기 이전에는 주식 종목형과 주가지수형이 골고루 판매되었으나 두 번의 금융위기 이후에 대형 주식을 기초자산으로 하는 주식 종목형 ELS의 손실사례가 증가하면서 주가지수를 기초자산으로 하는 ELS가 크게 증가하였다[19년 중 주가지수형 ELS·ELB 발행금액(85.2조원)은 전체 ELS·ELB 발행액(99.9조원)의 85%, 20년 중 주가지수형 ELS·ELB 발행금액(47조원)은 전체 ELS·ELB 발행액(69조원)의 68%]. ELS의 기초자산으로 주로 사용되는 기초자산은 국내지수인 KOSPI 200지수뿐만 아니라 해외지수인 HSCEI지수, EuroStoxx50지수, S&P 500지수, NIKKEI지수 등이 있다.

① 조기상환형 스텝다운 ELS (녹인(Knock-In)형)

2004년 하반기에 등장하여 지금까지도 발행되는 ELS의 주종을 차지하는 상품 중 가장 보편적으로 판매되고 있는 구조는 조기상환형 스텝다운(Autocall Stepdown) ELS이다.

조기상환형 스텝다운 ELS는 매 조기상환 시점마다 일정 비율씩 조기상환 가격 수준을 낮춰줌으로써 조기상환의 가능성을 높인 구조이다. 현재 판매되고 있는 조기상환형 스텝다운 ELS는 원금손실 발생조건인 녹인(Knock-In, 보통 KI라고 줄여서도 많이 사용한다)이 있는 경우와 없는 경우의 2가지 형태가 있다.

녹인(Knock-In)은 손실 발생할 가능성이 생겨났다는 의미이므로 녹인이 발생한 ELS가 그 시점에 해당 하락분만큼 손실이 확정된 것은 아니며, 녹인이 발생한 ELS라도 그 다음 조기 또는 만기상환 시점에 다시 기초자산이 재상승하여 상환조건을 달성하면 원금과 수익금액을 모두 지급받을 수 있다.

예시

다음은 조기상환형 스텝다운 ELS 상품의 수익구조 그래프이다. 기초자산은 KOSPI 200지수와 HSCEI지수이며, 3년 만기로 매 6개월마다 일정 비율씩 조기상환 가격 수준이 낮아지는 상환조건이 주어진 조기상환형 스텝다운 ELS이다. 조기상환조건은 매 6개월마다 최초 기준 가격의 90%-90%-85%-85%-80%-80%로 설정되어 있고, 원금손실 발생조건인 녹인(Knock-In)은 최초 기준 가격의 55%로 정해진 원금비보장형 구조이다.

녹인(KI)조건이 있는 조기상환형 스텝다운 ELS의 만기 시 수익구조는 다음과 같다.

그림 2-4 녹인(Knock-In)형 ELS의 상환수익 그래프

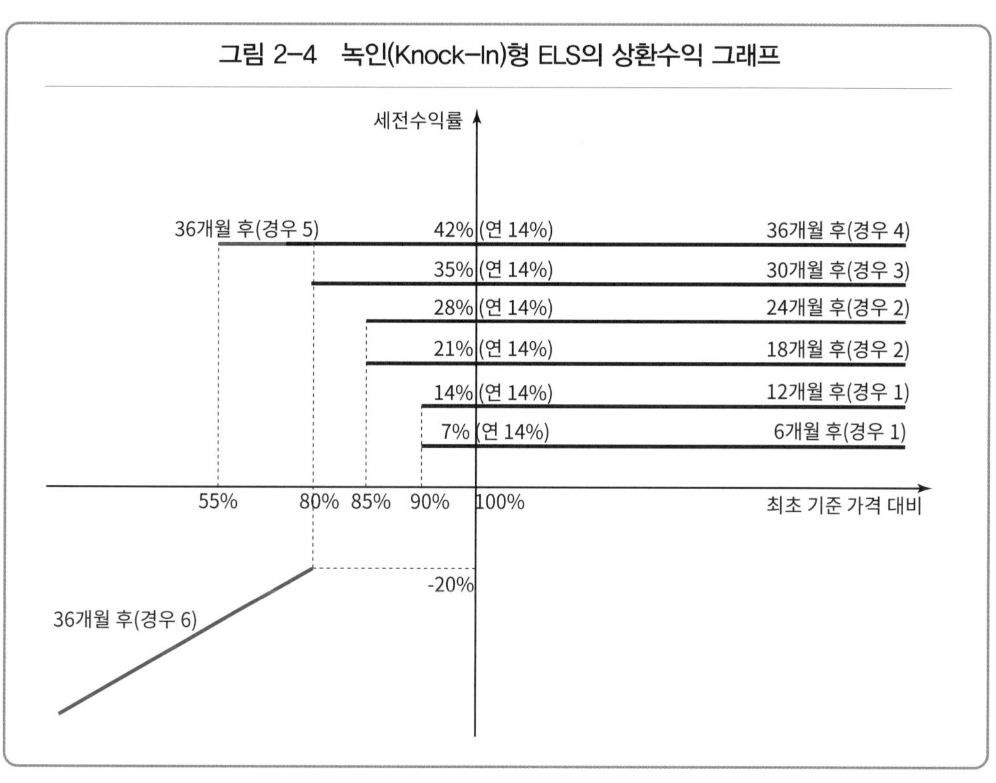

손익구조(조기상환)	
(1) 1차, 2차 조기상환평가일에 두 기초자산의 조기상환 평가 가격이 모두 최초 기준 가격의 90% 이상인 경우	원금 + 연 14% 수익 지급
(2) 3차, 4차 조기상환평가일에 두 기초자산의 조기상환 평가 가격이 모두 최초 기준 가격의 85% 이상인 경우	원금 + 연 14% 수익 지급
(3) 5차 조기상환평가일에 두 기초자산의 조기상환 평가 가격이 모두 최초 기준 가격의 80% 이상인 경우	원금 + 연 14% 수익 지급
손익구조(만기상환)	
(4) 위 (1)~(3) 상환조건에 해당하지 않고, 만기평가 시 두 기초자산의 만기평가 가격이 모두 최초 기준 가격의 80% 이상인 경우	원금 + 연 14% 수익 지급 (42%의 만기수익률)
(5) 위 (1)~(4) 상환조건에 해당하지 않고, 만기평가일까지 두 기초자산 중 어느 하나도 최초 기준 가격의 55% 미만으로 하락한 적이 없는 경우(투자기간 중 원금손실 발생조건인 낙인(KI)을 터치한 적이 없는 경우)	원금 + 연 14% 수익 지급 (42%의 만기수익률)
(6) 위 (1)~(5) 상환조건에 해당하지 않고, 만기평가일까지 두 기초자산 중 어느 하나라도 최초 기준 가격의 55% 미만으로 하락한 적이 있는 경우(투자기간 중 원금손실 발생조건인 낙인(KI) 터치한 적이 있는 경우)	원금 손실 (손실률 = 기초자산 중 하락폭이 큰 기초자산의 하락률 적용)

② 조기상환형 스텝다운 ELS (노녹인(No Knock-In)형)

조기상환형 스텝다운 ELS중 만기 전 투자기간 중에 원금손실 발생조건인 녹인(KI)이 없는 노녹인(No Knock-In) 구조도 있다. 노녹인(No KI)형은 녹인을 없애는 대신에 만기 상환조건을 녹인형의 녹인 수준으로 낮추어서 안전성을 보강하였다. 앞 사례에서 녹인형 ELS(만기 상환조건 80%, 녹인 55%)는 만기를 포함하여 투자기간 내내 기초자산 가격이 최초 기준가격의 55% 이상이어야 만기시 수익상환이 되지만, 노녹인형 ELS(만기 상환조건 55%)는 기초자산의 만기 평가가격만 최초 기준가격의 55% 이상이면 만기시 수익상환이 된다. 따라서 만기, 기초자산, 다른 조기상환 조건이 동일하고 만기 상환조건만 녹인형 ELS의 녹인 수준과 같은 노녹인형 ELS는 녹인형 ELS 보다 안전성이 높은 반면에 제시 수익률은 낮은 편이다.

예시

다음은 녹인(KI)조건이 없는 조기상환형 노녹인 스텝다운 ELS(No Knock-In Stepdown ELS) 상품의 수익구조 그래프이다. 기초자산은 KOSPI 200지수와 HSCEI지수이며, 3년 만기로 매 6개월마다 일정 비율씩 조기상환 가격 수준이 낮아지는 조기상환형 스텝다운 ELS이다. 조기상환조건은 매 6개월마다 최초 기준 가격의 90%-90%-85%-85%-80%-60%로 설정되어 있다. 만기 전 원금손실 발생조건인 녹인(Knock-In) 조건은 없지만, 조기상환이 되지 않고 만기 시 마지막 상환조건인 최초 기준 가격의 60% 미만인 경우에는 원금손실이 발생할 수 있다.

녹인(KI)조건이 없는 노녹인형 조기상환형 스텝다운 ELS의 만기 시 수익구조는 다음과 같다.

손익구조(조기상환)	
(1) 1차, 2차 조기상환평가일에 두 기초자산의 조기상환 평가 가격이 모두 최초 기준 가격의 90% 이상인 경우	원금+연 12% 수익 지급
(2) 3차, 4차 조기상환평가일에 두 기초자산의 조기상환 평가 가격이 모두 최초 기준 가격의 85% 이상인 경우	원금+연 12% 수익 지급
(3) 5차 조기상환평가일에 두 기초자산의 조기상환 평가 가격이 모두 최초 기준 가격의 80% 이상인 경우	원금+연 12% 수익 지급
손익구조(만기상환)	
(4) 위 (1)~(3) 상환조건에 해당하지 않고, 만기평가 시 두 기초자산의 만기평가가격이 모두 최초 기준 가격의 60% 이상인 경우	원금+연 12% 수익 지급 (36%의 만기수익률)
(5) 위 (1)~(4) 상환조건에 해당하지 않고, 만기평가 시 두 기초자산 중 어느 하나라도 최초 기준 가격의 60% 미만인 경우	원금 손실 (손실률=기초자산 중 하락폭이 큰 기초자산의 하락률 적용)

그림 2-5 노녹인(No Knock-In)형 ELS의 상환수익 그래프

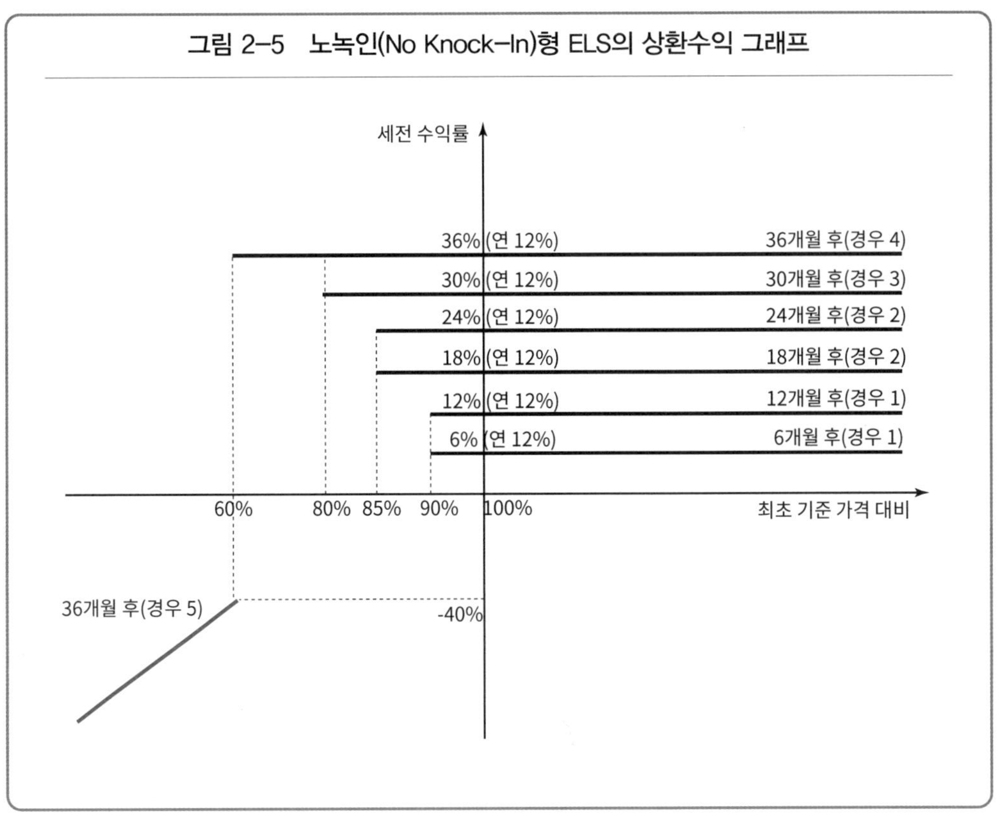

(2) 조기상환형 월지급식 스텝다운 ELS

2010년에 등장한 조기상환형 월지급식 스텝다운 ELS는 매월 지정된 날짜에 최초 기준 가격의 일정 수준(보통 50%~65% 수준) 이상이면 월쿠폰을 지급하는 조건을 첨가한 구조로서 월지급식 또는 월수익지급식이라고 부르고 있다. 기존 조기상환형 스텝다운 ELS가 매 4개월 또는 6개월마다 조기상환조건이 부여된 것과 달리 조기상환형 월지급식 스텝다운 ELS는 기존 조기상환조건에다가 매월 수익이 지급되도록 구조를 첨가하여 안전성을 보강한 구조이므로 다른 수익상환조건이 유사한 조기상환형 스텝다운 ELS보다 제시수익률이 조금 낮은 편이다.

월지급식 ELS는 저금리 환경하에서 매 월 지정된 날짜에만 일반적인 상환 수준보다 낮은 월수익지급조건(최초 기준 가격의 50~65% 이상)을 충족하면 수익이 주기적으로 지급되고, 조기 및 만기상환 시점에 상환도 가능하다는 장점 때문에 기존 조기상환형 스텝다운 ELS의 투자자들 중 안전성을 보다 중요시하는 투자자들에게 선호되는 구조이다.

section 03 ELS/ELB의 투자전략

1 ELB(파생결합사채) 투자

파생결합사채(ELB)는 ELS와 달리 자본시장법상 파생결합증권이 아닌 채무증권으로 분류되고 있다. 따라서 ELB는 파생결합증권도 고난도 금융투자상품도 해당하지 아니하므로 고난도 판매규제 또는 고령자·부적합 투자자 녹취·숙려제도, 금융소비자보호법상 적정성원칙은 적용되지 아니하고 설명의무, 적합성원칙은 적용된다. 금융투자회사의 임직원 등은 일반금융소비자에게 ELB를 판매하는 경우 설명의무, 적합성원칙에 따라 투자자 정보 및 투자성향을 먼저 파악한 후 그에 맞게 투자권유 및 청약 행위가 이루어지도록 판매프로세스를 준수하여야 한다. 특히, 은행 예금, 국채 등의 안전자산에만 투자하는 저위험 성향의 투자자가 파생결합증권(ELS) 및 파생결합사채(ELB) 투자를 고려한다면, ELB에 대하여 안내하여야 한다.

앞에서 설명한대로 시장에서 판매되고 있는 대부분의 만기상환형 ELB는 발행사의 신용위험 등을 제외한다면 만기 상환 시 원금 이상의 수익금액을 지급하는 경우가 대부분이므로 저위험 성향의 투자자들에게 적합한 경우가 많다. 실제로도 최근 몇 년간 시장에서 출시되는 녹아웃 옵션형 ELB는 이러한 투자자들의 투자대상으로 활용되고 있다. 2009년 이후에 출시되고 있는 녹아웃 옵션형 ELB는 상승 수익을 추구하는 형태가 대부분이며, 이 경우에는 해당 기초자산의 시장(KOSPI 200지수가 기초자산이라면 국내 주식시장)의 상승을 예상하고 있는 투자자에게 보다 더 적합하다.

만약, 고객이 자신의 투자성향보다 투자위험도가 높은 ELB 또는 ELS에 대하여 설명을 요청하거나 스스로 청약하고자 하는 경우 금융투자회사의 임직원 등은 "투자성향에 적합(적정)하지 않는 투자성 상품 거래 확인서" 양식을 통하여 투자자에게 투자자의 투자자 성향과 금융투자상품의 위험수준을 인식시키고 해당 상품의 내용, 투자 위험 및 해당 투자가 투자자에게 적합(적정)하지 않으며 투자자성향에 부합하는(적정한) 상품보다 더 큰 손실 위험이 있다는 사실 등을 충분히 이해할 수 있도록 설명 및 서면교부 등으로 고지하고 고객으로부터 서명 등의 방법으로 이를 확인받아야 판매절차의 진행이 가능하다. 다만 고객이 원하는 경우에도 부적합한 상품의 투자권유를 해서는 아니 되며, 고객의 요청으로 설명을 하는 경우에는 투자권유가 되지 않도록 주의하여야 한다.

2 ELS(파생결합증권) 투자

(1) 조기상환형 ELS의 투자전략

조기상환형 ELS를 고려하고 있는 투자자라면 현재 출시되고 있는 조기상환형 ELS의 대부분의 형태가 기초자산이 최초 기준가격 대비 크게 하락하지 않으면 수익상환되는 특성을 가지고 있으므로 안전성과 수익상환 가능성을 고려한다면 아래 5가지 정도를 검토하는 것도 좋은 투자전략이다.

❶ 기초자산 : 조기상환형 스텝다운 ELS는 원금비보장형인 경우라도 발행 증권사의 신용위험을 제외하면 기초자산의 가격이 크게 하락하지 않는 경우(조기상환조건 이상이거나 투자기간 내내 원금손실 가능조건인 녹인(KI)을 상회)에 수익상환되는 구조이므로 기초자산의 변동성이 상대적으로 작아서 큰 폭으로 잘 하락하지 않는 기초자산이 안전성 및 수익상환가능성을 고려할 때 유리하다. 이러한 전략을 감안한다면 비교적 변동성이 큰 종목형보다 상대적으로 변동성이 작은 지수형 기초자산이 보다 안정적이라고 할 수 있다.

또한, 같은 수익조건이라면 기초자산이 1개인 ELS가 기초자산이 2개인 ELS보다, 기초자산이 2개인 ELS가 기초자산이 3개인 ELS보다 유리하여, 기초자산 개수가 적을수록 더 안정적이다.

❷ 최초 기준 가격 : 조기상환형 스텝다운 ELS의 기초자산이 주가나 주가지수임을 감안하면 항상 주식시장의 흐름에 따라 등락이 있다는 것을 감안하여야 한다. 따라서, ELS의 투자 시점을 고려할 때 기초자산이 일정 기간 동안 고점일 때보다는 저점일 때가 더 상대적으로 유리하다. 일반적으로 일정 기간 동안 고점일 경우에는 하락할 가능성도 높아진 상태라는 것을 고려한다면 저점일 때를 투자 시점으로 잡아 조기상환형 스텝다운 ELS의 최초 기준 가격이 상대적으로 낮아졌을 때가 조기 및 만기상환 수준도 비교적 낮아지므로 수익상환 가능성이 더 커져 안전성 측면에서 더 유리하다.

❸ 조기 및 만기상환조건 : 조기상환형 스텝다운 ELS의 조기 및 만기상환조건은 최

초 기준 가격(100%)의 일정 수준(70%~95%의 어느 하나부터 시작)으로 정해지는 것이 일반적인 형태이다. 조기상환조건의 경우는 최초 기준 가격 대비 더 낮은 수준에서 시작하는 것이 수익상환 가능성 측면에서 투자자에게 유리하다. 즉, 첫 번째 6개월째 조기상환이 최초 기준 가격의 95%에서 시작하는 것보다 최초 기준 가격의 85%에서 시작하는 것이 더 유리하다는 의미이다. 예를 들어 6개월 후 시점에 기초자산의 가격이 최초 기준 가격의 91%에 머물러 있다면, 최초 기준 가격의 95%가 조기상환조건인 ELS는 수익상환되지 않고 다음 12개월째로 순연되어 불확실성에 또 한번 더 노출되지만 최초 기준 가격의 85%가 조기상환조건인 ELS는 바로 수익상환되기 때문이다.

이러한 조기상환의 특성을 감안하면, 만기상환조건도 최초 기준 가격 대비 낮으면 낮을수록 안전성 측면에서 투자자에게 유리하다.

❹ 원금손실 발생조건(녹인 Knock-In) : 녹인(KI)조건이 있는 조기상환형 스텝다운 ELS는 원금손실 발생조건이라는 의미대로 녹인(KI)조건이 최초 기준 가격 대비 낮으면 낮을수록 안전성 측면에서 투자자에게 유리하다. 일반적으로 조기상환형 스텝다운 ELS의 녹인은 최초 기준가격의 40%~60% 수준으로 발행되고 있다.

❺ 손실 가능성 보완 조건을 가미한 구조 : 앞에서 사례로 제시한 대로 조기상환형 ELS 중 녹인(KI) 조건을 제거하면서 만기 상환조건을 녹인 수준으로 낮춘 노녹인(No Knock-In) 조기상환형 ELS이거나, 매 월 대폭 낮은 월수익지급조건(최초 기준 가격의 50~65%)을 적용하여 설계된 월지급식 조기상환형 ELS 등은 기존 조기상환형 스텝다운 ELS 대비 안전성 측면에서 투자자에게 더 유리하다.

앞서 5가지 투자전략을 적절히 고려한다면, 안전성 및 수익상환 가능성 측면에서는 조기상환형 ELS의 손실가능성을 축소할 수 있다. 단, 안전성을 보강하기 위해 앞서 5가지 투자전략을 감안한다면 소폭의 제시수익률 감소가 있을 수 있으므로 안전성과 Trade－Off 관계가 있는 수익성 측면에서는 불리할 수 있어 각 개별투자의 수익성이 약간 작아질 수 있다.

(2) 조기상환형 ELS 판매/투자 시 투자권유준칙 준수

대부분의 조기상환형 ELS가 원금비보장형임을 감안하면 마찬가지로 파생결합증권(ELS) 판매회사의 임직원 등은 투자자 정보 및 투자성향을 먼저 파악한 후 그에 맞게 투자권유 및 청약 행위가 이루어지도록 판매프로세스를 준수하여야 한다.

특히, 조기상환형 ELS는 여러 가지 복잡한 장외파생상품의 조합으로 이루어진 복잡한 구조이므로 다른 상품에 비하여 상품구조 및 위험사항에 대해 비교적 더 투자자에게 더 자세하게 설명하고 관련 서류도 빠짐없이 제시하여야 한다.

우선적으로 모든 금융투자상품의 투자 시와 마찬가지로 조기상환형 ELS에 투자하고자 하는 고객의 투자자 정보 및 투자성향을 파악하여야 한다. 만약, 고객이 자신의 투자성향보다 투자위험도가 높은 ELS에 대하여 설명을 요청하거나 스스로 청약하고자 하는 경우 금융투자회사의 임직원 등은 "투자성향에 적합(적정)하지 않는 투자성 상품 거래 확인서" 양식을 통하여 투자자에게 투자자의 투자자 성향과 금융투자상품의 위험수준을 인식시키고 해당 상품의 내용, 투자 위험 및 해당 투자가 투자자에게 적합(적정)하지 않으며 투자자성향에 부합하는(적정한) 상품보다 더 큰 손실 위험이 있다는 사실 등을 충분히 이해할 수 있도록 설명 및 서면교부 등으로 고지하고 고객으로부터 서명 등의 방법으로 이를 확인받아야 판매절차의 진행이 가능하다. 다만 고객이 원하는 경우에도 부적합한 상품의 투자권유를 해서는 아니 되며, 고객의 요청으로 설명을 하는 경우에는 투자권유가 되지 않도록 주의하여야 한다.

투자성향을 파악하고 난 후에는 조기상환형 ELS의 상품구조 및 여러 가지 위험사항(ELS의 명칭, 종류, 판매사 및 위험등급과 기초자산에 대한 내용, 조기상환 및 만기상환조건, 최대 손실액, 시나리오별 투자손익, 중도상환 내용, 일반적 투자위험 및 조기종결위험, 과세위험 등)에 대해 투자설명서 및 간이투자설명서를 통해 제공하고 설명하여야 한다. 아울러 고난도 ELS에 해당하는 경우, 손실위험에 대한 시나리오 분석결과와 목표시장의 내용 및 설정 근거를 포함하는 요약한 설명서를 제공하여야 한다. 투자서류 제공 및 설명단계에서는 투자결과나 수익상환에 대한 단정적 판단을 삼가야 한다.

ELS를 판매하는 증권회사는 투자권유준칙에 따라 표준판매프로세스를 마련하여 위의 사항들을 준수하면서 판매 및 투자가 진행되도록 하고 있다.

chapter 03

ELW

section 01 기본 개념

1 개요

주식워런트증권(이하 ELW)은 개별 주식 및 주가지수 등의 기초자산을 만기 시점에 미리 정하여진 가격으로 사거나 팔 수 있는 권리를 나타내는 옵션(콜옵션, 풋옵션)으로서 자본시장법상 증권의 한 종류인 파생결합증권이다.

ELW 시장에서는 투자자의 환금성을 보장하고 거래를 활성화할 수 있도록 호가를 의무적으로 제시하는 유동성공급자(Liquidity Provider : LP) 제도가 운영된다. ELW는 거래소에서 요구하는 일정 요건을 갖출 경우 유가증권시장에 상장되므로 일반투자자도 기존 주식계좌를 이용하여 주식과 동일하게 매매할 수 있다. 다만, 주식과 달리 ELW는 개인 투자자에 대한 기본예탁금 제도가 있어서 개인 투자자가 ELW를 신규로 거래하기 위해서는 최소 1,500만원 이상의 기본예탁금을 예탁하여야 한다. 이는 한국거래소 유가증권시장 업무규정(제87조의2제1항) 및 시행세칙(제111조의3제1항)에서 ELW 중개회사에게 고객의 투자목적, 투자경험, 신용상태 등을 감안하여 고객별로 차등하여 현금 또는 대용증권으로 기본예탁금을 받도록 하되, 최초 계좌개설 시에는 2단계(1,500만원 이상~3,000만원 미만) 또는 3단계(3,000만원 이상)로 기본예탁금을 정하도록 하고 있기 때문이다. 아울러 ELW는 적정성원칙이 적용되는 파생결합증권이므로 투자성향 등록 및 투자성향에 따른 적정성 확인을 통하여야 거래가 가능하다.

2 특징

(1) 레버리지 효과

적은 투자금액으로도 큰 수익을 얻을 수 있는 레버리지 효과는 ELW의 가장 큰 특징이라고 할 수 있다. 레버리지 효과가 큰 ELW 거래는 직접 주식이나 주가지수에 투자할 때보다 적은 투자금액으로 높은 수익을 올릴 수 있다. ELW의 레버리지 효과는 높은 수익을 달성할 수 있게도 하지만 시장이 반대로 움직일 경우에는 더욱 큰 손해를 입게 만들 수도 있다.

(2) 한정된 손실위험

ELW의 투자위험은 투자원금으로 한정되어 있다. 같은 고위험 레버리지 상품인 장내파생상품의 선물거래나 옵션 매도와 달리 ELW는 파생결합증권으로서 투자자가 옵션의 매입만 가능하기에 손실이 투자원금에 해당하는 프리미엄에 한정되기 때문이다.

(3) 위험의 헤지

ELW 매수를 통해 보유한 주식의 가격이나 주가지수가 원하지 않는 방향으로 움직임에 따라 발생할 위험을 회피하거나 손실위험을 감소시켜 보유한 자산의 가치를 일정하게 유지할 수 있다.

(4) 양방향성 투자수단

기초자산인 주식이 상승할 때는 콜 ELW, 하락할 때는 풋 ELW에 투자하면 되므로 시장의 상승 시나 하락 시에도 다양하게 투자할 수 있는 수단으로 활용할 수 있다.

(5) 유동성의 보장

상장 ELW의 중요한 특징은 유동성 공급자(Liquidity Provider : LP)의 존재이다. LP는 관련 규정이 정하는 바에 따라 해당 ELW에 대한 매수 또는 매도호가를 제공함으로써 투자자의 원활한 거래를 돕는다.

3 주식옵션과의 차이점

상장 ELW는 한국거래소 장내파생상품인 주식옵션(주가지수옵션 포함)과 상당히 유사하다. 이는 ELW의 거의 대부분이 콜과 풋옵션 구조로서 주식옵션과 같기 때문이다. 그러나 상품의 법적 성격, 발행주체, 운영원리 등에서 다음 〈표 3-1〉과 같이 두 상품은 구별된다.

표 3-1 ELW와 주식옵션 비교

구분	ELW	주식옵션
법적 특성	파생결합증권	파생상품(장내)
발행주체	일반투자자 및 전문투자자를 대상으로 증권과 장외파생상품 투자매매업 인가를 받은 금융투자회사	포지션 매도자(개인도 매도 가능)
의무이행자	발행자	매도 포지션 보유자
계약이행보증	발행자의 자기신용	거래소의 결제이행보증
유동성 공급	1개 이상의 유동성 공급자	시장의 수요와 공급
기초자산	주가지수 – 코스피200, 코스닥150, 니케이225, 항셍지수 개별주식 – 코스피 200 구성종목 중 거래소가 분기별로 공표하는 50종목 및 – 코스닥 150 구성종목 중 거래소가 월별로 공표하는 5종목	주가지수 – 코스피200, 코스닥150 개별주식 – 유통주식수 200만주 이상, 소액주주수 2,000명 이상, 1년간 총거래대금 5,000억원 이상인 상장 보통주식 중 거래소 선정(2021. 7월 기준 37종목)
거래기간	3개월~3년* * 상장신청일 기준 잔존권리행사기간	결제월제도에 따름

표준화	원칙적으로 비표준상품이나, 거래소는 "주식워런트증권 상장심사기준"에서 표준화 요건(현금결제/유럽식, 잔존만기 3월~1년 등)을 제시·충족토록 하고 있음	표준화된 조건
결제수단	현금 또는 실물	현금

4 경제적 기능

(1) 투자수단의 다양화

파생결합증권으로서 ELW는 투자자에게 새로운 투자수단을 제공하고 있다. ELW는 옵션의 특성상 레버리지 효과를 갖고 있으면서도 규격화된 장내 옵션에 비하여 증권으로서 발행사가 구조와 기초자산을 상대적으로 자유롭게 선택할 수 있으므로 투자자에게는 다양한 투자수단이 적시에 제공된다고 하겠다.

(2) 저비용 소액투자

ELW는 옵션이면서도 파생결합증권이기 때문에 장내 파생상품시장에서 거래되는 옵션에 비하여 거래에 수반되는 비용이 저렴하고 절차가 단순하다. 특히 장내 옵션거래에 수반되는 증거금 예탁 등의 복잡한 절차가 필요 없으며, 보통 1,000원 전후의 발행 가격으로 소액투자가 용이하다.

(3) 가격 효율성 증대

ELW의 등장으로 ELW시장, 주식시장 및 장내 옵션시장 간에 다양한 형태의 차익거래가 증가하여 균형 가격 성립이 촉진되고 가격 효율성도 증대하게 된다.

5 ELW의 종류

(1) 권리 종류에 따른 분류

❶ 콜 ELW : 만기에 기초자산을 발행자로부터 권리행사 가격으로 인수하거나 그 차액(만기평가 가격－권리행사 가격)을 수령할 수 있는 권리가 부여된 ELW로, 기초자산

가격 상승에 따라 이익이 발생한다.

❷ 풋 ELW : 만기에 기초자산을 발행자에게 권리행사 가격으로 인도하거나 그 차액(권리행사 가격－만기평가 가격)을 수령할 수 있는 권리가 부여된 ELW로, 기초자산 가격 하락에 따라 이익이 발생한다.

(2) 구조에 따른 분류

❶ 기본구조(plain vanilla option) : 일반적인 특징만 가진 유러피안 콜옵션과 풋옵션 구조를 말한다.

❷ 이색옵션(exotic option)

ㄱ. 디지털옵션 : 기본적인 유러피안 콜옵션, 풋옵션과 달리 기초자산의 가격 상승이나 하락에 비례하여 수익이 상승하지 않고 일정 수준에 도달 시 미리 정해진 고정수익으로 확정 지급하는 옵션이다.

ㄴ. 배리어옵션 : 녹아웃(knock-out) 또는 녹인(knock-in) 옵션이라고 불리는 배리어옵션은 기초자산 가격이 미리 정해진 수준, 즉 배리어에 도달하게 되면 옵션의 효력이 없어지거나(knock-out) 새로 생성되는(knock-in) 형태를 갖는다.

6 ELW의 기초자산

ELW의 기초자산은 자본시장법상 유가증권시장, 코스닥시장 및 해외시장의 주식, 주가지수가 가능하다. 그러나 유가증권시장 상장규정에서는 상품의 안정성 확보와 가격조작 방지 등의 투자자 보호를 위해 상장할 수 있는 ELW의 기초자산을 제한하고 있다. 유가증권시장에서는 KOSPI200지수의 구성종목 중 거래대금을 감안하여 거래소가 분기별로 공표하는 종목(50개) 또는 바스켓, KOSPI200 지수가 포함되고, 코스닥시장에서는 코스닥150지수의 구성종목 중 시가총액을 감안하여 거래소가 월별로 공표하는 종목(5개) 또는 바스켓, 코스닥 150지수가 포함된다. 외국 증권시장 중에서는 우리나라와 거래시간이 유사한 일본의 NIKKEI 225, 홍콩의 HSI로 한정되어 있다.

표 3-2 ELW 기초자산 현황

기초자산 구분	개별 주식	주가지수
국내 기초자산	• KOSPI200 구성종목 중 거래대금 상위 100위 이내, 일평균거래대금 100억원 이상 종목 중 거래소가 분기별로 공표하는 종목(50개) 또는 해당 복수종목의 바스켓 • KOSDAQ150 구성종목 중 시가총액을 감안하여 거래소가 월별로 공표하는 종목(5개) 또는 해당 복수종목의 바스켓	• KOSPI 200 지수 • KOSDAQ 150 지수
해외 기초자산		• 일본 NIKKEI 225 지수 • 홍콩 HSI 지수

7 ELW의 권리행사

(1) 권리행사의 결정

ELW 보유자는 권리행사일에 기초자산의 만기평가 가격과 행사 가격을 비교하여 내재가치가 있는 경우 이익을 취할 수 있다. 반면, 만기에 기초자산 가격이 불리하게 움직일 경우 행사권리를 포기할 수 있는데, 그때 ELW 매수금액만큼 손해를 보게 된다.

(2) 내재가치

내재가치는 ELW의 권리를 행사함으로써 얻을 수 있는 이익을 의미한다.

먼저 콜 ELW 경우에는 기초자산 가격에서 권리행사 가격을 뺀 부분이 내재가치가 된다.

콜 ELW의 내재가치 = (기초자산 가격 − 권리행사 가격) × 전환비율

이에 반해 풋 ELW 경우에는 권리행사 가격에서 기초자산 가격을 뺀 부분이 내재가치가 된다.

풋 ELW의 내재가치 = (권리행사 가격 − 기초자산 가격) × 전환비율

(3) 자동 권리행사

자동 권리행사는 권리행사 만기일에 ELW 보유자가 권리행사로 인해 이익이 발생한다면 보유자가 권리행사를 신청하지 않아도 자동적으로 권리행사가 되도록 함으로써 보유자의 이익을 보호하는 제도로서 현금결제방식의 ELW에만 적용되고 있다.

8 ELW의 만기 결제

발행자와 ELW 보유자 간 최종 결제방식은 현금결제와 실물 인수도결제의 두 가지 방법이 있다. 현금결제는 만기일에 지급금액을 현금으로 지급하는 방식을 말하며, 실물 인수도결제는 만기일에 실제로 실물을 행사 가격에 사거나 팔 수 있도록 하는 방식을 말한다. 현재 상장된 ELW는 거래소의 "주식워런트증권 상장심사기준"(유가증권시장 상장규정 시행세칙 <별표 2의4>) 중 표준화 요건에 따라 현금결제방식을 채택하고 있다.

현금결제 시 만기지급금액의 지급일은 권리행사일(만기일)로부터 2일째 되는 날이다. 콜(풋) ELW의 보유자가 권리행사 시에 기초자산 가격이 행사 가격보다 높은(낮은) 경우, 자동권리행사를 통해 그 가격의 차액을 현금으로 수령한다.

9 ELW의 유동성공급자 제도

ELW 시장에는 거래를 활성화할 수 있도록 호가를 의무적으로 제시하는 유동성공급자(Liquidity Provider : LP) 제도가 있다. ELW는 발행인이 직접 유동성공급자로서 한국거래소에 유동성공급계획을 제출하거나, 유동성공급자 중 1사 이상과 한국거래소 유가증권시장 상장규정 시행세칙 제115조에 따른 유동성공급계약을 체결하여 한국거래소에 유동성공급 계약을 제출하여야 한다.

ELW의 유동성공급자는 증권 및 장외파생상품에 대하여 투자매매업 인가를 받은 한국거래소의 결제회원으로서 순자본비율이 150% 이상이어야 하며, 거래소의 매 분기 유동성공급자 평가 결과 2회 연속 최저 등급을 받은 경우에는 1개월 이상 경과하여야 하며, 3회 연속 최저 등급을 받거나, 유동성공급업무 관련 증권관계법규 및 거래소 업무관련규정 위반으로 형사제재, 영업정지 또는 거래정지 이상의 조치를 받으면 1년 이

상 경과하여야 유동성공급업무를 할 수 있다. (한국거래소 유가증권시장 업무규정 제20조의2제2항제3호)

section 02 가격결정요인과 투자지표

1 가격결정요인

ELW 가격을 결정하는 요인으로는 기초자산 가격, 권리행사 가격, 변동성, 만기까지의 잔존기간, 금리, 배당 등 6가지이다.

(1) 기초자산 가격

다른 결정요인이 동일하다면 콜 ELW의 경우 주가가 상승하면 만기에 수익을 올릴 가능성이 높아지기 때문에 해당 ELW 가격이 상승한다. 풋 ELW는 주가가 하락하면 가격이 상승한다.

(2) 권리행사 가격

콜 ELW의 경우 행사 가격이 높을수록 만기에 기초자산 가격이 행사 가격 이상이 되어 수익을 올릴 가능성이 낮아지기 때문에 해당 ELW 가격은 낮아진다. 풋 ELW의 경우에는 행사 가격이 높을수록 수익 가능성이 높아지기 때문에 ELW 가격은 상승한다.

(3) 변동성

변동성은 기초자산 가격이 만기까지 얼마나 크게 변동할 것인가를 계량화하여 수치화한 변수이다. 기초자산 가격의 변동성이 커진다는 것은 주가가 크게 변동하여 상승 또는 하락할 가능성이 높다는 것을 의미한다. 즉, 변동성이 증가하면 유러피안 콜 또는 풋 ELW는 기초자산 가격이 행사 가격 이상(콜 ELW의 경우)이나 이하(풋 ELW의 경우)로 움직일 가능성이 커지므로 변동성 이외의 가격결정요인이 같은 상황에서는 가격이 상승한다.

❶ 역사적 변동성(historical volatility) : 역사적 변동성은 과거 일정기간 동안의 기초자산수익률의 표준편차이다. 따라서 역사적 변동성은 기초자산의 가격이 과거에 어떻게 움직였는지를 측정한 것이다. 역사적 변동성은 구하기 쉬운 장점이 있는 반면, 미래의 변동성에 대한 정확한 예측으로 볼 수 없다는 단점이 있다. 현실적으로는 변동성에 대한 적절한 기준치를 산정하는 것이 어려우므로 역사적 변동성이 많이 사용된다.

❷ 내재변동성(implied volatility) : 내재변동성은 ELW 가격모형을 블랙-숄즈 모형으로 가정하고 시장의 ELW 가격에서 역으로 모형에 내재된 변동성을 추출한 것이다. 내재변동성은 역사적 변동성의 한계를 극복하고 현재 가격에 반영된 정보를 활용한다는 점에서 많이 활용되고 있다. 내재변동성의 장점은 내재변동성은 시장 가격에서 추출된 변동성으로서 ELW 시장을 가장 충실하게 반영하는 변동성이라고 할 수 있다. 그러나 내재변동성은 개별 ELW에 대한 수치이므로 동일한 기초자산을 기반으로 하는 동일 구조의 ELW라 하더라도 그 값이 다를 수 있어 기초자산 고유의 특성으로 보기 힘들다.

(4) 잔존만기

ELW의 가격은 내재가치와 시간가치로 구성된다.

ELW 가격＝내재가치＋시간가치

내재가치는 현재 시점에 옵션을 행사한다고 가정했을 때 ELW가 갖는 가치를 말한다. 시간가치란 만기까지의 잔존기간 동안 기초자산 가격 변동 등에 따라 얻게 될 기대가치이다. 만기일까지의 잔존기간 동안에 얻을 수 있는 이익과 회피할 수 있는 위험에 대한 기대가치이므로, 시간가치는 만기일에 근접할수록 감소하여 0에 근접한다.

ELW의 잔존만기가 증가할수록 상대적으로 만기도래 시까지 해당 ELW의 이익실현 기회가 늘어나므로 수익창출의 가능성이 높아져 ELW의 가격이 상승한다. 반대로 시간이 경과하여 잔존만기가 감소하면 기초자산 가격의 변화가 없어도 ELW의 가격이 점차 감소한다. 이러한 현상이 ELW 투자 시 유의해야 할 시간가치의 소멸이다.

(5) 금리

금리가 인상되면 주식의 보유비용이 증가하게 된다. 콜 ELW 매수자는 직접 주식을 매수하는 것이 아니므로 이러한 보유비용 증가로 인하여 상대적으로 유리한 상황에 놓이게 된다. 따라서 ELW를 매수할 때 보유비용 증가를 감안하여 더 높은 가격을 지불해야 주식을 매수하는 것과 동일한 조건을 갖게 된다.

주식을 매도하는 경우 금리가 인상되면 주식 매도로 창출된 현금으로부터 발생하는 이자수익이 증가하게 된다. 그러나 풋 ELW 매수자는 실제로 주식을 매도하는 것이 아니므로 이러한 이자수익이 발생하지 않는다. 따라서 이와 같은 이자수익 증가를 감안해 더 낮은 가격에 매입하여야 주식을 매도하는 것과 동일한 조건을 갖게 된다.

그러나 금리가 ELW의 가격결정에 주는 영향 정도는 다른 변수에 비해서 크지 않은 편이다.

(6) 배당

현금배당률이 증가하면 주식을 매입할 경우 배당수익 증가로 인해 주식의 보유비용이 감소한다. 하지만 주식 매입 효과를 갖는 콜 ELW는 배당수익을 받을 수 없기 때문에 그만큼 낮은 가격에 거래가 되어야 한다.

반대로 주식을 매도하는 경우에는 매도된 주식으로부터 배당수익을 얻을 수 없으므로 주식 매도대금에서 발생하는 이자수익이 배당수익만큼 감소한다. 하지만 주식 매도 효과를 갖는 풋 ELW는 이와 같은 이자수익 감소가 없으므로 더 높은 가격에 매입하여야 한다.

이상의 내용을 요약하면 이론(블랙숄즈 모델)적으로 가격결정요인이 ELW의 가격에 미치는 영향은 다음의 표와 같다. 하지만 발행 이후 만기 이전에 시장에서 거래되는 실제 거래가격은 이러한 가격결정요인 이외에도 시장상황, 시장수급 및 세제 등 여러 요인을 복합적으로 반영하여 결정된다.

표 3-3 가격결정요인이 ELW 가격에 미치는 영향

가격결정요인	Call ELW	Put ELW
기초자산 시장가격 ↑	↑	↓
행사가격 ↑	↓	↑
변동성 ↑	↑	↑
잔존만기기간 ↓	↓	↓
배당수익률 ↑	↓	↑
이자율 ↑	↑	↓

2 투자지표

(1) 민감도지표(greeks)

ELW의 민감도는 주요 가격결정요인이 변화할 때 ELW 가격이 변화하는 비율을 수치로 표시한 것으로, ELW 투자전략에서 가장 중요하고 기본적인 지표이다.

❶ 델타(delta) : 델타는 기초자산 가격이 1단위 변화할 때 ELW 가격이 변화하는 비율로, ELW 가격이 기초자산 가격 변화에 얼마나 민감하게 반응하는지를 나타낸다.

$$\text{델타의 정의} : \frac{\Delta ELW\ \text{가격}}{\Delta \text{기초자산 가격}}$$

❷ 감마(gamma) : 감마는 기초자산 가격이 1단위 변화함에 따라 델타가 변화하는 비율이다. 따라서 감마는 델타가 기초자산 가격 변화에 얼마나 민감하게 반응하는지를 나타낸다.

$$\text{감마의 정의} : \frac{\Delta \delta}{\Delta \text{기초자산 가격}}$$

❸ 베가(vega) : 베가는 기초자산 가격의 변동성이 1%p 변화할 때 ELW 가격이 변

화하는 비율이다. 즉 ELW 가격이 기초자산 가격 변동성의 변화에 대해 얼마나 민감하게 반응하는지를 나타낸다.

$$\text{베가의 정의} : \frac{\Delta ELW\ \text{가격}}{\Delta \text{기초자산 가격 변동성}}$$

❹ 세타(theta) : 세타는 잔존만기가 1일 감소할 때 ELW 가격이 변화하는 비율로, 일반적으로 ELW 상품은 만기가 가까워짐에 따라 지속적으로 시간가치가 감소하므로 대부분 세타가 음수로 나타난다.

$$\text{세타의 정의} : \frac{\Delta ELW\ \text{가격}}{\Delta \text{잔존만기}}$$

❺ 로(rho) : 로는 무위험이자율이 1%p 변화할 때 ELW 가격이 변화하는 비율로서 ELW 가격이 무위험이자율의 변화에 대해 얼마나 민감하게 반응하는지를 나타낸다.

$$\text{로의 정의} : \frac{\Delta ELW\ \text{가격}}{\Delta \text{무위험이자율}}$$

(2) 전환비율(conversion ratio)

전환비율은 만기에 ELW 1증권을 행사하여 얻을 수 있는 기초자산의 수이다. 예를 들어 전환비율이 0.2인 ELW 1증권으로는 해당 기초자산의 1/5에 대해서만 권리를 행사할 수 있다. 즉 ELW 5개가 있어야 권리행사 시 기초자산 하나를 살 수 있다.

(3) 손익분기점(break-even point)

콜(풋) ELW 투자자가 ELW에 투자한 자금을 회수하기 위해서는 잔존만기 동안 기초자산 가격이 행사 가격 이상(이하)으로 상승(하락)해야 한다. 행사 가격과 함께 ELW에 투자한 금액을 고려한 ELW 투자자의 손익분기점은 다음과 같다.

콜 *ELW* 손익분기점＝행사 가격＋*ELW* 가격/전환비율
풋 *ELW* 손익분기점＝행사 가격－*ELW* 가격/전환비율

(4) 패리티(parity)

패리티는 행사 가격과 기초자산 가격의 상대적 크기를 나타낸 것으로, 1을 중심으로 1이면 등가격(at-the-money), 1보다 크면 내가격(in-the-money), 1보다 작으면 외가격(out-of-the-money)이 된다.

콜 *ELW* 패리티＝기초자산 가격/행사 가격
풋 *ELW* 패리티＝행사 가격/기초자산 가격

section 03 투자전략

1 레버리지전략

ELW는 대상 자산의 방향성에 대한 투자상품으로 ELW를 이용하는 가장 기본적인 투자전략은 대상 자산의 향후 가격을 예상하여 투자하되, 현물주식에 직접 투자하기보다는 레버리지가 높은 ELW을 이용하는 전략이다.

2 프로텍티브 풋(Protective put) 전략

풋 ELW 매수는 공매도의 효과를 발휘한다. 국내 시장은 대차에 의한 개별 주식의 공매도가 활성화되지 않아 실제 개별주식에 대한 헤지는 거의 이루어지지 못하고 있다.

그런데 풋 ELW를 매수하면 개별 주식에 대한 헤지가 가능해진다. 일종의 보험전략인 프로텍티브 풋(protective put) 전략은 보유주식에 대한 풋 ELW를 매수하여 위험을 회피하는 전략이다. 주가 하락 시 하락을 방어하면서 주가 상승 시는 수익을 취할 수 있는 장점이 있다. 단, 풋 ELW 구입비용이 보험료로 지불된다.

3 변동성 매수전략(Straddle과 Strangle 전략)

Straddle 전략은 대상 자산의 방향성보다는 변동성 증가를 기대하는 투자전략이다. 기초자산, 행사가, 전환비율이 같은 콜 ELW와 풋 ELW을 동시에 매수하여 포지션을 구성하게 됨으로써 대상 자산이 큰 폭의 변동을 보일 경우 수익이 발생한다. 반면, Strangle 전략은 다른 행사 가격(풋<콜)의 ELW를 이용해 구성한다.

chapter 04

ETN

section 01 기본 개념

1 개요

ETN(상장지수증권)은 기초지수 변동과 수익률이 연동되도록 증권회사가 발행하는 파생결합증권으로서 주식처럼 거래소에 상장되어 거래되는 증권이다. 발행회사인 증권회사는 투자수요가 예상되는 다양한 ETN을 상장시켜 투자자가 쉽게 ETN을 사고 팔 수 있도록 실시간 매도·매수호가를 공급하며, 상장 이후에는 투자에 도움이 될 수 있도록 상품 관련 주요 공시정보 및 투자참고 지표를 제공한다. 거래소는 투자자 보호를 위하여 ETN 상품의 상장 적합성을 심사하고 원활한 유동성 공급을 위해 LP를 평가 관리하며 적정 가격이 형성되도록 공시 및 시장조치 업무를 수행한다. 그러므로 투자자는 쉽고 편하게 증권시장에서 결정된 시장 가격으로 실시간 매매를 할 수 있다.

ETN은 2006년 6월 6일, Barclays 은행이 뉴욕증권거래소에 일반상품지수를 벤치마크지수로 하는 2개의 상품, 'Dow Jones-AIG Commodity Index Total Return ETN'과 'GSCI Total Return Index ETN'을 상장함으로써 자본시장에 본격적으로 등장하였다.

ETN을 일반적으로 정의하면 금융기관이 1년에서 20년 이하의 만기동안 이표 없이 사전에 정의된 벤치마크지수에 연동된 수익을 투자자에게 지급하고, 자신의 신용으로 발행하면서 별도의 담보나 보증을 받지 않는 선순위 무보증 채권(senior and unsecured note)이라고 할 수 있다.

2 특징

(1) 신상품에 대한 접근성

통상적으로 개인이 일반상품이나 파생상품이 결합된 포트폴리오에 투자하는 것은 어렵다고 할 수 있다. 무엇보다 일반투자자가 에너지, 곡물 등의 원자재 상품에 직접 투자할 수 있는 수단이 거의 없으며 파생상품을 이용하여 다양한 전략을 구사하고 싶어도 장내파생상품의 경우는 일정 금액 이상의 증거금이 필요하고 장외파생상품의 경우 개인은 거래 자체가 불가능한 경우가 많다. ETN은 발행사가 일반투자자로부터 직접투자에 비해서는 상대적으로 저렴한 수수료를 대가로 받고서 다양한 자산에 투자가 가능하도록 하였다는 점에서 강점을 가지고 있다.

(2) 유연성과 신속성

공모펀드 형식의 간접투자상품도 ETN과 마찬가지로 여러 가지 다양한 투자상품을 제공하지만 유연성과 신속성에 있어서 ETN에 비해 열등한 상황이다. ETN은 채권형식으로 발행되기에 일반적인 공모펀드의 신규 발행에 비하여 신속하고 유연한 구조로 발행할 수 있다.

(3) 추적오차 최소화

공모펀드와 비교해서 ETN이 추적오차에 대해 자유롭다는 점은 ETN의 주요한 장점으로 볼 수 있다. 비록 모든 ETN 상품이 추적오차가 없는 것은 아니지만 원칙적으로 발행사가 제시한 가격을 보장한다는 측면에서 운용의 결과를 투자자에게 돌려주는 간접투자상품과는 차이가 있다. 특히 기초자산이 일반상품이거나 복잡한 구조의 벤치마크지수는 정확히 복제하기가 용이하지 않으므로 이런 상품군에서는 ETN의 장점이 부각될 수 있다.

(4) 유통시장

ETN이 거래소 상장을 통해 유통시장이 존재한다는 점도 다른 금융상품에 비해 차별화된 장점이다. 일반 공모펀드 투자자의 경우 원하는 시점에 가입하거나 이익을 실현하는 것에 제약이 있는 반면 ETN은 거래소에서 매매를 통해 새로 투자하거나 매도할 수 있어 유리하다고 할 수 있다. 거래소 상장은 유동성뿐만 아니라 투자자의 접근성을 높여 준다는 면에서도 ETN의 장점이라고 할 수 있다.

(5) 가격 투명성

가격 투명성은 ETN의 주요한 장점이다. ETN은 벤치마크 지수가 명확히 설정되어 있어서 내재가치 산정 어려움이 다른 금융상품에 비해 매우 작다. 일반적으로 ETN의 내재가치는 벤치마크 지수에서 사전에 정의된 수수료를 차감함으로써 쉽게 산출된다. 또한 내재가치를 나타내는 참조 가격을 거래시간에는 연속적으로 공시하도록 함으로써 투자자가 쉽게 가격 정보를 조회할 수 있다. 더욱이 ETN은 거래소에서 거래되는 상품으로써 종가가 산출되고 있으며 장중에도 매매에 따른 가격정보가 존재한다.

3 기초지수

(1) 기초지수의 의미

ETN이 투자 대상으로 삼고 있는 것은 기초지수이다. 지수는 주식, 채권, 파생상품, 금과 같이 특정 자산 가격의 흐름을 종합적으로 나타낸 지표이다. ETN의 지표가치(ETN

1증권 당 실질가치)가 발행일의 기준가로부터 기초지수의 일일 변화율에 일할 계산된 제비용, 분배금 등을 가감하여 산출(SECTION 03 참고)되므로, 제비용이나 분배금 등이 없다고 가정하면 기초지수의 일일 변화율은 ETN 지표가치의 일일 변화율과 같다.

(2) 지수구성 특징

투자자에게 ETF(상장지수펀드)와 ETN은 매우 유사한 구조로 두 상품시장을 명확히 구분하는 것은 용이하지 않다. 이에 따라 국내 ETN 시장은 ETF 시장과 직접적 경쟁을 지양하기 위해 기초지수의 차등을 두고 있다.

ETF는 기초지수가 주식을 기초로 하는 경우 최소 10종목 이상으로 지수를 만들어야 하는 데 반하여, ETN은 좀 더 다양한 지수개발이 가능하도록 5종목(해외증권시장 거래 종목만으로 구성되는 경우 3종목) 이상이면 되도록 하고 있다. 지수선물과 주식으로 ETN의 기초지수를 구성하는 경우에는 지수선물 구성종목이 이미 구성종목 수 요건을 충족하므로 주식은 1종목 이상으로 조합하면 가능하다.

지수구성종목에 있어 ETN이 ETF에 비해 요건이 완화된 반면, KOSPI 200 등 시장대표 지수나 반도체, 자동차 등 섹터지수형 상품은 이미 ETF 시장만으로도 투자자에게 많은 상품이 제공되고 거래비용이 인하되는 등 경쟁이 치열하기 때문에 굳이 ETN 상품이 신규로 진입할 필요가 없다고 거래소는 판단하고, 그간 이러한 시장대표 지수나 섹터지수를 단순히 추종하는 ETN의 출시를 제한하였으나, "ETF·ETN 시장 건전화 방안"(금융위, 2020.5월)에서 코스닥150, KRX300등 국내 시장대표 지수 ETN 출시 허용을 발표하였으며, 실제로 2021년 10월 코스피200, 코스닥150을 기초로 하는 ETN이 출시되었다.

표 4-1 ETF와 ETN 기초지수 비교

구분	ETF	ETN
투자대상	기초자산 가격, 지수	기초자산 가격, 지수
기초지수 구성종목 수 (주식으로 구성된 경우)	10종목 이상	5종목(해외증권시장 상장 주식으로만 구성되는 경우 3종목) 이상
핵심 시장영역	주식, 채권 상품 (지수산출기관의 기존 지수 활용 중심)	전략형/구조화/변동성 상품 (맞춤형 지수 등 신규 개발지수 활용 중심)

(3) 레버리지 · 인버스 지수

ETN의 기초지수는 ETN이 목표로 하는 주요 투자전략 또는 투자대상을 지수화한 것으로, 기초지수가 동 투자전략 또는 투자대상을 양의 1배를 초과하여 추적하거나 음의 배율로 추적하는 경우 이를 각각 레버리지 ETN, 인버스 ETN이라고 한다. 일례로 "○○ 레버리지 WTI원유 선물 ETN"은 기초지수가 WTI원유 선물가격의 일일수익률의 2배를 추적하는 레버리지 2배 상품이고, "○○ 인버스 2X 구리 선물 ETN"은 기초지수가 구리 선물가격의 일일수익률의 음의 2배를 추적하는 인버스 2배 상품이다.

ETN의 기초지수에 대한 구체적인 사항은 일괄신고추가서류 또는 투자설명서 상의 "기초자산에 관한 사항"에서 확인할 수 있으며, 기초지수는 주요 투자전략 또는 투자대상 이외에도 이자 수익이나 이자 비용 등 다른 항목을 가감하여 산정되기도 한다. 한 가지 주의할 점은 레버리지 또는 인버스 ETN은 기초지수 자체가 주요 투자전략 또는 투자대상을 레버리지 또는 인버스 배율로 추적하도록 산정되고, ETN은 기초지수를 1배로 추적한다는 점이다.

이러한 주요 투자전략 또는 투자대상에 대한 기초지수의 추적 배율은 종전에는 기초자산과 무관하게 ±2배까지의 정수배(±1배, ±2배)만 가능하였으나, 한국거래소의 유가증권시장 상장규정 시행세칙 및 유가증권시장 업무규정 시행세칙 개정(2022.10.20일 시행)으로 소수점 배율(±0.5배율 단위)과 채권형 ETN의 경우 3배율(±3)까지 허용되었다.

4 시장참가자

(1) 발행회사

발행회사는 ETN 시장에서 중추적인 역할을 하는 회사로서 투자수요에 맞는 ETN을 기획하고 발행하는 업무, 마케팅 활동, 만기 또는 중도상환 시 지수 수익률을 투자자에게 지급하고, 이를 위해 자산을 운용(헤지)하는 활동, 그리고 중요한 사항이 발생했을 때 신고 · 공시함으로써 투자자에게 고지하는 업무 등 일체를 담당한다. ETN 상품은 무담보 신용상품으로 발행회사의 재무안정성 및 신용도가 가장 중요하므로 거래소는 상품 상장 시 발행회사의 재무안정성, 업무 적격성 등을 엄격하게 심사한다.

(2) 유동성 공급자

금융투자상품은 원하는 시점에 원하는 수량만큼을 사고 팔 수 있는 것이 매우 중요한데, 이렇게 원하는 시점에 원하는 수량을 적정한 가치에 사고 팔 수 있기 위해서는 유동성이 보장되어야 한다. 한국거래소는 ETN 시장을 개설하면서 투자자가 원활하게 매매거래를 할 수 있도록 유동성 공급자(Liquidity Provider : LP) 제도를 도입하고 있다. 유동성 공급자는 발행된 ETN을 최초로 투자자에게 매도(매출)하는 한편, 상장 이후 지속적으로 유동성 공급호가를 제출한다.

ETN의 유동성공급자 제도는 EWL와 유사하면서 유동성공급자의 요건 등은 조금씩 차이가 있다. ELW와 마찬가지로 ETN의 발행인이 직접 유동성공급자로서 한국거래소에 유동성공급계획을 제출하거나, 유동성공급자 중 1사 이상과 한국거래소 유가증권시장 상장규정 시행세칙 제123조의4에 따른 유동성공급계약을 체결하여 한국거래소에 유동성공급 계약을 제출하여야 한다. 아울러 ELW와 마찬가지로 ETN의 유동성공급자는 증권 및 장외파생상품에 대하여 투자매매업 인가를 받은 한국거래소의 결제회원으로서 순자본비율이 150% 이상이어야 하며, 유동성공급업무 관련 증권관계법규 및 거래소 업무관련규정 위반으로 형사제재, 영업정지 또는 거래정지 이상의 조치를 받으면 1년 이상 경과하여야 한다.

한편, '20년 중 발생한 WTI원유선물 ETN의 괴리율 확대 및 투자자 손실 등에 따른 후속조치에 따라 ETN의 유동성공급자 평가 부분은 강화되었다. 이에 따라 평가 주기가 단축(분기→월별)되었으며, 의무 위반수준에 비례하여 ETN 신규상품에 대한 유동성공급자 업무 수행기간을 제한(1~6개월)하고 있다.

표 4-2 평가등급별 신규 유동성공급자 자격 정지기간

항목		종전(분기평가)	현행(월평가)
두 번째 낮은 등급		–	1개월
최저 등급	1회	3 개월	2개월
	2회 연속	6 개월	3개월
	3회 연속	9 개월	6개월

아울러 ETN의 유동성공급자의 원활한 유동성 공급을 위하여 최소 유동성 보유의무가 도입되었다. 이에 따라 ETN 유동성공급자는 상장증권총수에 따라 일정 수량 이상의 ETN을 보유하여야 한다.

표 4-3 유동성공급자의 최소물량 보유기준

상장증권총수	최소 보유수량
1,000만 증권 이하	상장증권 총수의 20%
1,000만 증권~5,000만 증권 이하	Max(2,000,000 증권, 상장증권 총수의 15%)
5,000만 증권~2억 증권 이하	Max(7,500,000 증권, 상장증권 총수의 10%)
2억 증권 초과	20,000,000 증권

(3) 지수산출기관

ETN은 지수 수익률을 지급하는 상품이므로 ETN 투자에는 기초지수의 움직임이 무엇보다 중요하다. 발행회사는 지수산출기관과 지수 사용에 관한 계약을 맺고 이를 이용해 ETN을 상장할 수 있다. 지수산출기관은 지속적으로 실행 가능한 전략을 합리적으로 설계하고, 객관적인 자료와 기준을 마련하여 지수를 산출해야 하며, 투자자는 이러한 기초지수에 대한 정보를 어려움 없이 볼 수 있어야 한다. ETN 지수산출기관은 상장기간 동안 안정적으로 지수를 산출, 관리할 수 있는 전문성과 독립성을 갖추어야 한다.

(4) 기타 시장참가자

일반 사무관리회사는 ETN의 사무처리를 위해 발행회사로부터 일부 업무를 위탁 받아 수행하는 곳으로 현재는 한국예탁결제원에서 해당 업무를 담당한다. 한국예탁결제원에서는 매일 장 종료 후 ETN의 지표가치를 계산하고 거래소와 코스콤을 통해 공시하고 있으며, 여기서 산출된 지표가치는 다음 날 코스콤을 통해 산출·발표되는 실시간 지표가치의 기준이 된다. 한국예탁결제원은 또한 매일 세금 부과의 기준이 되는 과표기준 가격의 계산 업무도 수행한다.

section 02 시장구조

1 발행제도

ETN은 신용등급, 재무안정성 등이 우수한 증권회사가 발행하되, 유동성공급자를 제외한 개인이나 기관의 청약은 허용하지 않고 유동성공급자에게 일괄하여 배정하는 형태로 발행(간주 공모)하므로 유동성공급자(일반적으로 발행사)가 발행물량을 전액취득 후 한국거래소를 통하여 일반투자자에게 매출함으로써 ETN의 거래가 시작된다. 이러한 간주 공모방식의 발행 형태는 ELW도 동일하다. ETN은 신규상장 후 시장수요에 따라 추가 발행이 가능하고, 일정 규모 이상을 모아 중도상환도 가능하다. ELW와 ETN은 파생결합증권으로서 거래소에서 투자자가 직접 거래하도록 발행되는 경우에는 고난도 금융투자상품에 해당하지 아니하므로, 최대 원금손실 가능금액과 무관하게 일괄신고서 제출이 가능하다. 이 경우 앞서 파생결합증권의 일괄신고서 제도에서 설명한 바와 같이, 일괄신고서를 통하여 일정기간 동안의 모집·매출 예정 물량을 금융위원회에 일괄하여 사전에 신고하고, 신고가 수리된 경우에는 그 기간 중에 실제 발행하는 경우 발행금액, 가격 등 모집의 조건에 관한 일괄신고추가서류만을 제출하면 즉시 증권을 모집·매출을 할 수 있다. 아울러 일괄신고서를 제출하기 위한 발행인의 요건 및 일괄신고서 제출에 따른 발행예정기간 중 3회 이상 발행의무도 앞서 파생결합증권에서 설명한 것과 동일하다.

2 상장제도

(1) 상장절차

ETN 상장절차는 기본적으로 주식의 신규상장절차와 동일하다. 상장적합성 심사를 위해 주식과 같이 신규상장 신청 전에 상장예비심사를 받아야 하고, 거래소는 상장예비심사신청서를 접수한 날부터 15 영업일 이내에 상장예비심사결과를 통지한다.

(2) 상장요건

거래소 시장에 ETN을 상장하기 위해서는 ETN을 발행하는 증권회사에 대한 요건과 추적하는 지수에 대한 요건, 그 밖에 상장 상품으로서 필요한 요건을 갖추어야 한다.

❶ 발행회사의 자격 : ETN을 발행하기 위해서는 매우 높은 수준의 신용도와 재무건전성 등 엄격한 자격요건을 충족해야 한다. 이는 ETN이 발행자의 신용으로 발행하는 상품이기 때문에 발행자의 재무요건 등을 엄격하게 제한하여 신용위험을 최소화하기 위함이다. ETN 시장 발행자 요건은 다음의 조건을 충족해야 한다.

ㄱ. 증권 및 장외파생상품 매매업 인가를 받은 금융투자업자

ㄴ. 자기자본 5,000억 원 이상

ㄷ. 신용등급 AA－이상

ㄹ. 순자본비율 150% 이상

ㅁ. 최근 3사업연도의 개별재무제표와 연결재무제표에 대한 감사인의 감사의견이 모두 적정

❷ 기초지수 요건 : ETN의 기초지수가 되기 위한 조건은 다음과 같다.

ㄱ. KRX 시장에서 거래되는 기초자산 가격의 변동을 종합적으로 나타내는 지수

ㄴ. 외국 거래소 시장 등 거래소가 인정하는 시장에서 거래되는 기초자산 가격의 변동을 나타내는 기초지수

ㄷ. 기초지수에 국내외 주식, 또는 채권이 포함되는 경우 주식 채권 각각 최소 5종목 이상, 동일 종목 비중 30%이내로 분산될 것(단, 국채, 통안채, 지방채 등으로만 구성된 지수의 경우 3종목 이상이면 가능하며, 이 경우 동일 종목 비중 30% 이내 요건은 미적용. 또한 지수가 해외증권시장에서 거래되는 종목만으로 구성되는 지수인 경우에는 구성종목의 수는 3종목 이상으로 하며, 하나의 구성종목의 비중은 50%를 초과하지 않아야 함)

❸ 발행규모와 발행한도 : 소규모 ETN의 난립을 방지하고, 충분한 유통수량을 확보하기 위해 신규상장하는 ETN은 발행원본액(상장증권수×최초발행 시 상장지수증권의 증권당 지표가치)이 최소 70억 원 이상이고, 발행증권수가 10만 증권 이상이어야 한다. 또한, ETN 발행자가 과도한 신용위험에 노출되는 것을 방지하기 위해 ETN 발행자는 자기자본의 50%까지만 ETN을 발행할 수 있도록 제한을 하고 있다.

❹ 만기, 지수이용계약 및 유동성 공급계약 : ETN은 1년 이상 20년 이내의 만기로 발행할 수 있다. ETN은 공모로 발행되어야 하는데 청약절차를 거치지 않고 발행

사 또는 유동성 공급자가 전량 보유한 상태에서 상장 이후 매출이 시작되는 간주 모집을 이용한다. 또한, ETN은 지수와 연동된 상품이므로 기초자산인 지수정보가 실시간으로 투자자에게 공표되고 지수를 이용할 수 있도록 발행자는 지수에 관한 법적 권한을 가진 기관과 지수사용계약을 체결해야 하고 원활한 유동성 공급을 위해 유동성 공급계약을 체결하거나 자신이 직접 유동성을 공급하여야 한다.

(3) 추가 상장과 변경상장

추가 상장은 시장에서 투자자에게 인기가 있어 상당 수량 이상 매출이 일어난 종목의 추가적인 시장수요가 예상될 때 발행회사가 신속하게 물량을 공급하는 제도이다. ETN을 추가 상장하는 경우에도 발행회사의 자격, 지수요건, 유동성 공급자에 관한 요건 등은 충족하여야 하지만, 유동성 공급자의 보유물량 소진으로 인한 유동성 부족으로 ETN이 기초지수와 동떨어진 가격으로 거래되는 것을 막기 위해 상장요건 중 발행한도는 적용되지 않는다.

변경상장은 상장법인이 이미 발행한 ETN의 종목명을 바꾸거나 중도상환 및 증권 병합·분할에 따라 수량을 변경하는 제도이다. 발행회사명이 바뀌어 종목명을 바꾸는 경우, ETN 증권 병합·분할 또는 만기 전에 투자자가 보유한 일정 수량 이상의 ETN을 장외에서 발행 회사를 상대로 중도상환을 청구하여 발행수량이 변경되는 경우에 변경상장이 발생한다.

(4) 상장폐지

거래소는 다음과 같은 상장폐지 기준에 해당할 경우 투자자 보호를 위하여 만기 이전이라 하더라도 해당 종목을 상장폐지한다.

표 4-4 ETN 진입 및 퇴출요건

구분	진입요건	퇴출요건
인가	인가	인가 취소
자기자본	5,000억 원 이상	2,500억 원 미만
신용등급	AA－이상	투자적격등급(BBB－) 미만
순자본비율	150% 이상	100% 미만 3개월 지속 또는 50% 미만
감사의견	최근 3사업연도 개별 및 연결 재무제표 모두 적정	최근 사업연도 개별 또는 연결재무제표 부적정 또는 의견거절

❶ 발행회사 자격요건 미달 : 발행회사의 증권 또는 장외파생상품 투자매매업 인가가 취소되거나 영업 정지로 상장지수증권 관련 업무를 수행하는 것이 불가능하게 되는 등 정상적 업무 수행이 불가능한 경우

❷ 기초지수 요건 미달 : ETN 기초자산의 가격 또는 지수를 산출할 수 없거나 이용할 수 없게 되는 경우, 그리고 지수의 산출기준이 변경되는 경우 상장폐지된다.

❸ 유동성 공급 능력 부족 : 발행회사가 유동성 공급을 할 수 없게 되거나 유동성 공급계약을 체결한 LP가 없게 되는 경우, 그 날로부터 1개월 이내에 다른 LP와 유동성 공급계약을 체결하지 않거나 발행회사가 직접 유동성 공급계획서를 제출하지 않는 경우

❹ 상장규모 및 거래규모 부족 : ETN 종목의 해당 반기 말 현재 발행원본액과 지표가치금액(상장증권수×해당일 상장지수증권의 증권당 지표가치)이 모두 50억 원에 미달하거나, 반기 일평균거래대금이 500만원에 미달하는 경우에는 소규모 종목 난립 방지를 위해 관리종목으로 지정한 후 다음 반기말에도 동일 기준에 미달하면 상장폐지 된다.

❺ 신고의무 위반 : ETN 발행회사는 ETN 상장 이후 중요한 내용을 투자자가 알 수 있도록 규정에서 정하는 사유가 발생하면 거래소에 신고해야 할 의무가 있다. 그럼에도 고의·중과실 또는 상습적으로 신고의무를 위반하는 경우에는 상장이 폐지된다.

3 유동성 공급자 제도

(1) 유동성 공급자

유동성 공급자(LP)는 원활한 거래를 지원하는 시장참가자로서 시장에 주문이 충분하지 않아 매도, 매수 주문의 가격 차이가 크게 확대되어 있는 경우 이 가격 차이를 좁히기 위해 매도, 매수 양방향의 주문을 일정 수량 이상 제출할 의무가 있다.

유동성 공급자의 역할은 ETN을 발행한 증권회사 또는 제3의 증권회사가 담당한다. LP는 매수와 매도 양쪽 방향으로 최소 100증권 이상씩 호가를 제출해야 한다.

(2) 가격괴리 조정기능

LP의 또 다른 기능은 ETN 시장 가격이 지표가치에서 벗어나는 현상인 가격괴리가 발생하지 않도록 하는 것이다. ETN 정규시장 거래시간 동안 실시간으로 제공되는 실시간 지표가치(Intraday Indicative Value : IIV)를 기준으로 매도호가가 매우 높거나 매수호가가 매우 낮게 되면 ETN 시장 가격은 실시간 지표가치에 비해 훨씬 높거나 매우 낮은 수준에서 형성될 가능성이 높고 그 결과 괴리율은 크게 벌어질 수가 있다. LP는 상시적으로 실시간 지표가치 근처에서 호가를 제출하기 때문에 ETN 시장 가격의 비정상적 형성을 막는 역할을 수행한다. 거래소는 ETN의 괴리율(%)((종가－증권당 지표가치)×100 / 증권당 지표가치)이 3%(해외 기초자산의 경우 6%)를 초과하지 않도록 유동성공급호가를 제출토록 하고 있다.

한편 거래소는 가격괴리가 크게 발생하지 않도록 LP들로 하여금 정규시장의 매매거래 시간중에 최우선호가를 기준으로 한 호가스프레드비율(호가스프레드/매수호가 가격, 호가스프레드 = 매도호가 가격 - 매수호가 가격)이 일정 수준 이하에서 유지되도록 규제를 한다. ETN이 국내기초자산만 추적하는 경우 호가스프레드비율은 2%이내, 해외기초자산(해외기초자산을 일부 포함한 경우를 포함)을 추적하는 경우 호가스프레드비율은 3%이내로서 발행사가 거래소에 신고한 비율 이내로 유지하여야 하며, 동 범위를 초과하는 때(매도호가 또는 매수호가의 어느 일방 또는 양방에 호가가 없는 경우를 포함)에는 그 때부터 5분 이내에 유동성공급호가를 제출하여야 한다.

(3) 호가제출 예외사항

LP가 호가를 제출할 의무가 없는 경우도 있다. 오전 단일가 매매 호가접수시간(08:00~09:00), 증권시장 개시 후 5분간(09:00~09:05) 그리고 오후 단일가 매매 호가접수시간(15:20~15:30)에는 LP가 호가를 제출하지 않아도 된다. 한편, 09:05~15:20 사이라도 호가스프레드 비율이 해당 ETN의 상장 시 거래소에 신고한 비율 이하이면 호가를 제출하지 않아도 된다.

이는 가격괴리가 발생하지 않도록 하는 것이 LP 기능이라는 측면에서, 현재 시장에서 형성된 호가스프레드 비율이 크지 않으면 LP가 개입하여 호가를 제출하지 않아도 된다는 의미이다.

4 매매제도

ETN의 매매제도는 주식 또는 ETF와 거의 동일하다. ETN도 현금에 갈음하여 위탁증거금으로 사용할 수 있도록 대용증권으로 지정되어 있다. ETN의 경우 사정비율은 종목별로 상이하며, 상장폐지사유에 해당되어 매매거래가 정지되었거나 투자위험종목으로 지정된 종목은 대용증권에서 제외하고 있다.

ETN의 결제제도는 일반 주식거래와 동일하다. 즉, ETN 결제는 주식과 같이 거래성립일로부터 2일째 되는 날(T+2)에 이루어지며, ETF와 같이 예탁기관에 전부 예탁되어 계좌대체를 통해 인수도가 이루어진다.

표 4-5 ETN 매매제도

매매시간	정규시장(09:00~15:30), 시간외 시장(08:00~09:00, 15:40~18:00)
호가 가격단위	5원
매매수량단위	1증권
가격제한 폭	기준 가격의 상하 30%[±1배*를 초과하는 레버리지·인버스 ETN의 경우 그 배율(음의 배율인 경우 그 절대값)을 곱한 금액] * ±0.5배 ETN의 가격제한폭은 기준 가격의 상하 30% [가격제한폭 예시] ① ±0.5배, ±1배 ETN : 30% × 1 = 30% ② 레버리지·인버스(±2배) ETN : 30% × 2 = 60% ③ 레버리지·인버스(±3배) ETN : 30% × 3 = 90%
호가의 종류	지정가호가, 시장가호가, 조건부지정가호가, 최유리지정가호가, 최우선지정가호가 및 경쟁대량매매호가

section 03 투자지표와 투자위험

1 투자지표

(1) 일일 지표가치(Indicative Value : IV)

일일 지표가치는 ETN 1증권당 실질가치로 ETF의 순자산가치(NAV)와 유사한 개념이다. 일일 지표가치는 발행일 기준가로부터 일일 기초지수 변화율에 일할 계산된 제비용, 분배금 등을 가감하여 산출한다.

지표가치는 투자자가 발행자에게 중도상환을 요청할 경우 중도상환 기준가(당일 지표가치－중도상환 수수료(증권사 자율))로 활용 가능할 뿐만 아니라 당일 시장 가격과의 괴리율(%)((ETN 종가－증권당 지표가치)×100 / 증권당 지표가치)의 판단기준이 된다. 산출은 매 영업일 장 종료 후 이루어지며 한국예탁결제원 등 일반 사무관리회사가 산출을 담당한다.

(2) 실시간 지표가치(Intraday Indicative Value : IIV)

실시간 지표가치는 하루에 한번 발표되는 일일 지표가치를 보완하기 위해 실시간으로 변하는 ETN의 가치 변화를 나타낸다. 실시간 지표가치의 산출은 전일 지표가치에 당일 장중 기초지수 변화율을 반영하여 산출한다. 산출주기는 기초지수 산출주기와 동일하게 하되 최대 15초 이내로 설정한다.

(3) 괴리율

괴리율은 ETN 시장 가격과 지표가치의 차이를 나타내는 지표이다. 일반적으로 발행회사의 신용위험이 부각되거나 유동성 공급이 원활하지 않을 때 높아진다.

$$\text{괴리율}(\%) = \frac{(\text{시장 가격} - \text{지표가치})}{\text{지표가치}} \times 100$$

2 투자위험

(1) 발행회사 신용위험

ETN은 신탁재산을 별도 보관하는 ETF와 달리 무보증·무담보 일반사채와 동일한 발행자 신용위험을 가진다. ETF와 달리 추적오차의 위험이 없는 반면, 발행회사의 채무불이행 위험으로부터 자유롭지 않다고 할 수 있다.

(2) 기초자산 가격 변동 위험

ETN은 기초자산인 추적대상지수를 따라 움직이는 인덱스 상품이기 때문에 지수가 하락하면 손실이 나타날 수 있는, 원금이 보장되지 않는 상품이다. 물론 지수 구성종목에 분산투자하기 때문에 개별 주식 투자에 비해 기업 고유의 위험은 줄일 수 있지만 시장 전체의 변동에 따른 지수 하락 위험은 피할 수 없다. ETN의 지표가치 또는 실시간 지표가치는 일반기업의 주가처럼 향후 전망과 같은 미래의 가치가 현재의 가격에 반영되는 상품이 아니라 단순히 기초지수의 변동에 따라 결정된다.

(3) 유동성 부족 위험

ETN은 거래소에 상장되어 거래되는 상품이며, 유동성 공급자가 원활한 거래를 지원한다. 그러나 유동성 공급자는 일정한 규칙에 따라 호가를 제시할 의무가 있을 뿐 투자자가 원하는 가격으로 반드시 호가를 제출하거나 거래를 체결시켜야 하는 의무가 있는 것은 아니다. 호가가 충분하게 제시되어 있지 않은 종목의 경우 투자자가 원하는 가격에 즉각적으로 거래하지 못할 가능성을 배제할 수 없다.

한편, 시장에서 투자자에게 인기가 있어 상당수량 이상 매출이 일어난 종목은 추가상장을 통해 신속하게 물량을 공급해 ETN이 지표가치에 근접하여 거래될 수 있도록 하는데, 이 추가상장이 신속하고 원활하게 일어나지 않으면 ETN의 가격이 왜곡될 위험이 있다. 국내 ETN 시장은 추가상장에 제약이 없도록 제도적으로 뒷받침하고 있지만 발행의 주체는 증권회사이기 때문에 이러한 위험을 완전히 제거할 수는 없다.

(4) 단기거래 비용 증가 위험

ETN은 주식처럼 증권시장에서 거래되며, 특히 국내 주식형 ETN의 경우 매도할 때 증권거래세가 면제되는 장점이 있어 단기 투자에 이용될 가능성이 높다. 하지만 ETN의 매매를 위해서는 증권회사를 거쳐야 하기 때문에 매매가 빈번할 경우 증권회사에 지불하는 위탁수수료 부담이 커지게 된다. 따라서 ETN 단기 거래 시 위탁수수료 비용이 증가해 투자 수익률에 좋지 않은 영향을 미칠 수 있다.

(5) 상장폐지 위험

일반 기업의 주식처럼 ETN의 경우도 일정 요건에 미달하면 상장폐지 될 수 있다. 다만, ETN은 일반 주식의 상장폐지처럼 투자금 대부분의 손실을 보는 것은 아니다. 발행회사의 부도발생이 아닌 경우에는 상장폐지 되더라도 ETN 발행회사가 최종 거래일의 지표가치에 해당하는 금액은 투자자에게 지급한다. 그럼에도 투자기간 동안 손실이 발생했다면 상장폐지와 함께 손실이 확정되고 이를 만회할 기회가 사라진다. 또한 계속 투자하고 싶은 투자금액을 다른 상품에 다시 투자해야 하는 불편함이 있을 수 있다.

ETN은 만기가 되어 상장폐지되는 경우 외에도, 발행회사의 자격 유지, 기초지수 요건, 유동성 공급자 요건, 규모요건 등을 충족하지 못하거나, 발행회사가 중요한 공시의무를 위반하는 경우에 상장폐지될 수 있다.

(6) 일별 복리화 효과 위험

ETN은 기초지수가 목표로 하는 주요 투자전략 또는 투자대상(이하 “투자대상등”이라 함)의 누적수익률이 아니라 일별수익률에 연동하므로, 추적 배율이 1배가 아닌 ETN을 2일 이상 보유하는 경우 보유기간 동안 ETN의 누적수익률은 투자대상등의 누적수익률에 추적 배율을 곱한 값과 차이가 날 수 있다. 간단히 말하면, 원유선물 2배 레버리지 ETN의 10일간 누적수익률은 원유선물 가격의 10일간 누적수익률의 2배와 다를 수 있다는 것이다. 이러한 현상은 일별수익률 복리화 효과에 따른 것으로 ETN의 투자자가 유의하여야 할 사항이다.

일별 복리화 효과 위험을 이해하기 위하여 ETN의 기초지수 및 지표가치의 구성을 단순화하는 가정을 하면, T일의 투자대상등의 종가 P_T와 기초지수의 종가 I_T의 관계는 식①과 같다.

단순화를 위한 가정

- 기초지수는 투자대상등으로만 구성(즉, 이자수익, 이자비용 등 타 항목은 0으로 가정)
- 지표가치는 기초지수의 일별수익률만을 반영(즉, 제비용, 분배금 등은 0으로 가정)

$(It+1\ /It\ -1) = K \times (Pt+1/Pt\ -1)$, K : 추적 배율 …… ①

식①은 기초지수가 투자대상등의 일별수익률의 K배를 추적한다는 것을 의미하며, $(P_{t+1}/P_t\ -1)$은 투자대상등의 일별수익률로서 이를 r_{t+1}이라고 쓰면,

$P_1 = P_0(1+r_1)$, $P_2 = P_1(1+r_2)$, $P_3 = P_2(1+r_3)$, … , $P_n = P_{n-1}(1+r_n)$이므로
$P_n = P_0(1+r_1)(1+r_2)(1+r_3)\cdots(1+r_n)$

따라서 투자대상등의 보유기간 누적수익률은 식②가 된다.
$(P_n/P_0\ -1) = (1+r_1)(1+r_2)\cdots(1+r_n) - 1$… ②

식①에서 $(P_{t+1}/P_t\ -1)$을 r_{t+1}로 대체하면, 기초지수도 아래와 같이 정리가 가능하다.

$I_1 = I_0(1+K\times r_1)$, $I_2 = I_1(1+K\times r_2)$, $I_3 = I_2(1+K\times r_3)$, … , $I_n = I_{n-1}(1+K\times r_n)$이므로
$I_n = I_0(1+K\times r_1)(1+K\times r_2)(1+K\times r_3)\cdots(1+K\times r_n)$

따라서 기초지수의 보유기간 누적수익률은 식③이 된다.
$(I_n/I_0\ -1) = (1+K\times r_1)(1+K\times r_2)\cdots(1+K\times r_n) - 1$… ③

식②, ③에서 간단하게 2일간의 누적수익률을 계산해 보면,

투자대상등의 2일간 누적수익률은 식④가 되고,
기초지수의 2일간 누적수익률은 레버리지 2배(K=2) ETN의 경우 식⑤, 인버스 1배(K= −1) ETN의 경우 식⑥이 된다.

$(P_2/P_0 -1) = (1+r_1)(1+r_2) - 1 = 1+r_1+r_2+r_1\times r_2-1 = r_1 + r_2 + r_1\times r_2$ …… ④

$(I_2/I_0 -1) = (1+2r_1)(1+2r_2) - 1 = 1+2r_1+2r_2+4r_1\times r_2-1 = 2r_1 + 2r_2 + 4r_1\times r_2$ …… ⑤

$(I_2/I_0 -1) = (1-r_1)(1-r_2) - 1 = 1-r_1-r_2+r_1\times r_2-1 = -r_1 - r_2 + r_1\times r_2$ …… ⑥

식④,⑤,⑥을 비교해 보면, 일별수익률 r_1, r_2 중 어느 하나도 0이 아니면, ⑤ ≠ 2 × ④, ⑥ ≠ −1 × ④이 된다.

따라서 2일간의 누적수익률에서는 투자대상등의 일별수익률 r_1, r_2 중 어느 하나도 0이 아니면, 기초지수의 누적수익률이 투자대상등의 누적수익률에 추적 배율을 곱한 값과 반드시 차이가 남을 알 수 있다.

같은 방식으로 3일간의 누적수익률을 계산하면 아래와 같고, 마찬가지로 r_1, r_2, r_3 중 어느 하나도 0이 아니라고 가정하자.

$(P_3/P_0 -1) = (1+r_1)(1+r_2)(1+r_3)-1 = 1+(r_1+r_2+r_3)+(r_1\times r_2+r_2\times r_3+r_3\times r_1)+r_1\times r_2\times r_3 -1$

$= (r_1+r_2+r_3)+(r_1\times r_2+r_2\times r_3+r_3\times r_1)+r_1\times r_2\times r_3$ …… ④′

$(I_3/I_0 -1) = (1+2r_1)(1+2r_2)(1+2r_3)-1=1+(2r_1+2r_2+2r_3)+(4r_1\times r_2+4r_2\times r_3+4r_3\times r_1)+8r_1\times r_2\times r_3 -1=(2r_1+2r_2+2r_3)+(4r_1\times r_2+4r_2\times r_3+4r_3\times r_1)+8r_1\times r_2\times r_3$ …… ⑤′

$(I_3/I_0 -1) = (1-r_1)(1-r_2)(1-r_3)-1=1+(-r_1-r_2-r_3)+(r_1\times r_2+r_2\times r_3+r_3\times r_1)-r_1\times r_2\times r_3 -1$

$= -(r_1+r_2+r_3)+(r_1\times r_2+r_2\times r_3+r_3\times r_1)-r_1\times r_2\times r_3$ …… ⑥′

다만, 이 경우에는 $(r_1\times r_2+r_2\times r_3+r_3\times r_1) = -(r_1\times r_2+r_2\times r_3+r_3\times r_1)$ 인 경우 ⑥′ = −1 × ④′가 되고, 이는 $(r_1\times r_2+r_2\times r_3+r_3\times r_1) = 0$을 의미한다. 즉 $r_1(r_2+r_3) = -r_2\times r_3$이면 ETN의 누적수익률과 투자대상등의 누적수익률에 추적 배율을 곱한 값이 일치한다. 일례로, $r_1 = 20\%$, $r_2 = -10\%$, $r_3 = 20\%$ 인 경우, 위 식은 성립한다.

따라서 3일 이상의 기간에서는 일별수익률 r_1, r_2, r_3 중 어느 하나도 0이 아니더라도, 기초지수의 누적수익률이 투자대상등의 누적수익률에 추적 배율을 곱한 값과 같은 경우도 발생할 수 있으므로 양자는 "다를 수 있다"는 점에 주의할 필요가 있다.

다음의 Case 1~3은 일별 복리화 효과의 위험을 강조하는 차원에서, 레버리지 2배 ETN의 누적수익률이 투자대상등의 누적수익률의 2배 보다 작은 사례를 제시하였다.

Case 1

일자	투자대상등			기초지수(2배 레버리지)		
	종가	일별수익률	누적수익률	종가	일별수익률	누적수익률
1	100.00			100.00		
2	88.00	−12.00%		76.00	−24.00%	
3	105.60	20.00%	5.60%	106.40	40.00%	6.40%

− 투자대상등의 2일 누적수익률 = 5.6%, 투자대상등의 2일 누적수익률 × 2 = 10.12%
− 2배 레버리지 기초지수의 2일 누적수익률 = 6.4%
∴ 투자대상등의 2일 누적수익률 × 2 > 2배 레버리지 기초지수의 2일 누적수익률

Case 2

일자	투자대상등			기초지수(2배 레버리지)		
	종가	일별수익률	누적수익률	종가	일별수익률	누적수익률
1	100.00			100.00		
2	88.00	−12.00%		76.00	−24.00%	
3	101.20	15.00%	1.20%	98.80	30.00%	−1.20%

− 투자대상등의 2일 누적수익률 = 1.2%, 투자대상등의 2일 누적수익률 × 2 = 2.4%
− 2배 레버리지 기초지수의 2일 누적수익률 = −1.2%
∴ 투자대상등의 2일 누적수익률 × 2 >0, 2배 레버리지 기초지수의 2일 누적수익률 < 0

Case 3

일자	투자대상등			기초지수(2배 레버리지)		
	종가	일별수익률	누적수익률	종가	일별수익률	누적수익률
1	100.00			100.00		
2	88.00	−12.00%		76.00	−24.00%	
3	100.00	13.64%	0.00%	96.73	27.27%	−3.27%

− 투자대상등의 2일 누적수익률 = 0%, 투자대상등의 2일 누적수익률 × 2 = 0%

− 2배 레버리지 기초지수의 2일 누적수익률 = −3.27%

∴ 투자대상등의 2일 누적수익률 × 2 = 0, 2배 레버리지 기초지수의 2일 누적수익률 < 0

상기 Case 1~3에서 Case 1은 투자대상등의 누적수익률의 2배와 레버리지 2배 ETN의 누적수익률이 모두 양수인 경우, Case 2는 투자대상등의 누적수익률의 2배는 양수인데, 레버리지 2배 ETN의 누적수익률은 음수인 경우, Case 3은 투자대상등의 누적수익률의 2배는 0(zero)임에도 레버리지 2배 ETN의 누적수익률은 음수인 경우이다.

아울러 일별 복리화 효과에 따라, 레버리지 2배 ETN의 누적수익률이 투자대상등의 누적수익률의 2배보다 큰 경우도 발생할 수 있다. 다음의 Case 4~5는 그러한 예시이다.

Case 4

일자	투자대상등			기초지수(2배 레버리지)		
	종가	일별수익률	누적수익률	종가	일별수익률	누적수익률
1	100.00			100.00		
2	110.00	10.00%	10.00%	120.00	20.00%	20.00%
3	120.00	9.09%	20.00%	141.82	18.18%	41.82%

− 투자대상등의 2일 누적수익률 = 20%, 투자대상등의 2일 누적수익률 × 2 = 40%

− 2배 레버리지 기초지수의 2일 누적수익률 = 41.82%

∴ 투자대상등의 2일 누적수익률 × 2 < 2배 레버리지 기초지수의 2일 누적수익률

Case 5

일자	투자대상등			기초지수(2배 레버리지)		
	종가	일별수익률	누적수익률	종가	일별수익률	누적수익률
1	100.00			100.00		
2	90.00	−10.00%	−10.00%	80.00	−20.00%	−20.00%
3	80.00	−11.11%	−20.00%	62.22	−22.22%	−37.78%

− 투자대상등의 2일 누적수익률 = −20%, 투자대상등의 2일 누적수익률 × 2 = −40%
− 2배 레버리지 기초지수의 2일 누적수익률 = −37.78%
∴ 투자대상등의 2일 누적수익률 × 2 < 2배 레버리지 기초지수의 2일 누적수익률

이상과 같이 Case 1~5를 통하여 투자대상등의 가격 변화가 일별 복리화 효과에 따라 기초지수에 다양한 형태로 영향을 미칠 수 있음을 알 수 있다.

(7) 롤오버 위험

ETN의 기초지수가 목표로 하는 투자대상등이 선물인 경우, ETN도 롤오버 효과가 발생할 수 있다. 이에 선물의 롤오버 효과를 설명하고자 한다.

선물은 만기가 있기 때문에 선물에 장기 투자하기 위해서는 투자대상인 근월물의 만기가 도래하는 경우 이를 차월물로 교체하여 만기를 연장하는데, 이를 롤오버(Roll−Over)라고 한다. 선물을 롤오버하는 경우 만기가 짧은 근월물과 만기가 긴 차월물간의 가격 차이에 의해 비용(부의 효과) 또는 수익(양의 효과)이 발생할 수 있으며 이를 롤오버 효과라고 한다.

롤오버 효과에 대한 이해를 위하여 다음과 같이 롤오버가 하루에 발생한다고 가정한 단순한 사례를 생각해 보자.

투자자 A가 1월초에 3월물 선물을 계약당 50$에 10계약을 매수한 후, 2월말에 동 3월물을 계약당 20$에 전량 매도하고, 5월물을 계약당 25$에 8계약을 매수하여 롤오버를 한 경우, 3월말 평가시점에서 5월물 가격이 계약당 40$이면, 투자자 A의 선물 포지션은 500$에서 320$로 감소하였고 그 결과 동기간 누적수익률은 -36%가 된다. 동 사례에서 투자자는 선물의 가격만을 기준으로 해서, 매수 시점의 50$과 평가 시점의 40$을 비교하여 누적수익률을 -20%라고 잘못 판단할 수가 있는데 이는 중간의 롤오버를

고려하지 못했기 때문이다. 실제로 선물을 추적하는 투자전략의 경우 이러한 착오를 하기 쉬우며, 롤오버 위험이란 이와 같이 단순히 기초자산의 가격을 기준으로 한 누적수익률과 실제의 누적수익률간 차이가 발생할 수 있음을 의미한다.

시점(거래)	1월초 (3월물 매수)	2월말 (롤오버)		3월말 (5월물 평가)
		3월물 매도	5월물 매수	
계약당 가격($)	50	20	25	40
계약수	10	10	8	8
계약가치	500	200	200	320
누적수익률		−60%	−60%	−36%

이번에는 상기 사례를 다음과 같이 기호를 써서 생각해 보자.

"$P_{3월물, 1월초}$"를 1월초, 3월물 매수 가격, "$Q_{3월물, 1월초}$"를 1월초, 3월물 매수 수량, "$P_{3월물, 2월말}$"를 2월말, 3월물 매도 가격, "$P_{5월물, 2월말}$"를 2월말, 5월물 매수 가격, "$N_{5월물, 2월말}$"를 2월말, 5월물 매수 수량, "$P_{5월물, 3월말}$"를 3월말, 5월물 평가가격이라고 하면, 1월초 매수한 계약가치는 $P_{3월물, 1월초} \times Q_{3월물, 1월초}$가 되고, 3월말 평가시에는 3월물을 모두 매도하고 5월물만 보유하므로 3월말 평가가치는 $P_{5월물, 3월말} \times N_{5월물, 2월말}$이 된다. 따라서 누적수익률 R은 다음과 같이 계산된다.

$$R = \frac{\text{평가시 계약가치}}{\text{최초 계약가치}} - 1 = \frac{P_{5월물, 3월말} \times N_{5월물, 2월말}}{P_{3월물, 1월초} \times Q_{3월물, 1월초}} - 1$$

그런데, 롤오버 과정에서 매도한 3월물과 매수한 5월물의 계약가치는 같으므로 $N_{5월물, 2월말}$은 다음의 관계가 성립한다.

$$P_{3월물, 2월말} \times Q_{3월물, 1월초} = P_{5월물, 2월말} \times N_{5월물, 2월말}$$

$$\Rightarrow N_{5월물, 2월말} = \frac{P_{3월물, 2월말} \times Q_{3월물, 1월초}}{P_{5월물, 2월말}}$$

$N_{5월물,\ 2월말}$을 R에 대입하면, 누적수익률 R은 다음과 같이 정리될 수 있다.

$$R = \frac{P_{5월물,\ 3월말} \times P_{3월물,\ 2월말} \times Q_{3월물,\ 1월초}}{P_{3월물,\ 1월초} \times Q_{3월물,\ 1월초} \times P_{5월물,\ 2월말}} - 1$$

$$= \frac{P_{3월물,\ 2월말}}{P_{3월물,\ 1월초}} \times \frac{P_{5월물,\ 3월말}}{P_{5월물,\ 2월말}} - 1$$

이 경우 롤오버를 고려한 누적수익률은 수량을 고려하지 않고 월물간의 가격만으로 산정할 수 있고, 동 수익률은 롤오버 시점의 두 월물간 가격 차이로 인한 불연속 구간을 제외하고 각 월물내 가격 변화를 이용하여 계산한 결과이다. 동 사례에서 누적수익률을 이에 따라 계산하면 아래와 같고, 이는 앞서 수량을 감안하여 평가한 누적수익률과 동일함을 알 수 있다.

$$\frac{P_{3월물,\ 2월말}}{P_{3월물,\ 1월초}} = \frac{20}{50} = 0.4,\quad \frac{P_{5월물,\ 3월말}}{P_{5월물,\ 2월말}} = \frac{40}{25} = 1.6$$

$$R = 0.4 \times 1.6 - 1 = 0.64 - 1 = -0.36$$

다만, 실제 선물의 롤오버는 상기 사례와 같이 하루만에 근월물과 차월물을 교체하는 것이 아니라 일반적으로 일정 롤오버 기간 동안 근원물과 차월물을 순차적으로 교체하므로 그 계산 과정이나 결과는 보다 복잡하고 다를 수 있다.

앞서 언급한 바와 같이, ETN의 경우에도 목표로 하는 투자대상등이 선물인 경우 롤오버 효과가 발생할 수 있는데, 이는 ETN의 기초지수가 선물의 롤오버를 반영하여 투자대상인 근월물의 만기가 도래하기 전에 차월물로 롤오버하는 방식으로 산정되기 때문이다. ETN의 투자설명서 또는 일괄신고추가서류 중 "Ⅳ. 기초자산에 관한 사항"에서는 롤오버 일정, 기초지수의 롤오버에 따른 근월물과 차월물의 비중 조정 기준 등이 구체적으로 명시되어 있다.

PART 3

실전예상문제

01 다음 상품 중 이자율, 환율, 원자재 등의 변동과 연계하여 사전에 정해진 수익조건에 따라 상환금액을 지급하는 유가증권은?

① ELS ② DLS

③ ELW ④ ETN

02 ELS의 공모 발행에 대한 설명으로 가장 거리가 먼 것은?

① ELS를 발행하기 위해서는 증권 및 장외파생상품에 대한 투자매매업 인가를 받아야 한다.

② 최대 원금손실 가능금액이 20% 미만인 ELS의 경우 일괄신고서 제출이 허용된다.

③ ELS의 발행을 위하여 일괄신고서를 제출한 경우 발행 예정기간 중 3회 이상 발행하여야 한다.

④ ELS는 유동성공급자가 발행물량을 일괄하여 취득한 후, 시장을 통하여 매매하는 간주 공모의 형태로 발행된다.

03 고난도 금융투자상품의 개념 및 판매 규제에 대한 설명으로 가장 적절한 것은?

① "최대 원금손실 가능금액"은 손실금액에 대한 시뮬레이션을 통해 측정한다.

② "최대 원금손실 가능금액"은 환매 또는 해지 수수료가 있는 경우 해당 금액만큼 크게 산정된다.

③ 고난도 금융투자상품을 개인 전문투자자에게 판매하는 경우 녹취 · 숙려의무가 적용된다.

④ 투자자가 시장에서 ETN을 직접 매매하는 경우에는 고난도 금융투자상품에 해당하지 아니한다.

해설

01 ② 주가(주가지수) 이외의 이자율, 환율 등의 변동과 연계된 파생결합증권이 DLS이다.

02 ④ 간주 공모는 ELW, ETN의 발행 형태이다.

03 ④ ETN은 파생결합증권이지만, 투자자가 시장에서 직접 거래하는 경우 고난도 금융투자상품에서 제외된다.

04 **공모의 방법으로 발행된 ELS 또는 DLS가 만기일 이전에 최초로 원금손실조건이 발생하는 경우에 금융투자회사가 일반투자자에게 통지해야 하는 내용으로 적절하지 않은 것은?**

① 조기상환조건 또는 조기상환 시 예상수익률
② 중도상환 청구방법, 중도상환 청구기한 및 중도상환 수수료 등
③ 원금손실조건이 발생하였다는 사실
④ 원금손실률 및 원금손실 확정금액

05 **다음 중 ELS, ELD 및 ELF에 대한 설명으로 적절하지 않은 것은?**

① ELD는 은행에서 발행되는 금융상품이지만 예금자보호법의 대상에는 속하지 않는다.
② ELF는 자산운용사에서 운용하는 수익증권으로써 원금은 보장되지 않는다.
③ ELS는 증권사에서 발행하는 증권이다.
④ ELD는 원금이 보장되는 구조이다.

해설

04 ④ 조건이 발생한 것이지 손실금액이 확정된 것은 아니다.
05 ① ELD는 정기예금으로 예금자 보호대상이다.

06 다음 중 공모의 방법으로 발행된 조기상환형 스텝다운 ELS(녹인(Knock-In)형)에 대한 설명으로 적절하지 않은 것은?

① 녹인형 ELS가 만기일 이전에 최초로 원금손실조건이 발생하는 경우에는 해당 사실을 투자자에게 통지하여야 한다.

② 녹인형 ELS가 원금손실조건이 발생하면 손실이 확정되므로 이를 중도상환하여 재투자하는 것이 유리하다.

③ 다른 조건이 동일할 때, 녹인형 ELS(만기상환 조건 80%, 녹인 60%)는 노녹인 ELS(만기상환 조건 60%) 보다 제시수익률이 더 높다.

④ 녹인형 ELS가 원금손실조건이 발생하지 않으면 해당 ELS는 조기 또는 만기에 수익상환된다.

07 안전성을 최우선으로 고려하는 투자자가 조기상환형 스텝다운 ELS 투자를 고민할 경우 적절하지 않은 투자전략은?

① 기초자산이 3개인 경우보다 기초자산이 1개인 조기상환형 ELS를 선택한다.

② 기초자산이 최근 일정기간 동안 많이 하락하여 최초 기준 가격이 낮아져 있는 ELS를 선택한다.

③ 조기상환조건이 최초 기준 가격의 95%로 시작하는 ELS보다 최초 기준 가격의 85%로 시작하는 ELS를 선택한다.

④ 원금손실 발생조건인 녹인(KI)조건이 높아서 상대적으로 제시수익률이 높은 ELS를 선택한다.

해설

06 ② 녹인형 ELS가 원금손실조건이 발생한다고 해서 (KI을 터치한다고 해서) 손실이 확정되는 것은 아니며, 다시 기초자산이 재상승하여 조기 및 만기상환이 되는 경우도 있다.

07 ④ 녹인(KI)조건이 높은 ELS는 손실위험도 커지므로 안전성을 우선적으로 고려하는 투자자는 피해야 한다.

08 다음 중 ELW에 대한 설명으로 옳은 것은?

① ELW의 만기 시점에 거래소가 결제이행을 보증한다.

② 현금결제방식의 ELW는 자동적으로 권리가 행사된다.

③ ELW는 장내 파생상품으로 분류된다.

④ 일반투자자도 ELW를 발행할 수 있다.

09 다음의 ETN의 특징에 대한 설명으로 적절하지 않은 것은?

① ETN은 거래소에 상장되어 거래된다.

② ETN은 발행사의 신용위험에서 자유롭다.

③ ETN의 만기는 20년 이내로 제한된다.

④ ETN은 기초지수와의 추적오차를 최소화 할 수 있다.

10 ETN의 유동성공급자 제도에 대한 설명으로 가장 적절한 것은?

① 발행사 이외의 제3자가 유동성공급자로 유동성공급을 하여야 한다.

② 국내기초지수만을 추적하는 ETN의 경우 호가스프레드비율을 3% 이내로 유지하여야 한다.

③ 상장증권총수가 1,000만주 이하인 ETN의 유동성공급자는 상장증권총수의 20% 이상 ETN을 보유하여야 한다.

④ 한국거래소는 매 분기별 유동성공급자를 평가하여 3회 이상 최저등급을 받은 경우 12개월간 유동성공급자 업무를 제한한다.

해설

08 ① 계약이행 보증은 발행자의 신용으로 하고, ③ 파생결합증권으로 분류되며 ④ 통상의 일반투자자는 ELW를 발행할 수 없다.

09 ② ETN이 상장되긴 하지만, 발행회사의 신용위험이 없어지는 것은 아니다.

10 ③ 유동성공급자의 최소 유동성 보유의무 도입에 따라, 1,000만주 이하 상장시 20% 이상을 보유하여야 한다.

정답 01 ② | 02 ④ | 03 ④ | 04 ④ | 05 ① | 06 ② | 07 ④ | 08 ② | 09 ② | 10 ③

금융투자전문인력 표준교재

파생상품투자권유자문인력 2

2025년판 발행 2025년 2월 15일

편저 금융투자교육원
발행처 한국금융투자협회
서울시 영등포구 의사당대로 143 전화(02)2003-9000 FAX(02)780-3483
발행인 서유석
제작 및 총판대행 (주)박영사
서울특별시 금천구 가산디지털2로 53, 210호(가산동, 한라시그마밸리) 전화(02)733-6771 FAX(02)736-4818
등록 1959. 3. 11. 제300-1959-1호(倫)
홈페이지 한국금융투자협회 자격시험접수센터(https://license.kofia.or.kr)

정가 12,000원

ISBN 978-89-6050-760-9 14320
978-89-6050-758-6(세트)